数据驱动型
垄断行为
法律规制研究

张素伦 / 著

中国政法大学出版社

2024·北京

图书在版编目（CIP）数据

数据驱动型垄断行为法律规制研究 / 张素伦著. -- 北京 ：中国政法大学出版社, 2024. 11. -- ISBN 978-7-5764-1872-9

Ⅰ . D922.294.4

中国国家版本馆 CIP 数据核字第 2024YY7634 号

书　名	数据驱动型垄断行为法律规制研究 SHUJU QUDONGXING LONGDUAN XINGWEI FALÜ GUIZHI YANJIU
出版者	中国政法大学出版社
地　址	北京市海淀区西土城路 25 号
邮　箱	bianjishi07public@163.com
网　址	http://www.cuplpress.com (网络实名：中国政法大学出版社)
电　话	010-58908466(第七编辑部) 010-58908334(邮购部)
承　印	固安华明印业有限公司
开　本	720mm×960mm　1/16
印　张	17
字　数	256 千字
版　次	2024 年 11 月第 1 版
印　次	2024 年 11 月第 1 次印刷
定　价	80.00 元

前　言

　　数据作为新的生产要素，是数字经济价值链的基础。随着数据驱动型经济的转向，越来越多的企业采取数据驱动型商业模式，实施数据驱动型竞争行为。由于经营者获得高价值数据的难度较大、关键数据具有稀缺性，数据驱动型经济行为可能引起竞争关注。数据对反垄断法的意义在于数据驱动型竞争可能造成市场进入壁垒，并妨碍隐私保护这一非价格维度的竞争。数据驱动型企业是采取数据驱动型商业模式提供在线服务的网络经营者，它们围绕数据、算法、平台进行跨界竞争、零价竞争和创新竞争。这种竞争既有公平竞争也有垄断行为，其中，数据驱动型垄断行为主要有：借助数据和算法达成合谋行为、利用数据竞争优势实施排斥行为、针对潜在竞争者发起"先发制人"式并购行为。

　　数据驱动型竞争总是发生在特定市场内，相关市场界定是评估经营者市场力量、进行反竞争效果分析的基础。除适用本身违法原则的横向垄断协议之外，进行反垄断分析时一般都需要对竞争行为发生的相关市场进行界定。在数据驱动型垄断行为的法律规制过程中，尽管应适当弱化相关市场界定的作用，降低对相关市场界定的精确度要求，但相关市场界定仍然发挥着重要作用，是对大部分数据驱动型垄断行为开展竞争分析的必经步骤。平台经济的双边市场特征表明，在双边市场进行相关市场界定时不能仅着眼于其中一边，而是应将双边都考虑进去。一般而言，对于交易型平台，可将平台作为一个整体进行相关市场界定，或者分别界定多个相关市场并考虑各相关市场之间的相互关系和影响；对于非交易型平台，宜根据平台某一边的商品界定相关市场。相关市场界定中的替代性分析，应考虑平台跨界竞争、网络效应、用户多归属的影响，注重多种方法的综合运用；由于以价格分析为中心的 SSNIP 测试法面临重大挑战，可以对 SSNIP 测试法进行改进，并尝试运用 SSNDQ 测试法、SSNIC 测试法进行定量分析。

在反垄断分析框架中，市场力量认定是一个重要环节。无论是纵向垄断协议安全港抗辩和竞争效果抗辩的运用，还是滥用市场支配地位行为的判定、经营者集中的审查，都要对经营者的市场力量进行认定。在认定数据驱动型企业的市场力量时，市场份额依然是重要的评估依据，但要调整计算市场份额的指标，引入活跃用户数、商家数、订单数、包裹数、访问量、搜索请求量等指标。与此同时，要适度淡化市场份额的作用，加强对非结构性因素的考量，重点分析网络效应、用户多栖性和锁定效应、创新能力和创新潜力、平台数据资源和算法对市场力量的影响。

在数据驱动型经济中，数据、算法、技术等因素的引入，使得数据驱动型垄断协议呈现更加隐蔽化和智能化的特点，为垄断协议的法律监管带来了新的挑战，如价格透明度的增加使得反竞争效果评估标准不明、信息交换行为使安全港规则的适用面临难题、查处数据垄断协议的直接证据缺失或者不足，等等。数据驱动型垄断协议的典型形式有算法共谋和平台最惠待遇条款。其一，关于算法共谋，可以从不同角度进行分类，基于算法的技术的运用，可将算法共谋分为信使类算法共谋、轴辐类算法共谋、预测类算法共谋和自主类算法共谋四种类型。在信使类和轴辐类算法共谋中，算法往往被视为经营者实施共谋的一种工具，这种共谋与传统的共谋本质上并无二致，因此应落入现行反垄断法的规制范围。对算法共谋的反垄断法规制，应重点关注预测类算法共谋和自主类算法共谋。诚然，预测类共谋和自主类共谋属于默示共谋，算法默示共谋并不等同于无意识平行行为，其通常是在寡头垄断的市场结构中达成，但也可能发生于非寡头垄断的市场结构。算法共谋法律责任的配置宜结合个案进行，一般应由控制算法的经营者承担法律责任，但深度自主学习算法的运用可能导致无责任方的情形。其二，关于平台最惠待遇条款（PMFN 条款）。平台批发模式不会产生 PMFN 条款的问题，代理模式下的 PMFN 条款具有促进竞争和限制竞争的双重效果。在现行反垄断规则下，PMFN 条款可能构成的垄断行为包括横向垄断协议、纵向垄断协议、组织帮助型垄断协议，如果经营者具有较强的市场势力，PMFN 条款还可能构成滥用市场支配地位的行为。

对数据驱动型滥用市场支配地位行为进行反垄断分析，仍然要遵循"经营者具有市场支配地位—经营者实施滥用行为—缺乏正当理由—排除、限制市场竞争"的基本框架，但每一个步骤都要在个案中满足特定的条件。数据驱动型滥用市场支配地位行为的典型形式为：算法价格歧视、平台自我优待、拒绝使用必需设施。首先，关于算法价格歧视。算法价格歧视本质上也属于价格歧视行为，但其在实施手段和实施对象上都有别于传统的价格歧视。算法价格歧视应定位为"一级价格歧视"，对算法价格歧视的反垄断监管不宜采用"一刀切"禁止的思路。对算法价格歧视进行竞争效果分析时，应重点评估经营者的抗辩理由，既要看到算法价格歧视可能造成竞争损害和消费者损害的一面，也要看到其存在促进和提升社会效率的可能。其次，关于平台自我优待。平台自我优待是指平台经营者与平台内经营者在同一市场竞争时，平台经营者通过制定、修改平台规则或者利用由平台身份形成的数据资源优势，对平台自身的产品或服务给予优惠待遇的行为。平台自我优待具有利弊互见的特点，既具有不可否认的合理性，也存在损害竞争的可能性，对平台自我优待行为的反垄断监管应秉持审慎的监管理念。平台自我优待在我国尚未成为独立的垄断行为类型，其通常不会构成差别待遇行为和搭售行为，但可能被认定为拒绝交易行为或者反垄断法兜底条款中的"其他滥用市场支配地位的行为"。再次，关于拒绝使用必需设施。拒绝使用必需设施行为的构成要件，除设施对于竞争者参与竞争必不可少、竞争者无法复制设施、拒绝使用缺乏正当理由、许可使用具有可行性等四个要件之外，还有必要重点考察拒绝行为是否"排除下游市场有效竞争"、是否"阻止新产品的产生"。拒绝使用必需设施行为的禁止规则主要适用于潜在竞争者或新进入者与数据持有者存在间接竞争关系的案件，对这一规则的适用应坚持以严格适用为原则、以宽松适用为例外。

作为一项事前监管制度，经营者集中审查应关注数据驱动型经营者集中的特殊性，如多以数据资源整合为目标、以"先发制人"的并购为主要形式。关于经营者集中申报，我国经营者集中申报的营业额标准存在一定不足，但《反垄断法》关于反垄断执法机构主动审查的规定可以在一定程度上填补营业额标准的漏洞。传统的反竞争效果分析将重点置于价格因素上，但对于数据驱动型经营者集中而言，价格指标的重要性降低，数据整合、隐私保护、创新促进等非价格维度对竞争的影响越来越大，经营者集中的反竞争效果评估的标准主要包括：集中是否导致市场进入壁垒增大、集中是否引起隐私保护度降低、集中是否造成创新损害。关于数据驱动型经营者集中的救济措施，行为性救济比结构性救济具有更强的灵活性，作为一种行为性救济措施，"进入救济"或"开放救济"一方面不妨碍经营者数据整合目标的实现，兼顾了参与集中的经营者利益；另一方面又能防止集中后的经营者对竞争者构筑数据"围墙花园"，进而消减集中所导致的数据封锁损害。

目　录

引　言

物联网、云计算、人工智能等新技术的蓬勃发展和新产品（包括服务）的不断推出，大大推动了数据的加速产生和应用。大数据时代的到来，标志着向数据驱动型经济的转向，在这种经济形态中，数据能够提升经营者竞争力并驱动创新和经济发展。数据驱动型经济形态中的数据既可能是数据资源，也可能是数据产品。其中，数据资源包括经营者按照数据处理规则收集的原始数据和经过初步加工的衍生数据；数据产品则是指经过深加工之后的衍生数据，即数据本身作为一种产品（数据产品）或作为某产品的主要成分（数据密集型产品）。无论是数据资源还是数据产品，其涉及的隐私保护、创新促进已成为经营者非价格竞争的重要维度。

在数据驱动型经济下，网络经营者尤其是平台经营者纷纷确立了数据驱动型战略或数据驱动型商业模式，开展数据驱动型竞争行为，并在特定情形下实施数据驱动型垄断行为。[1]数据的竞争意蕴已经引起反垄断法实施机构的关注并体现在特定案件的反垄断分析中。经营者运用数据优势实施的数据驱动型垄断行为，依然涵摄于反垄断法的三大基石制度之中，并不会根本改变传统的反垄断法分析框架，但数据驱动型垄断呈现出新的样态，如算法共谋、平台最惠待遇条款、算法价格歧视、平台自我优待、拒绝使用必需设施、"先发制人"的并购行为（Pre-emptive Merger）等，垄断行为的新样态带来了新的挑战，需要反垄断法实施机构更新反垄断监管

---

[1]　平台不同于经营者，平台是一种商业组织形态，有时也被称为网络平台、数字平台、超级平台等。经营者可以分为平台经营者和平台内经营者，有时也称之为平台企业和平台内企业，但从严格意义上来讲，经营者的外延要大于企业。

的理念、调整反垄断分析的方法并变革反垄断分析的工具。

针对反垄断法实施过程中出现的新问题、新挑战，我国 2022 年修正的《反垄断法》[1]予以了积极回应，例如，在总则部分作出了不得利用数据和算法、技术、资本优势及平台规则从事垄断行为的原则性规定；在禁止滥用市场支配地位行为的制度中新增了经营者不得利用数据和算法、技术以及平台规则实施滥用行为的规定，等等。随后出台的《禁止垄断协议规定》《禁止滥用市场支配地位行为规定》《经营者集中审查规定》也对数据相关的反垄断问题作出了安排。经过修改和细化的规则为我国反垄断法在数据驱动型经济的实施提供了制度依据，但反垄断法文本的优化并不意味反垄断法实施效果的当然提升。在这一背景下，有必要从以下方面对数据驱动型垄断行为的法律规制问题进行研究：其一，世界主要反垄断司法辖区已经发生了一些数据驱动型垄断案件，如美国"联邦贸易委员会诉 Facebook 案"、[2]欧盟"谷歌比较购物案"、[3]我国"阿里巴巴垄断案"[4]等。对这些数据驱动型垄断案件的研究表明，反垄断法实施机构应在传统的反垄断分析框架中引入新的考量因素和运用新的分析方法。其二，为了有效应对新型垄断问题，各种官方和非官方机构发布了系列涉及数据驱动型垄断行为的研究报告，如欧盟委员会发布的《数字经济中竞争政策面临的挑战》、法国和德国联合发布的《竞争法与数据》、美国发布的《数字市场竞争调查》等。对这些研究报告进行比较分析，可以为今后我国反垄断法在数据驱动型经济领域的实施提供经验启示。其三，在数据驱动型垄断行为的法律规制方面，无论是理论界还是实务界都已形成一定的研究成果，对理论界和实务界关于数据驱动型垄断行为法律规制的讨论与争论进行梳理，能够为反垄断法在数据驱动型经济领域的实施提供理论基础和理论支撑。

---

[1]　为了行文方便，本书中涉及的我国法律法规均省略"中华人民共和国"字样，如《中华人民共和国反垄断法》简称为《反垄断法》。

[2]　2021 年，脸书（Facebook）更名为元宇宙（Meta），作为所有子公司的母公司，而社交媒体平台 Facebook 将保留其名称，因此本书在社交网络服务方面仍称该公司为脸书（Facebook）。

[3]　2015 年，字母表（Alphabet）取代谷歌（Google）成为这一上市交易实体的名称，但为了行文方便，本书仍然称该公司为谷歌（Google）。

[4]　国家市场监督管理总局国市监处〔2021〕28 号。

第一章
数据驱动型企业和数据驱动型竞争

一般而言，数据作为新的生产要素，是数字经济价值链的基础。由于数据的价值随着数据量的增加而增加，本书中的数据主要指大数据，大数据通常具有 4V 特征，其中，"Volume"是指数据规模大，"Velocity"是指数据的传输速度快，"Variety"是指聚集起来的数据种类多，"Value"是指数据的价值高。[1]随着网络的普及和信息技术的快速发展，数据对经营者的价值日益凸显，通过收集和分析海量数据，经营者可以洞察用户需求的变化，实现市场定位和营销策略的精准化，也可以对经营过程进行精细化管理和对工艺流程进行智能化控制，进一步提升经营效率。[2]因此，数据已经成为社会经济发展的重要驱动力，构成了经营者开展非价格竞争的重要维度，数据的竞争意蕴开始引起各司法辖区反垄断执法机构关注并体现在具体案件的反垄断分析中。

第一节 数据和数据驱动型经济

一般意义上的数据，是指进行各种统计、计算、科学研究或技术升级

---

[1] OECD, Data-Driven Innovation for Growth and Well-Being: Interim Synthesis Report, http://www.oecd.org/sti/inno/data-driven-innovation-interim-synthesis.pdf, last visited on March 12, 2023.

[2] 网络领域的用户不同于消费者权益保护法中的消费者，用户包括消费者用户（自然人）和商主体用户（自然人、法人和其他组织）。本书中的用户主要是指狭义的消费者用户。

等所依据的数值。[1]驱动，是指施加外力、使动起来，也包含"驱使""推动"之意。[2]数据驱动（Data-Driven），是指经营者规模收集、存储、加工数据并将数据商业化的一种发展战略。数据驱动型经济（Data-Driven Economy），是指数据成为强劲驱动力的一种新经济形态，在这种经济形态中，数据提升了经济竞争力并且驱动创新以及公平和可持续的发展。[3]随着数据驱动型经济的转向，越来越多的企业采取数据驱动型战略和商业模式，实施数据驱动型经济行为。数据驱动型经济行为既有公平竞争行为也有反竞争行为，其中，反竞争行为包括不正当竞争行为和垄断行为，前者意指竞争过当，会引起竞争不公平；后者意指竞争不足，会造成竞争不自由。数据驱动型垄断，则是指经营者利用数据产品或数据资源实施的垄断行为，其主要行为类型有：利用数据和算法实施合谋行为、数据驱动型排斥行为（基于数据的支配地位滥用行为）、"先发制人"的数据驱动型并购行为等。具体而言，数据驱动型垄断协议和滥用市场支配地位行为多是以数据和算法为工具实施的垄断行为，该类行为往往会产生协同效应和排他效应；数据驱动型经营者集中行为更多的是以数据整合为目的的交易行为，该行为通常会增大经营者实施共谋行为和滥用行为的可能性。

一、数据的定义和特征

（一）数据的定义

作为描述事物的可识别、抽象的物理符号，数据是一个很难直接定义的概念，目前对数据并没有一个明确的定义。在英文中，"data"这个单词的出现可以追溯到17世纪40年代。1946年，约翰·冯·诺依曼（John Von Neumann）领导的研究小组正式提出，在计算机运行时把程序和数据

---

[1] 中国社会科学院语言研究所词典编辑室：《现代汉语词典》，商务印书馆2016年版，第1218页。

[2] 中国社会科学院语言研究所词典编辑室：《现代汉语词典》，商务印书馆2016年版，第1077页。

[3] [美] 莫里斯·E.斯图克、艾伦·P.格鲁内斯：《大数据与竞争政策》，兰磊译，法律出版社2019年版，第1页。

存放在内存中，这是数据首次被用来表示"信息的传递和储存"；"数据处理"（Data Processing）则是在 1954 年首次被使用。[1]《信息技术词汇第 1 部分：基本术语》（GB/T 5271.1-2000）对数据的定义是：信息的可再解释的形式化表示，以适用于通信、解释或处理。[2]从数据与信息的关系看，一般认为，数据是对于客观事物的逻辑归纳，是信息的表现载体与形式，是在计算机及网络上流通的在二进制基础上以 0 和 1 的组合而表现出来的比特形式。[3]正如科克等人认为，数据是信息的载体，是一种可以存储和传递信息的方法。信息要借助数据这一载体进行通信，而通信过程会涉及数据存储（如硬盘、纸质介质）和传输设备（如无线电、光纤）。[4]

对数据问题的讨论，既要强调其经济价值和社会价值，也要明确其多维法律属性。数据不仅具有物权属性、人格权属性以及相应的刑法属性，而且具有竞争法属性，[5]因此需要关注法律视角的数据定义。《数据安全法》第三条将数据定义为"任何以电子或者其他方式对信息的记录"。我国《反垄断法》涉及数据的条款主要有：总则部分第九条是对数字经济领域反垄断的原则性规定，明确了数字经济领域经营者不得从事垄断行为的基本义务，厘定了相关经营者的行为底线与扩张边界。[6]第二十二条第二款规定了数字经济背景下的滥用市场支配地位的行为，[7]同时也说明平台垄断不是一类独立的垄断行为，其是否构成滥用市场支配地位行为，仍然需要结合滥用市

---

〔1〕 张平文、邱泽奇：《数据要素五论：信息、权属、价值、安全、交易》，北京大学出版社 2022 年版，第 29-30 页。

〔2〕 该定义参见网址：https://www.nssi.org.cn/nssi/front/4823773.html&wd=&eqid=fa0d3019000c95220000000364902c9c。

〔3〕 参见［英］维克托·迈尔-舍恩伯格、肯尼思·库克耶：《大数据时代：生活、工作与思维的大变革》，盛杨燕、周涛译，浙江人民出版社 2014 年版，第 103 页。

〔4〕 Kock N F, Mcqueen R J, Corner J L, "The Nature of Data, Information and Knowledge Exchanges in Business Processes: Implications for Process Improvement and Organizational Learning", *The Learning Organization: An International Journal*, Vol. 4, 1997, No. 2, pp. 70-80.

〔5〕 参见陈兵："大数据的竞争法属性及规制意义"，载《法学》2018 年第 8 期。

〔6〕《反垄断法》第九条规定："经营者不得利用数据和算法、技术、资本优势以及平台规则等从事本法禁止的垄断行为。"

〔7〕《反垄断法》第二十二条第二款规定："具有市场支配地位的经营者不得利用数据和算法、技术以及平台规则等从事前款规定的滥用市场支配地位的行为。"

场支配地位行为判定的一般方法进行综合认定。[1]此外,《禁止垄断协议规定》第十三条和第十五条、[2]《禁止滥用市场支配地位行为规定》第十二条、[3]《经营者集中审查规定》第三十四条第一款,[4]也对数据相关的问题作了规定。在反垄断法视域下,可以从以下几个方面来厘定数据的内涵和外延。

首先,反垄断法视域下的数据主要是指个人数据。我国于2022年提出"公共数据、企业数据、个人数据分类分级确权授权使用"的构想。[5]公共数据、企业数据与个人数据之间呈现相互交织的关系,但在反垄断法背景下讨论的数据主要是指个人数据。在线商业模式(Online Business Pattern)中的数据通常是指个人数据。[6]经济合作与发展组织(OECD,以下简称经合组织)也将数据界定为个人数据,即"有关某个被指明身份或者可以被查明身份之个体(数据主体)的任何信息"。经合组织列举的个人信息如下:用户产生的内容,包括博客和评论、照片和视频等;活动或行为数据,包括人们在线搜索及浏览的内容,人们的在线购买行为,支付金额及支付方式等;社交数据,包括社交网站上的联系人和好友;位置数据,包括居住地址、GPS和定位(例如来自移动电话的定位)、IP地址等;人口

---

[1] 王先林:《最新反垄断法条文对照与重点解读》,法律出版社2022年版,第77-78页。

[2] 《禁止垄断协议规定》第十三条规定:"具有竞争关系的经营者不得利用数据和算法、技术以及平台规则等,通过意思联络、交换敏感信息、行为协调一致等方式,达成本规定第八条至第十二条规定的垄断协议。"第十五条规定:"经营者不得利用数据和算法、技术以及平台规则等,通过对价格进行统一、限定或者自动化设定转售商品价格等方式,达成本规定第十四条规定的垄断协议。"

[3] 《禁止滥用市场支配地位行为规定》第十二条规定:"根据反垄断法第二十三条和本规定第七条至第十一条规定认定平台经济领域经营者具有市场支配地位,还可以考虑相关行业竞争特点、经营模式、交易金额、交易数量、用户数量、网络效应、锁定效应、技术特性、市场创新、控制流量的能力、掌握和处理相关数据的能力及经营者在关联市场的市场力量等因素。"

[4] 《经营者集中审查规定》第三十四条第一款规定:"评估经营者集中对市场进入的影响,可以考虑经营者通过控制生产要素、销售和采购渠道、关键技术、关键设施、数据等方式影响市场进入的情况,并考虑进入的可能性、及时性和充分性。"

[5] 2022年6月22日,中央全面深化改革委员会第二十六次会议对数据产权构建作出顶层设计,即建立数据产权制度,推进公共数据、企业数据、个人数据分类分级确权授权使用,建立数据资源持有权、数据加工使用权、数据产品经营权等分置的产权运行机制,健全数据要素权益保护制度。参见网址:http://www.moj.gov.cn/pub/sfbgw/gwxw/ttxw/202206/t20220622_458178.html,最后访问日期:2023年2月16日。

[6] Bruno Lasserre, Andreas Mundt, "Competition Law and Big Data: The Enforcers' View", *Italian Antitrust Review*, Vol. 4, 2017, No. 1, p. 88.

学数据，包括年龄、性别、种族、收入、性偏好、政治派别等；具有官方性质的身份识别数据，包括名字、财务信息和账户号码、健康信息、国民健康或社会保障号码、警方记录等。[1]反垄断法中个人数据的外延要大于个人数据保护法，如《深圳经济特区数据条例》将个人数据定义为"载有可识别特定自然人信息的数据"，而不包括"匿名化处理后的数据"。[2]可以说，反垄断法中的数据主要是平台经营者控制的个人数据集合，以及以这类数据集合为基础，经过加工产生的数据产品。[3]

其次，反垄断法视域下的数据主要指向大数据。[4]在对数据驱动型垄断问题的争论中，大数据与数据一样缺乏一个统一并被广泛接受的概念，在不同场合被提出的"大数据"通常包含以下几层含义，一是来自不同领域的数据规模庞大、数据种类繁多，二是海量的数据需要先进算法进行高速处理与分析，三是大数据具有较强的商业价值，能够为数据处理者带来竞争优势。在传统经济形态中，一些反垄断案件已经涉及数据问题，但由于原来数据的规模较小，商业价值尚未显现，数据问题没有引起反垄断执法机构的重视。各国理论与实务界关注大数据的反垄断问题，还只是最近几年的事情。[5]值得注意的是，随着大数据技术在商业领域的普遍适用，Gartner《新兴技术成熟度曲线报告》从2015年开始不再使用"大数据"一词。[6]荷兰经济事务部于2017年6月发布的《大数据与竞争》调研报告

---

〔1〕　OECD. Exploring the Economics of Personal Data: A Survey of Methodologies for Measuring Monetary Value, OECD Digital Economy Paper No 220 (2013), pp. 7-8, http://dx. doi. org/10. 1787/5k486qtxldmq-en, last visited on May 21, 2023.

〔2〕　《深圳经济特区数据条例》第二条第二项规定："个人数据，是指载有可识别特定自然人信息的数据，不包括匿名化处理后的数据。"

〔3〕　武腾："数据资源的合理利用与财产构造"，载《清华法学》2023年第1期。

〔4〕　2015年8月31日，国务院印发的《促进大数据发展行动纲要》将大数据描述为："大数据是以容量大、类型多、存取速度快、应用价值高为主要特征的数据集合，正快速发展为对数量巨大、来源分散、格式多样的数据进行采集、存储和关联分析，从中发现新知识、创造新价值、提升新能力的新一代信息技术和服务业态。"

〔5〕　韩伟：《迈向智能时代的反垄断法演化》，法律出版社2019年版，第106-107页。

〔6〕　世界知名信息技术研究和分析机构Gartner发布《2015年度新兴技术成熟度曲线报告》中，大数据没有出现在当年的新兴技术成熟度曲线上。参见https://www.sohu.com/a/59133624_116235，最后访问日期：2021年12月10日。

则指出，由于并不存在正式的定义能够将"数据"与"大数据"区分开来，因此原则上看，在分析"数据"和"大数据"使用的案例时，并不存在什么区别，所以，就特定案例而言，没有必要考虑相关数据到底是不是大数据。该报告认为，大数据是数据在体量、产生速度以及类型多元化等不同方面发展的互动交融的体现，大数据也是最新计算机技术以及有效处理与分析数据的能力的体现。尽管大数据与规模经济和范围经济更为相关，但报告并不认为"大数据"与"数据"有本质区别。[1]

（二）数据的特征

一般意义而言，数据有两个重要特征：一是它依赖载体而存在，即它只能依附于通信设备（包括服务器、终端和移动存储设备等），缺乏这些载体，数据便无法存在，尽管云形式打破了传统数据的存储利用方式，但依然需要相应的载体来实现数据存储；二是它通过应用代码或程序自然显示出信息，但信息的生成、传输和存储无不借助于原始的物理数据来完成。[2]

在数据驱动型经济中，由于不再强调数据与大数据之差异，而统一使用数据这一用词，因此，数据也具有大数据的4V特征，即Volume（大容量）、Velocity（快速度）、Variety（多样化）、Value（价值性）。

第一，Volume（大容量），主要是数据的规模特征。在数据驱动型经济中，数据规模大幅提升，并且无疑将继续增长。随着几乎所有传媒的数字化以及社会和经济活动日益转向互联网（通过各种电子服务，例如社交网络、电子商务、电子医疗和电子政府），每秒钟都将产生数亿拍字节（一拍字节等于一百万吉字节）的数据。[3]数据规模增长的原因之一是收集、存储、处理和分析数据的技术变革和成本下降。由于计算机和电子储

---

〔1〕 韩伟：《迈向智能时代的反垄断法演化》，法律出版社2019年版，第106-107页。

〔2〕 参见梅夏英："数据的法律属性及其民法定位"，载《中国社会科学》2016年第9期。

〔3〕 OECD. Data-Driven Innovation for Growth and Well-Being: Interim Synthesis Report, http://www.oecd.org/sti/data-driven-innovation-interim-synthesis.pdf, p.9, last visited on March 12, 2023. 其中，1拍字节（Petabytes, PB）= 1024太字节（Terabytes, TB），1太字节 = 1024吉字节（Gigabytes, GB）。

存领域摩尔定律的作用和云计算技术的发展，数据处理的成本及技术壁垒持续降低，数据驱动型企业存储、聚集和组合数据的能力以及使用这些结果进行深度分析的能力，比以往任何时候都有了较大提升。[1]另外，伴随着移动终端、在线零售、移动支付、社交网络等新技术和新应用的普及，消费者主动和被动地提供更多个人数据。

第二，Velocity（快速度），主要是指数据的速度特征。在数据驱动型经济中，产生、获取、处理和分析数据的速度不断提升，某些应用现在对数据的处理已接近实时速度。数据速度肯定了数据具有的时间价值，根据目的不同，数据越旧其价值可能越低。例如，实时定位数据对于机动车驾驶人（或无人驾驶汽车）的价值较高，驾驶人（或无人驾驶汽车）借助这种数据可以合理规划行车路线，避免交通堵塞，节约出行成本。与此同时，由于存在海量数据，要挖掘数据价值必然要求高效率的数据处理速度。

第三，Variety（多样化），主要是指数据的种类特征。数据类型繁多，非结构化数据越来越多，包括音频、视频、图片、地理位置信息等，这些数据对数据处理和分析的能力要求很高。数据的价值不仅与数据处理的速度相关，更取决于数据规模大小和数据种类多少，前者是指同一类数据（如性别）的规模，后者则是指不同类数据（如性别、消费习惯、出行路线等）的范围，不同种类的结构化数据的融合将进一步提升数据的价值。数据融合（Data Fusion）即"来自不同方面的数据被整合到一起后呈现出新的事实"。[2]经营者通过数据融合能够改进对用户的画像，从而精准向用户投放广告或者针对不同用户设置个性化价格。

第四，Value（价值性），主要是指数据的价值维度。海量数据虽然价

---

〔1〕 摩尔定律是由英特尔（Intel）创始人之一戈登·摩尔（Gordon Moore）提出的。其内容为：当价格不变时，集成电路上可容纳的晶体管数目大约每隔18个月便会增加一倍，微处理器的性能也将提升一倍。换言之，每一美元所能买到的电脑性能，将每隔18个月翻两倍以上。这一定律揭示了信息技术发展进步的速度。

〔2〕 President's Council of Advisors on Science and Technology（PCAST）. Big Data and Privacy：A Technological Perspective, https://obamawhitehouse. archives. gov/sites/default/files/microsites/ostp/PCAST/pcast_ big_ data_ and_ privacy_ -_ may_ 2014. pdf, last visited on July 18, 2022.

值密度低，但是通过大数据技术的挖掘，可以实现巨大的商业价值。收集数据的规模和种类以及处理数据的速度都因为数据具有价值而提升。伴随着数据的价值增长以及数据收集和分析成本的下降，企业、研究者及政府将"数据化"运用到更多日常活动中，以挖掘更大的价值。数据的价值有时同时惠及企业和消费者。数据有助于经营者以较低的成本相对准确地洞察消费者的需要和偏好。政府能够运用数据确定如何配置稀缺资源，例如通过识别哪些在线商务领域不够活跃，考察在位企业是否以反竞争方式阻碍市场进入或破坏创新。[1]企业还能够运用消费者数据实现非收入目的，例如履行监管方面的义务。

二、数据的类型

数据的分类可以从不同角度进行，目前广泛采用的数据分类方式有三种：一是根据数据所涉及的利益，将数据区分为个人数据、公共数据与企业数据。尽管彼此之间存在交叉，但三类数据的重心分别为保护个人信息权益、实现公共利益和维护企业财产权益。二是根据是否经过加工或者增值为区分标准，将数据区分为原始数据和衍生数据。三是根据数据是否具有公开性为标准，将数据区分为公开数据与非公开数据，主要着眼于数据是否受到商业秘密制度的保护。[2]出于竞争分析的目的，可以从以下角度对数据进行分类。

（一）根据信息的类型

我们可以基于数据所反映的信息对数据进行分类。例如，数据可以提供个人、企业等主体的信息，数据便可划分为体现个人行为、偏好、地理位置等信息的个人数据和体现企业信息的企业数据。在反垄断法视域下的数据主要是指个人数据，在个人数据的竞争法属性被认同和个人数据进入反垄断法规制范围之前，其主要是一个数据保护法的问题。2018 年生效实

---

〔1〕 EU Consumers in the Digital Era, Speech given by CMA Chairman David Currie to the European Consumer Summit in Brussels on 1 April 2014, https://www.gov.uk/government/speeches/eu-consumers-in-the-digital-era, last visited on June 20, 2023.

〔2〕 参见武腾："数据资源的合理利用与财产构造"，载《清华法学》2023 年第 1 期。

施的欧盟《通用数据保护条例》第三条明确了个人数据的含义，[1]并在第五条中规定了与个人数据处理相关的原则，如合法性、合理性和透明性原则、目的限制原则、数据最小化原则等。[2]个人数据的处理需取得数据主体的同意，《通用数据保护条例》第六条强调，只有数据主体同意基于一定目的对其个人数据进行处理，数据处理才能被视为合法。

（二）根据数据的结构

根据数据是否"结构化"这一标准，可以将数据分为非结构化数据、半结构化数据和结构化数据。是否为结构化数据，决定了数据处理难度和数据处理成本的高低以及数据经济价值的大小。比如，结构化数据可以表现为消费者地址数据库，其中包括消费者的姓名、地址、年龄、电话号码等数据。如果按照传统的方式，相较于非结构化数据，结构化数据更容易处理、应用于商业用途的成本更低；非结构化数据则不按照特定的数据模型进行排列，这种数据商业价值的展现依赖于先进算法和数据处理技术的应用。介于结构化数据与非结构化数据之间，数据也可以是"半结构化"的，虽然这类数据也不遵循既定的数据模型，但经营者很容易标记出数据的某些元素或字段。

（三）根据收集数据的方式

数据可以根据收集方式进行分类。数据收集方式不同，其经济价值也会受到影响。一是个人基于自愿提供数据，如在线商店为了提供更好的服务，一般会要求消费者提供地址、支付方式和邮件地址等信息；社交网络和通信服务也是如此，它们依赖用户输入的各类数据（主要是个人信息）来提供服务，这类数据如姓名、地址、教育背景以及照片、视频、对新闻

---

〔1〕　2018年生效实施的欧盟《通用数据保护条例》（General Data Protection Regulation, GD-PR）第三条将个人数据界定为，"任何指向一个已识别或可识别的自然人（数据主体）的信息"。

〔2〕　欧盟《通用数据保护条例》第十五条规定，（a）对涉及数据主体的个人数据，应当以合法的、合理的和透明的方式来进行处理。（b）个人数据的收集应当具有具体的、清晰的和正当的目的，对个人数据的处理不应当违反初始目的。根据第八十九（1）条，因为公共利益、科学或历史研究或统计目的而进一步处理，不视为违反初始目的。（c）个人数据的处理应当是为了实现数据处理目的而适当的、相关的和必要的。

的评价、购物偏好等；通用或专用搜索引擎依靠自己的用户输入的搜索关键词，从而获得反映用户兴趣偏好的信息；视频平台通过用户上传的视频作品、交友平台通过用户提供的详细信息来更好地了解用户的喜好。二是通过"抓取"公开资源的方式获取数据，或者通过对用户行为的观察来获取用户的"痕迹数据"。比如，搜索引擎通过系统的收集和对网页进行处理获得数据，这也被称为网络"抓取"（Crawling）技术。还有一种被广泛应用的方式是，大量公司使用不同的技术"跟踪"（Tracking）用户浏览网页时留下的历史记录等痕迹。随着移动应用的普及，在 PC 端被广泛运用的网络"抓取"技术开始在各种移动应用程序中大显身手，这大大便利了经营者获取数据。通过这些技术获得的数据也可以与其他公司提供的数据相结合，进一步产生高度个性化的用户信息，不过数据保护法可能会限制此种行为的使用范围。三是可以通过对现有数据进行推断从而产生新的数据。比如，在线服装店可以通过观察来推断浏览单个产品的访问者是男性还是女性，虽然可能存在一些误差；提供多项网络服务的公司，可以通过这些服务获得用户数据，将用户数据综合整理进而分析用户的行为偏好。[1]在我国的"淘宝诉安徽美景不正当竞争案"中，人民法院认为，由用户的痕迹信息可以推测出行为人的标签信息。[2]

三、数据的作用

企业的发展依赖于数据已经不是一个新的现象，甚至早在传统经济时代，用户数据便是企业发展的重要信息来源。数据的运用能够以多种方式使人们受益，主要包括：增强研发（数据驱动型研发）；开发新产品（货物和服务），将数据本身作为一种产品（数据产品）或者作为某产品的主

---

〔1〕 韩伟主编：《数字市场竞争政策研究》，法律出版社 2017 年版，第 193-195 页。

〔2〕 "生意参谋"数据产品所涉网络用户信息主要表现为网络用户浏览、搜索、收藏、加购、交易等行为痕迹信息以及由行为痕迹信息推测所得出的行为人的性别、职业、所在区域、个人偏好等标签信息。这些行为痕迹信息与标签信息并不具备能够单独或者与其他信息结合识别自然人个人身份的可能性，故其不属于网络安全法中的网络用户个人信息，而属于网络用户非个人信息。参见浙江省杭州市中级人民法院（2018）浙 01 民终 7312 号民事判决书。

要成分（数据密集型产品）；升级现有的生产和交付流程（数据驱动型流程）；通过精准向消费者发送广告和个性化推荐改进营销（数据驱动型营销）；设计新的组织和管理方式，或者深度改造现有组织和管理方式（数据驱动型组织）。[1]尽管数据的作用有目共睹，但数据要素本身并没有价值——人们无法从缺乏背景的数据中得到有用的信息，而数据的价值体现取决于使用数据的方式方法、技术手段。[2]

（一）助力经营者改进产品和服务

数据可以帮助企业改进产品或服务。在数据驱动型经济中，大规模数据的价值日益提升，因为它们揭示的信息模式能够帮助企业理解用户行为和偏好，并相应改进（或定向）自己的产品或服务。[3]一方面，通过机器人深度学习能力形成的学习效应（Learning Effect），在观察网络用户浏览习惯、消费偏好、互动反馈等来不断修正和优化算法，进而改善产品或服务的用户体验；同样地，安装在 PC 端或移动终端中的许多应用（如网页浏览器和导航服务软件）也收集有关产品或服务使用情况的详细信息，从而根据用户反馈进一步改进用户体验；许多网站收集用户浏览该网站的痕迹，了解用户对网络服务质量的反馈，根据用户反馈的线索，克服技术难题，填补网络漏洞。另一方面，数据与许多企业提供的服务的质量密切相关，用户提供的数据越多，企业提供服务的质量就越高，也就能吸引更多的用户使用该服务。以在线约会平台之类的"配对平台"（Matching Platforms）为例，用户提供的信息越详细，就越能吸引其他用户使用该平台，进而更好地实现平台的匹配功能。如美国的 Youtube 就是一个提供越来越多的视频从而吸引越来越多用户的视频网站平台，我国的抖音也是一个具有类似功能的短视频平台。在上述情况下，服务的改进在一定程度上取决

---

〔1〕［美］莫里斯·E. 斯图克、艾伦·P. 格鲁内斯：《大数据与竞争政策》，兰磊译，法律出版社 2019 年版，第 30-31 页。

〔2〕张平文、邱泽奇：《数据要素五论：信息、权属、价值、安全、交易》，北京大学出版社 2022 年版，第 143 页。

〔3〕［美］莫里斯·E. 斯图克、艾伦·P. 格鲁内斯：《大数据与竞争政策》，兰磊译，法律出版社 2019 年版，第 45 页。

于平台维护数据库和提升用户体验的能力。

（二）帮助经营者实施个性化服务

在数据驱动型经济中，经营者越来越多地采用以个人数据为关键要素的商业模式。[1]经营者尤其是平台经营者尽可能多地了解客户需求，以改进自身产品，提供个性化服务和更具针对性的广告。这种商业模式的发展基于以下三种原因：数字信息和通信技术已经渗透到生产和生活的各个领域，从网络购物、移动支付到网络约车、在线订餐等，为数据驱动型经营者获得大量个人数据创造了条件；数据的价值除取决于数据的规模、速度和种类以外，还受到经营者数据运算能力的影响，数据驱动型经营者具备强大的数据存储能力，能够实现大规模和大量的计算；高速数据通信渠道的发展和移动互联网的普及，使得个性化推荐信息能够呈现在用户面前。

数据驱动型商业模式往往涉及双边市场或多边市场，经营者在平台的一边向消费者用户提供免费服务，用户在付出"注意力"成本的同时向平台经营者提供了一定数量的个人数据，利用这些数据，平台经营者可以帮助广告商对消费者投放行为定向广告，或者平台本身根据消费者的行为偏好提供个性化服务。数据有助于平台经营者发现潜在用户，一方面通过更准确的客户定位来减少广告费用，另一方面借助潜移默化的广告效果使潜在用户转化为现实消费者。企业甚至可以在消费者的消费能力和价格敏感度的基础上设置个性化价格。个性化定价是未来的一个趋势。例如，在线广告是一种基于"行为定向"（Behavioral Targeting）的商业模式，在线广告平台通过收集、分析和使用个人数据来预测潜在客户的购物偏好及消费能力，并向他们推送个性化广告，实现目标受众的精准定位。

（三）使经营者获得或维持竞争优势

在以大数据、人工智能、云计算等新兴技术发展与应用为标志的第四次产业革命大背景下，随着数据驱动型经济的快速发展，数据已成为继土地、劳动力、资本、技术后的第五大生产要素。作为"新时代的石油"，

---

[1] OECD, Data-Driven Innovation for Growth and Well-Being: Interim Synthesis Report, http://www.oecd.org/sti/data-driven-innovation-interim-synthesis.pdf, p. 11, last visited on March 12, 2023.

数据的商业价值日益显现，围绕数据这一新型生产要素的竞争不断加剧，大数据的获取和使用已经成为现代企业核心竞争力的基础。大数据的价值取决于其规模、种类以及收集和分析数据的速度，数据采集、分析技术的深度发展使得数据在各个领域的商业化应用成为可能，数据驱动型经营者现在更加注重发挥数据的作用，通过大数据的采集和分析所形成的数据竞争优势来提升产品和服务质量，提高经济效率。因此，通过收集和分析数据，经营者能够了解如何更有效地使用资源，以及如何超越具有市场支配地位的在位企业；而为了维持数据优势，在位企业则拥有强烈的动机去限制竞争对手访问其聚集的数据，阻碍他人分享其数据集，并且很可能反对威胁其数据竞争优势的数据可移植性政策。[1]

四、数据驱动型经济

数据驱动型经济是运用数据来提升经营者竞争力并驱动创新和发展的新经济形态。在数据驱动型经济中，竞争具有高度动态性、质量和创新的重要性凸显、大数据成为关键竞争维度、经营者呈现平台化趋势、网络效应更加突出。

（一）竞争具有高度动态性

在投资和创新浪潮的驱动下，数据驱动型经济下的竞争具有高度的动态性，具体表现为：在需求层面，消费者可替代使用的产品快速变化，未来市场可能与现有市场大相径庭。例如，得益于移动运营商在网络设施和网络质量方面的大量投资，原来 PC 端的竞争已经转向移动端，截至 2023 年第一季度，我国移动电话用户总数达 17.05 亿户，其中 5G 移动电话用户达 6.2 亿户。[2]在供给层面，数据驱动型经济经历了持续的数字新技术浪潮，网络和数据已经成为经营者降低成本和扩张市场的必要工具，新技术、新应用不断更迭是数据驱动型经济的一个特点，同时也给经营者带来

---

[1] 韩伟主编：《数字市场竞争政策研究》，法律出版社 2017 年版，第 195–196 页。

[2] 《全国移动电话用户超 17 亿户》，载 https://www.cnii.com.cn/rmydb/202306/t20230609_478250.html，最后访问日期：2023 年 9 月 6 日。

挑战和动力，如拼多多的商业模式对京东、天猫施加了压力，抖音的算法技术对腾讯的微信构成了威胁。

（二）质量和创新的重要性凸显

经营者的竞争策略包括价格竞争和非价格竞争，价格竞争是指经营者主要依靠价格优势扩大用户规模、占领市场进而战胜竞争对手，线下产品的竞争多采用价格竞争手段，早期的线上产品（如电子邮箱、安全软件）以及由数据本身构成的数据产品（如"淘宝生意参谋"）也实行价格竞争；[1]非价格竞争是指经营者在价格之外或保持产品价格不变的情况下，通过广告宣传、售后服务、质量提升、技术创新等手段展开的竞争，大多数线上产品对用户实行免费策略，如搜索引擎、即时通信、社交软件、短视频服务等。数据驱动型经济与传统经济的最明显的差异是，数据驱动型经济中价格竞争的地位下降，经营者更加注重质量、创新等非价格竞争手段。需要注意的是，数据驱动型经济的非价格竞争主要是对用户而言，以搜索引擎的双边市场为例，面向搜索引擎用户的一边实行免费策略，而面向广告商的一边则实行收费（广告费）策略。也可以说，数据驱动型经济中平台经营者往往在平台两侧同时进行非价格竞争和价格竞争，但价格竞争优势是以非价格竞争的优势为基础的。例如，搜索引擎平台积极提升服务质量、进行技术创新，就能凭借良好的用户体验形成庞大的用户规模，该搜索引擎对广告商更具有吸引力，在价格竞争方面也就更有优势。

（三）大数据成为关键竞争维度

大规模数据的收集、分析和使用是数据驱动型经济的一个重要特征。数据驱动型的商业模式能够促进竞争，带来使消费者和经营者均能受益的创新。[2]从消费者角度来看，数据的传输对消费者而言是一个隐藏的成本，消费者可能会通过个人数据的披露为免费提供的产品间接地付费；对经营者而言，当数据对服务质量非常重要，且其不容易被其他供应商复制

---

〔1〕 参见浙江省杭州市中级人民法院（2018）浙 01 民终 7312 号民事判决书。

〔2〕 OECD, Data-Driven Innovation for Growth and Well-Being: Interim Synthesis Report, http://www.oecd.org/sti/data-driven-innovation-interim-synthesis.pdf, p. 16, last visited on March 12, 2023.

时，数据有可能成为战略性资产。数据的收集、加工和商业化曾经不被视为一个竞争法问题，而是一个数据保护问题。然而，值得注意的是，近期不同反垄断司法辖区的一些执法活动表明，竞争执法机构已经开始关注数据占有和使用所可能引发的竞争问题。海量数据的聚集整合以及数据采集、分析技术的深度发展使得数据在各个领域的商业化应用成为可能。大规模的数据收集和使用有助于提升产品和服务，并增加经济效率，但在某些情形中，其也可能导致竞争方面的问题。因此，需要对数据能给数据驱动型经济中相互竞争的企业所带来的竞争优势给予更多的关注。

（四）经营者呈现平台化趋势

数据驱动竞争经济中经营者通常依托特定的平台（Platform）开展经营活动，呈现出明显的平台化趋势，诸如电子商务平台、社交网络平台、搜索引擎平台、网络支付平台、网络餐饮外卖平台、移动操作系统和应用商店平台、数字地图及导航服务平台，等等。数据驱动型经济中的平台是指虚拟交易场所，随着商业模式的不断创新发展，平台呈现不同的特点：在运营方式上，有的本身不生产产品，有的对上游资源进行一定程度的整合；在收费方式上，有的收取一定的通道费用，有的赚取一定的差价。促进双方或多方之间的交易，是平台的主要功能。与传统实体平台相比，在线平台的竞争更加激烈，更具有动态性。[1]在数据驱动型经济中，许多经营者都是以双边或多边平台的形式进行运营，平台的有效运营一般应具备三个要素，即存在两组以上的主体、有中间媒介的参与、不同主体通过中间媒介进行互动，如谷歌的通用搜索引擎平台将网络用户、网站和广告商聚集在一起。多边平台具有不同于单边市场的特殊性，平台一边用户数量或价格的变化会影响平台其他边用户的选择。多边平台的特殊性具体表现在：（1）平台不同边的用户以平台为中介进行互动。如免费边的搜索用户越多就越能吸引广告商投放广告，平台企业在收费边广告费收入增加又会激励平台扩大投入进而改进用户体验。（2）平台一边的市场竞争会影响其

---

〔1〕 时建中、张艳华主编：《互联网产业的反垄断法与经济学》，法律出版社 2018 年版，第19 页。

他边的市场力量。如平台企业在免费边的用户越多，其就能获取越多的用户数据，相应地会增强平台企业在收费边的市场力量。（3）平台在免费边的市场力量会限制平台所提供服务在收费边的替代性，进而提高收费边的市场进入壁垒。平台的多边市场特征给反垄断实施机构带来了挑战，对数据驱动型经营者的竞争行为进行评估应将多边市场的因素考虑进去。

（五）网络效应更加显著

尽管网络效应并非数据驱动型经济所独有，但由于数据驱动型经济中经营者普遍采取平台化的商业组织形态，其网络效应尤其显著。根据网络效应发生作用的机理和影响的对象，可以将网络效应区分为直接网络效应和间接网络效应。其中，直接网络效应是指某一产品对用户的价值随着使用该产品的用户人数增长而增加，使用同类产品的用户人数越多，该产品越有价值；间接网络效应是指平台的产品或服务对平台一边用户的价值随着平台另一侧用户数量的变化而变化，间接网络效应实际上就是平台上普遍存在的"跨平台网络效应"。网络既具有积极影响，也可能产生消极效果。从正向网络效应来看，网络效应会使产品的直接使用者和为该产品开发兼容产品的开发者受益，如操作系统的兼容软件开发者与操作系统用户之间关系。然而，网络效应也可能带来负面影响，损害市场竞争。例如，社交网络服务具有较强的网络效应，其有可能提高潜在竞争者的市场进入壁垒，或者增加消费者的转换成本甚至对消费者产生锁定效果，从而使消费者难以转向其他竞争者。

第二节　数据的反垄断法属性

目前，学界对数据法律属性抑或法律品性的探索主要围绕数据的物权属性、人格权属性以及相应的刑法属性展开，较少从反垄断法视角讨论大数据的法律属性，缺乏大数据对市场竞争秩序和消费者福利的影响的分析，以及大数据对竞争法的挑战和因应对策的研究。[1]对公开数据的法律

---

[1] 参见陈兵："大数据的竞争法属性及规制意义"，载《法学》2018年第8期。

保护模式，一种是客体保护模式，将数据作为知识产权的客体运用知识产权法予以保护；另一种则是行为规制模式，对侵犯经营者权益的行为运用竞争法进行保护。关于数据的竞争法保护问题，理论界和实务界更多地从反不正当竞争法视角进行探讨，而从反垄断法角度进行的研究相对薄弱。

有学者认为，数据作为一种新型生产要素，具有非排他性、非竞争性、非稀缺性、非耗竭性。非竞争性即非独占性，即可复制、可共享、可交换、可多方同时使用，共享增值；非竞争性即开发成本高，在动态使用中发挥价值，边际成本递减；非稀缺性即万物数据化，快速海量积累，总量趋近无限，具有自我繁衍性；非耗竭性即可重复使用、可组合、可再生，在合理运维情况下可永远使用。[1]可见，数据作为一种信息财产，具有可复制性，相同的数据能够被不同的主体同时收集使用，并且使用数据的企业，并不能排斥其他主体使用数据。但是，数据一定程度的非竞争性、非排他性并不能简单地否决数据所具有的竞争意蕴。从数据的获得难度、关键数据的稀缺性来看，数据具有明显的竞争法属性。本节内容从数据的获得难度、关键数据的稀缺性等方面讨论数据的竞争法属性，并分析数据对反垄断法的意义。

一、数据的竞争法属性

竞争的本义就在于两个或多个主体为争取同一目标而竞力，为追求各主体不可同得的经济利益而拼搏，没有经济利益的对立与冲突，竞争也就无从产生。[2]具体而言，竞争是在资源有限的前提下，不同经营者为争夺交易机会而展开的价格竞争、非价格竞争和组织调整行为。辨识数据的竞争意蕴及数据的竞争法属性，关键要看数据是否具备经营者所从事市场竞争行为的特征，如数据是否提高了市场进入壁垒、是否降低了经营者的隐

---

〔1〕　张平文、邱泽奇：《数据要素五论：信息、权属、价值、安全、交易》，北京大学出版社 2022 年版，第 71-72 页。

〔2〕　参见吕明瑜：《竞争法》，法律出版社 2004 年版，第 28 页。

私保护水平，还要看数据是否构成经营者市场竞争行为的组成部分，如数据是否成为经营者开展非价格竞争的重要工具。[1]如果获取数据的成本很低、高质量的数据无处不在，则数据不具有竞争意蕴；相反，如果数据获得的难度较大、关键数据具有稀缺性，则数据处理行为可能引起竞争关注。

（一）数据获得的难度

经营者获取数据的途径主要有：自身通过数据处理活动获取有价值的数据；向专业数据代理商购买相应数据；经授权从其他经营者处获取数据。由于经营者通过数据处理活动获取数据有赖于巨额的前期投入，数据市场进入壁垒较高；从数据代理商处获取数据受到数据收集时间、数据质量、数据数量的制约，影响了数据价值的发挥；经营者获取数据的可行渠道则是从具有一定市场力量的在位企业处获取数据，如果在位企业排斥其他经营者获取数据，则可能引发竞争法问题。

首先，从企业自身获取数据来看，存在限制企业获得数据的因素。具体表现在：（1）高质量数据的提供需要大量的时间和先期投入。数据的收集需要持续的时间，前期大量的投资成本必不可少，尤其是投资采集和开发大数据的固定成本非常高。前期成本主要包括创建数据收集机制、提供服务、开发软件等成本，以及数据存储和处理的模型和算法、确保数据存储和安全的设施等方面的成本。（2）数据经常是在用户使用产品或服务的时候进行收集，因此企业需要提供创新性的产品来吸引客户。在多边平台（如搜索引擎或社交网络平台）上，它们向免费边的用户提供服务，并收集用户数据；再向收费边用户提供服务（向广告商出售广告板块）来实现数据价值。为了直接获得这些类型的数据，新进入企业需要进行大量投资，尤其是在研发方面，来建立向足够大规模的用户提供相同或类似服务的平台。另外，经营者要说服用户提供自己的个人数据也是十分困难的。（3）不同的数据结合时，数据集可能因某些差错的存在而受到污染，企业需要"清洗"数据集以便更准确地对其加以分析、创造价值，这也需要大

---

[1] 参见陈兵："大数据的竞争法属性及规制意义"，载《法学》2018年第8期。

量的成本。因此，对于新的市场进入者而言，为了获取类似数据，需要创建相当大规模的服务平台，诸如此类的前期投资成本可能使他们望而却步，这也说明数据市场存在明显的进入壁垒。

其次，从向数据代理商购买数据的角度看，获取即时、完整、大量的高质量数据难度较大。近年来，出现了许多经营数据买卖业务的数据代理公司，他们提供数据收集、存储、分析服务。相比于数据相关市场的大型服务商可直接获得的数据而言，数据公司获得数据的规模和类型较为有限。向数据代理商购买数据的可行性受到以下限制：（1）数据的时间价值得不到保障。数据价值随着时间的推移而降低，数据代理商提供的数据具有间接性，与企业自己收集的数据相比即时性较差。（2）数据的完整性缺失。数据的客观、完整性对后续企业的数据分析具有重要的意义，但数据收集企业对外提供数据，会受到法律以及合同约定的限制，尤其是个人数据，受隐私保护规则及商业承诺的限制，不能随意交换，经过脱敏处理的数据，会造成信息的缺失，有损数据的完整性。（3）数据的有限性会影响数据预测作用的发挥。数据未来价值的实现具有不确定性，数据的用途有时依赖于联想、猜测。因此，数据收集方即使不知数据的具体用途，也会对其进行收集、存储。但从数据代理商处购买的数据，不能保证其全面性，无疑会影响后续数据的分析与开发。

最后，从在位企业的角度来看，企业有动机去限制竞争者获取数据。[1]高质量数据的获得需要耗费时间及前期成本，如对数据收集、数据存储、数据清洗、算法开发、安全设施建设等的投资，加之数据带来的巨大价值，经营者通常具有限制竞争者获取数据的动机，不愿意在市场上与其他竞争者分享数据，这会降低新进入者获得数据的能力。另外，与第三方分享数据可能会受到法律规定或合同约定的限制，囿于法律规定和合同约定，与第三方共享数据可能会被禁止或受限。企业可能会以商业秘密为由阻止其他企业获取用户数据，或是通过知识产权来保护数据，排斥竞争者

---

[1]　牛喜堃："数据垄断的反垄断法规制"，载《经济法论丛》2018 年第 2 期。

获取特定数据。[1]

(二) 关键数据的稀缺性

数据的类型、来源多样,如网络社交记录、购物数据、浏览痕迹等等,由此衍生出数据的可替代性特征。基于算法对不同的数据进行处理,可以分析出相同的信息。例如,在欧盟 "Facebook/WhatsApp 案"[2]中,考虑到数据的可替代性,欧盟委员会认为,即使脸书 (Facebook) 收集使用瓦茨普 (WhatsApp) 的用户数据,也不会引起竞争关注。因为依然会有不受脸书排他性控制的数据供竞争者使用。[3]但是,不容忽视的是,不同数据间质量和价值具有很大的差别。数据的质量有高低之分,决定数据质量的因素主要是可靠性和适用性。第一,数据的可靠性,是指数据应当客观真实、完整一致,不同数据集中的数据能够相互印证,否则可能需要企业浪费成本进行数据清洗。第二,数据的适用性包括数据的时效性与关联度两个方面,一般来讲,数据的价值与时间成反比,即时性的数据是企业竞争制胜的关键;关联度则是指数据只有与企业的业务存在强关联度,才能真正发挥价值。如在上述 "Facebook/WhatsApp 案" 中,欧盟委员会忽视了关联度这一重要因素,数据的价值是相对的,其实现取决于数据的用途。由于数据的关联度决定数据的价值,数据关联度带来的特殊竞争优势不容忽视。比如,对谷歌来说有价值的搜索数据或许对脸书并没有同样的价值。

依据数据质量和价值的高低,可将其分为关键数据与一般数据。关键数据对企业来说具有唯一性和不可替代性,能够为企业带来相当大的竞争优势。[4]而关键数据具有稀缺性,若企业不能收集高质量的稀缺数据,则

---

[1] 参见韩伟主编:《数字市场竞争政策研究》,法律出版社 2017 年版,第 208-210 页。

[2] COMP/M. 7217-Facebook/WhatsApp, P. 7.

[3] Eleonora Ocello, Cristina Sjodin & Anatoly Subocs, " What's up with Merger Control in the Digital Sector? Lessons from the Facebook/WhatsApp EU Merger Case", *Competition Merger Brief*, February 2015, p. 6.

[4] 殷继国:"大数据市场反垄断规制的理论逻辑与基本路径",载《政治与法律》2019 年第 10 期。

其提供的产品、服务吸引力不足、质量不高，企业的竞争力就会受到影响。高质量的数据构成了算法的关键投入品，存在企业独占的可能。例如，"谷歌并购 ITA 案"中，对机票定价和采购系统来说，航班座位及订购类别的数据是关键数据，控制关键数据的企业不得拒绝与竞争对手分享。[1]

综上所述，企业收集数据的难度与关键数据的稀缺性能够解释大数据的竞争法属性，大规模的、高质量的数据能够为企业带来相当强的竞争优势，可能会引发竞争关注。

二、数据对反垄断法的意义

在评估经营者市场力量和分析经营者行为的反竞争效果时，反垄断法实施机构需要考察经营者行为对现实竞争者扩张和潜在竞争者进入的阻碍，以及对消费者福利的影响。在数据驱动型经济中，数据对反垄断法的意义主要看数据是否提高了潜在竞争者的市场进入壁垒、是否限制了用户隐私保护的竞争。

（一）数据驱动型经济行为可能造成市场进入壁垒

有一种观点认为，数据驱动型市场不存在进入壁垒，或者几乎不存在进入壁垒。合并当事人或支配地位企业可能比照执法机关考虑的传统要素，声称它们的在线企业进入壁垒总体很低。例如，谷歌董事会主席曾声称"进入壁垒可以忽略不计，因为竞争就在一次点击之间"。[2]但是数据驱动型市场的进入状况需要具体分析，尤其有必要考察数据驱动型网络效应的影响。在数据驱动型经济中，产品的免费将约束进入者的定价能力（无论是正向定价还是反向定价）。消费者习惯于"免费"以后，新进入者将极难对相同或类似的服务收取哪怕很小的金额，即便其服务具有更高质量。同样，某种产品"免费"并不因此就意味着竞争性价格应该为零而非

---

〔1〕 United States v Google Inc and ITA Inc, Case No 1：11-cv-00688（US District Court for the District of Columbia, 4/8/2011），Competitive Impact Statement.

〔2〕 Darren S. Tucker and Hill B. Wellford, Big Mistakes Regarding Big Data, The Antitrust Source. https：//www. morganlewis. com/-/media/antitrustsource_ bigmistakesregardingbigdata_ december2014. ashx, last visited on December 21, 2022.

负值。尽管新的市场进入者可以通过提供"补贴"的方式来吸引用户，但交易成本可能阻止市场进入者以这种"支付"用户的方式取得他们的信息。因此，其结果似乎是，一旦市场价格被设定为零，竞争者很可能就不得不忍受这种约束。如果新的市场进入者不能迅速达到吸引用户和广告商所需的规模，这种局面将非常困难。[1]

数据驱动型平台企业在双边市场提供在线服务的初始成本很高，但边际成本极低。具有一定数据竞争优势的数据驱动型企业通过搜集、分析用户数据，形成数据的"聚合效应"，进一步增强其市场力量。由于数据能够为平台企业带来巨大的商业回报，其有动机为竞争对手访问数据设置障碍，而竞争对手也缺乏依靠自己获得这种数据的财力和技术能力，因此，平台经营者对关键数据的接近独占的控制，阻碍了市场竞争者的扩张和潜在竞争者的市场进入，排除了相关市场的竞争，也限制了消费者接受竞争对手产品或服务的选择权。具有市场支配地位的企业还可能以数据保护为理由拒绝向竞争对手提供个人数据，有学者认为这种拒绝可能会造成不当竞争的后果：如果限制向竞争对手提供数据，具有市场支配地位的企业可以阻碍竞争对手研发竞争性产品，因此，具有支配地位的企业可主张因遵守数据保护法而免予采取竞争执法机构要求其采取的措施。[2]

（二）数据驱动型经济行为可能损害隐私保护的竞争

从经营者角度来看，在提供法律、医疗、私人银行、安保以及旅游度假等服务的过程中，除了服务本身，各个服务提供商的竞争力其实更多的体现在隐私保护方面，更注重客户隐私保护的经营者往往能赢得更多的客户。在该类竞争激烈的服务市场上，有理由相信，企业在隐私保护上的失败将直接损害其市场竞争力。[3]可见，在数据驱动型经济领域，隐私保护已经成为经营者之间进行非价格竞争的一个重要维度，一旦市场竞争受到排斥、甚至不复存在，经营者将丧失隐私保护的动力。例如，甲企业和乙

---

〔1〕 ［美］莫里斯·E. 斯图克、艾伦·P. 格鲁内斯：《大数据与竞争政策》，兰磊译，法律出版社 2019 年版，第 186—187 页。

〔2〕 韩伟主编：《数字市场竞争政策研究》，法律出版社 2017 年版，第 184—185 页。

〔3〕 韩伟主编：《数字市场竞争政策研究》，法律出版社 2017 年版，第 186 页。

企业都提供社交网络服务，在同样的网络效应下，用户更倾向选择隐私保护程度更高的企业，因此甲企业和乙企业之间就会围绕用户隐私保护这一非价格竞争手段展开竞争。但如果甲企业将乙企业并购或滥用市场力量将乙企业排挤出市场，则甲企业很可能就会缺乏用户隐私保护的激励。

从用户角度来看，用户的行为偏好也为经营者侵犯用户隐私创造了条件。习惯于享受免费在线服务的消费者可能愿意以提供个人信息来换取免费的、方便快捷的服务，不管他们是否意识到该行为可能伴随而来的风险。就在线服务而言，当消费者不得不在"更注重隐私保护和更便宜的商家"之间寻求平衡时，后者往往占据上风。在这种情况下，数据驱动型经营者的行为如果缺乏竞争法约束，就可能产生侵犯用户个人隐私的风险。隐私保护的竞争已经成为经营者开展非价格竞争的一个重要维度，而数据驱动型并购（如"Facebook/WhatsApp案"）可能会削弱经营者在消费者隐私保护方面的竞争。同样，垄断者采取的数据驱动型排斥行为会损害向消费者提供更高隐私保护的创新替代方案。[1]隐私保护甚至有一种"竞相趋劣"的风险，不遵守数据保护规则以及通过不正当竞争手段收集、分析、使用数据可能成为市场竞争的症候体验，伴随产生的外部成本也将由用户自己来承担。[2]

第三节　数据驱动型竞争和垄断

竞争的一般含义是指两个以上存在利益冲突的市场主体为追求同一目标而展开角逐，以获得有限资源或机会的社会现象。法学概念的竞争，又称市场竞争、商业竞争或经济竞争，是指经济利益相斥的两个或两个以上市场主体，以促成交易为目的的相互争夺市场的行为。[3]在数字经济背景下，数据驱动型企业借由数据、算法和平台展开竞争，由于数字经济的竞

---

〔1〕　参见［美］莫里斯·E. 斯图克、艾伦·P. 格鲁内斯：《大数据与竞争政策》，兰磊译，法律出版社2019年版，第5页。

〔2〕　韩伟主编：《数字市场竞争政策研究》，法律出版社2017年版，第186-187页。

〔3〕　参见吕明瑜：《竞争法》，法律出版社2004年版，第24-28页。

争具有快速创新、高水平投资、双边市场、网络效应、"赢家通吃"等特点，数据驱动型企业更容易形成、维持和强化市场力量。数据驱动型垄断行为并没有完全超越传统反垄断法的理论基础和分析框架，这种垄断行为尽管呈现出新的样态，但依然体现在反垄断法的三大支柱制度中。

一、数据驱动型企业

在数字经济时代，采取数据驱动型商业模式的企业可以称之为数据驱动型企业，数据、算法和平台是支撑数据驱动型企业的三大要素。

（一）数据驱动型企业的界定

大数据时代，数字经济的蓬勃发展孕育出一批数据驱动型企业，这些企业积极探索以数据收集和商业化利用为基础的商业模式，并在数据驱动型竞争中取得巨大收益。[1]2016 年 5 月，法国竞争管理局与德国联邦卡特尔局联合发布的题为《竞争法与数据》的研究报告中则提到数据驱动型网络行业（Data-Driven Online Industries），报告指出，许多行业都会受到收集和使用数据所带来的影响。[2]

数据驱动型企业通常是指产生于数字经济时代，运用数据驱动型商业模式提供在线服务的互联网企业。数据驱动型企业基于网络行业的双边市场、网络效应、用户锁定效应等特性，凭借大数据技术收集、过滤、清洗、存储、分析、使用海量数据，进而改进产品或服务的品质、增加企业的商业收益。对于数据驱动型企业而言，数据要么是数据驱动型企业提供产品或服务的原料（Input），要么数据本身就构成了一种产品或产品的主要部分。数据驱动型企业包括提供在线服务的经营者，也包括进行数据产品交易的经营者，具体应用场景主要有：提供搜索引擎服务、在线广告服务、社交网络服务、网络零售平台服务、网络餐饮外送服务等。数据驱动

---

〔1〕 韩伟："数据驱动型并购的反垄断审查——以欧盟微软收购领英案为例"，载《竞争法律与政策评论》2017 年第 3 期。

〔2〕 French Competition Authority and German Federal Cartel Office. *Competition Law and Data*, 2016. https://www.autoritedelaconcurrence.fr/sites/default/files/2021-11/big_data_papier.pdf, last visited on March 20, 2023.

型企业不同于互联网企业，其是对传统的互联网企业的升级，互联网企业的外延要大于数据驱动型企业，是数据驱动型企业的上位概念。相较于互联网企业，数据驱动型企业是以数据生产要素驱动经营管理，更加强调数据的产品化和资本化。[1]

（二）数据驱动型企业的类型

1. 根据企业产生价值的来源进行分类[2]

经济时代涌现出许多数据驱动型企业，这是数据要素与商业结合的最直接体现。根据企业产生价值的来源，可以将其分为三类，这三类的侧重点分别对应于数据、技术、思想。

（1）基于数据本身的企业。大数据这一概念兴起的直接结果是其价值直线上升，数据本身的价值难以估量。由此自然出现了关注收集整理数据的公司。它们大部分不是第一手的数据获得者，但是它们能获得数据、将数据整理成易于使用的格式，进而将数据授权给希望挖掘数据价值的企业。基于数据本身的企业将其业务重心放在数据与信息上，它们收集数据、整理数据、维护数据、出售数据。它们拥有大量数据，但较少从数据中挖掘价值、催生创新思想。典型的例子是 Wind 公司，该公司是金融数据和分析工具服务商，其掌握着全面的金融数据，通过授权的方式为企业、学者提供数据支持。

（2）基于技术的企业。一般包含咨询公司、技术供应商或者分析公司。它们通常精通数据挖掘、分析技术，但本身不掌握数据资源，需要与其他掌握数据的企业合作，为其提供数据分析服务。例如，沃尔玛作为全球最大的零售企业，借助天睿（Teradata）公司（一家大数据分析企业）的分析来获得自身经营中的信息。

（3）基于思想的企业。这些企业以创新性的思想为根基，从数据与现实的结合中创造崭新的商业模式。比如共享单车（哈罗、美团单车）、智

---

[1]　傅晓："警惕数据垄断：数据驱动型经营者集中研究"，载《中国软科学》2021 年第 1 期。

[2]　张平文、邱泽奇：《数据要素五论：信息、权属、价值、安全、交易》，北京大学出版社 2022 年版，第 138—139 页。

慧出行（滴滴、Uber）等。对于这些脱颖而出的企业而言，其成功的关键不仅仅取决于数据和技术，更在于企业创始人的创新思想，这种创新思想将数据与实体经济巧妙结合，构建了新的商业模式，优化了原有模式（满足相同需求，但模式较为落后）的效率。

2. 根据数据的不同商业模式进行分类

数据驱动型企业既包括运用数据资源提供产品或服务的企业，也包括基于数据本身的企业，如数据产品的开发商。由于数据须与特定的商业模式或应用场景相结合才能发挥其价值，对于运用数据资源提供产品或服务的企业，可以从数据应用的不同商业模式进行分类，其主要类型包括：在线搜索平台服务经营者、在线广告平台服务经营者、社交网络平台服务经营者、网络零售电商平台服务经营者、网络餐饮外卖平台服务经营者、移动支付平台服务经营者、移动操作系统和应用商店平台服务经营者、数字地图及导航服务平台服务经营者等。

（1）在线搜索平台服务经营者。搜索引擎一般分为三大部分，包括爬虫、索引和检索。首先，搜索引擎通过爬虫软件在互联网上"爬取"它能找到的所有网页的副本；其次，将这些资料整理成一个"索引"或一个可以实时搜索的互联网图谱，即将信息组织成查询功能所需要的格式和数据库；最后，当用户向搜索引擎输入搜索词时，该引擎从索引中提取相应网站列表，并由搜索算法根据计算得出的关联性进行排序。根据所提供搜索内容覆盖面的不同，在线搜索平台服务经营者可以分为提供通用搜索服务的平台经营者和提供垂直搜索（专业搜索）服务的平台经营者，前者以谷歌、百度等为代表，后者则包括在线店铺搜索、在线旅游搜索、在线地理位置搜索等服务的提供者。

（2）在线广告平台服务经营者。根据用户触达广告的机制不同，在线广告可以分为搜索广告和非搜索广告（展示广告），相应地，在线广告平台服务经营者则可分为：提供搜索广告服务的平台经营者和提供展示广告服务的平台经营者，前者既包括提供通用搜索广告服务的谷歌、百度等，也包括提供专业搜索广告服务的经营者；后者则是指将广告内容投放到网站和移动 App 的广告"坑位"的展示广告服务提供者，如脸书、微信、抖音等具有社交性质的平台经营者。就搜索广告服务而言，在线广告服务经营者同时也是在线搜索服务经营者，因为在线搜索平台服务是典型的双边市场，搜索平台通过海量的用户来吸引广告商增加投入，并向搜索用户推送定位广告。

（3）社交网络平台服务经营者。社交网络平台服务经营者以美国的脸书为代表。根据美国联邦贸易委员会对脸书的起诉书，认定脸书所在的相关商品市场为个人社交网络服务，也就是为用户提供在共享社交空间中与家人、朋友或其他人维持个人关系和分享经历的服务，其服务内容主要包括用户画像、动态消息和时间轴等。[1]脸书的服务分为私人应用和企业应用，以及基于应用而发展的在线广告业务。欧盟委员会在"Facebook/WhatsApp案"的审查决定书中指出，社交网络的主要功能包括构建起一个公开或半公开的朋友或联系人列表和画像，以及一对一、一对多或一对群的信息交流服务，以图片、视频或链接为内容的信息分享服务，内容评论服务和朋友推荐服务等，但任何一种服务都不能单独构成完整的社交网络服务。[2]

（4）网络零售电商平台服务经营者。首先，网络零售电商平台服务经营者最主要分类是提供B2C服务的平台经营者和提供C2C服务的平台经营者，前者主要包括天猫、京东、唯品会等，后者主要包括淘宝、拼多多等。当然，B2C平台和C2C平台之间的界限越来越模糊。其次，网络零售电商平台服务经营者还可以分为综合电商平台服务提供者和垂直电商平台服务提供者，前者如淘宝、天猫、京东、亚马逊（Amazon），后者如当当网、唯品会等。当前，垂直电商平台也在朝着综合电商平台发展。最后，网络零售电商平台服务经营者又可以分为提供在线市场平台服务的经营者和提供自营平台服务的经营者，前者如天猫、淘宝、拼多多等，后者如京东、唯品会等，当然，越来越多的网络零售电商平台服务经营者既提供在

---

〔1〕　FTC v. Facebook, Inc., https://www.ftc.gov/system/files/documents/cases/2021-09-08_redacted_substitute_amended_complaint_ecf_no._82.pdf, pp.54-55, last visited on December 15, 2022.

〔2〕　COMP/M.7217-Facebook/WhatsApp, P.7.

线市场平台服务也提供自营平台服务。

（5）网络餐饮外卖平台服务经营者。网络餐饮外卖被视为本地生活服务电商的一部分。目前，我国网络餐饮外卖平台服务经营者主要有"美团"和"饿了么"两家竞争者。网络餐饮外卖平台属于"三边市场"，除服务于餐饮经营者和消费者之外，外卖骑手成为平台上不可或缺的"第三边"，平台为这三类用户提供相应的平台服务，这三类用户彼此之间存在交叉网络效应。此外，网络餐饮外卖平台服务经营者还提供餐饮推荐服务（对消费者）、用户点评服务（对商家、骑手）、骑手调度服务（对商家、消费者）等，这些服务依赖于平台的数据积累（来自商家、消费者和骑手）和对推荐算法、匹配算法的运用。[1]

除上述平台服务经营者外，还存在移动支付平台服务经营者、移动操作系统和应用商店平台服务经营者、数字地图及导航服务平台服务经营者。网络支付平台服务经营者有支付宝、微信支付、云闪付、苹果支付（Apple Pay）等服务的运营商；移动操作系统和应用商店平台服务经营者如苹果（Apple）、谷歌（Google）等；数字地图及导航平台服务经营者包括谷歌、百度、高德、腾讯等。

二、数据驱动型竞争

（一）数据驱动型竞争的基本元素

阿里巴巴课题组在《中国信息经济发展趋势与策略选择》报告中概括了数字经济的十大趋势：数据呈指数级增长趋势、"云+网+端"成为新的基础设施、平台经济主导新商业生态、大数据的潜力得到了加速释放、大众创新不断涌现、大规模协作走向主流、互联网经济体崛起、互联网跨界渗透、信息空间主导权争夺愈演愈烈、跨境经济重塑全球贸易格局。[2]由此可以看出，互联网企业围绕数据、算法和平台的竞争日趋加剧，数据竞

---

〔1〕 参见万江：《数字经济与反垄断法：基于理论、实践与国际比较的视角》，法律出版社2022年版，第93-94页。

〔2〕 http://www.cnitexpo.com/news_view.asp? id=347，最后访问日期：2020年10月12日。

争、算法竞争和平台竞争构成了数据驱动型竞争的三大基本元素。我国《反垄断法》修改的重要原因之一正是一些大型平台经营者滥用数据、算法和平台规则，实施垄断行为、进行无序扩张，妨碍了公平竞争。[1]

1. 数据竞争

早在 2014 年，欧盟委员会竞争专员的玛格丽特·维斯塔格（Margrethe Vestager）和时任美国联邦贸易委员会主席的伊迪丝·拉米雷斯（Edith Ramirez）就不约而同地指出，在互联网时代"数据就是通货"。[2]数据也被称为数字经济时代的"石油"。这些提法所反映出来的就是数据在数字经济时代具有不可替代的经济价值，是影响市场竞争的关键资源。在数据驱动型经济中，数据对公司的成长和成功而言非常关键。在"谷歌收购 Waze 案"中，正是由于 Waze 无法获得足够的数据规模，导致它在英国地图服务市场上的竞争受到排斥。[3]因此，目前很多公司都在投入大量资金和精力，致力于获取和分析个人数据以维持数据相关的竞争优势。而且，拥有重大数据优势的支配性企业相比竞争对手拥有一套独一无二的雷达系统，通过雷达系统的即时预报能够实时监测新兴商业模式。在这种实时监测中，支配性企业能够迅速识别（并压制）方兴未艾的竞争威胁。在这些羽翼未丰的企业构成重大竞争威胁之前，支配性企业就能将其收购或者通过其他手段阻碍其发展。[4]

数据竞争具有双重效应，一方面，数据有利于促进平台竞争，具体表现在：数据与企业规模发展存在良性循环，结合数字经济时代多边市场、

---

〔1〕《关于〈中华人民共和国反垄断法〉（修正草案）的说明》指出，"特别是随着平台经济等新业态快速发展，一些大型平台经营者滥用数据、技术、资本等优势实施垄断行为、进行无序扩张，导致妨碍公平竞争、抑制创业创新、扰乱经济秩序、损害消费者权益等问题日益突出，迫切需要明确反垄断相关制度在平台经济领域的具体适用规则，以加强反垄断监管"。王翔主编：《中华人民共和国反垄断法解读》，中国法制出版社 2022 年版，第 321-322 页。

〔2〕参见万江：《数字经济与反垄断法：基于理论、实践与国际比较的视角》，法律出版社 2022 年版，第 27 页。

〔3〕Offtice of Fair Trading, Completed Acquisition by Motorola Mobility（Gooogle, Inc）of Waze Mobile Ltd, ME/6167/13, 17 December 2013.

〔4〕［美］莫里斯·E. 斯图克、艾伦·P. 格鲁内斯：《大数据与竞争政策》，兰磊译，法律出版社 2019 年版，第 9-10 页。

网络效应等特点，企业规模的不同导致企业数据收集能力上的差距，并进一步影响服务质量；数据可以传导企业优势，促进跨界竞争，拥有大数据优势的企业可以利用用户数据资源以及平台企业的用户黏性和锁定效应传导企业的优势，通过跨界经营将主营业务的数据资源优势辐射到其他领域。另一方面，数据可能阻碍平台竞争，具体表现在：企业可能利用数据抬高市场进入壁垒，如较高的数据收集成本可能阻碍小企业和新企业进入市场、大型平台的规模效应导致用户转移成本较高；平台企业可能利用数据限制创新竞争，拥有大数据优势的平台企业通过数据处理和分析手段，可以率先发现对其发展构成威胁的竞争者，并在潜在竞争者发展壮大之前将其并购或者阻碍其发展；平台企业可能利用数据损害竞争秩序，为了获取或维持现有的竞争优势，平台经营者可能会限制竞争对手访问数据，或者阻碍他人分享数据。[1]数据竞争在禁止垄断协议案、禁止滥用市场支配地位案和经营者集中审查案中都有所体现。

2. 算法竞争

在数字经济时代，算法（Algorithms）技术的发展大大提升了其运算能力，扩展了算法的应用场景，算法在生产和生活中都发挥着越来越大的作用。算法可以通过简单的图表、符号、计算机代码和其他语言表示。传统的、公众周知的算法示例包括食物配方、指令手册和曲目表；更复杂的算法示例则包括在线约会平台的匹配算法、搜索引擎的排序算法，以及用于过程优化的线性编程求解器。诸如人工智能、机器学习与深度学习之类的现代算法，通过使用不同的编程原理来设计智能代理，如通过反复试错的过程从数据中获取信息。虽然计算机科学家已经在 20 世纪 60 年代和 70 年代开发了一些基础编程原理，但只是在近年数据可用性以及现代计算机处理能力显著发展的推动下，才使得现今的算法能够获得更好的结果。如今，基于大数据的机器学习和深度学习算法，可以解决极其复杂的问题，算法为社会带来了实质性的效率提升。企业使用算法推动其预测分析并以

---

〔1〕 参见袁嘉：《互联网平台竞争的反垄断规制》，中国政法大学出版社 2021 年版，第 46-49 页。

多种方式优化其流程；消费者依靠算法来选择相关信息并改进其决策，甚至政府和公共机构有时也会使用算法去发现犯罪行为，改善其执法。最近，深度学习的应用已经在许多领域带来了收益，如生物、金融、工程与医疗健康等领域。[1]

随着数字经济的发展和算法技术的革新，越来越多的企业运用算法辅助自己作出经营决策，借助算法实施个性化定价，甚至达成算法共谋。算法带来的竞争问题引起了全球主要司法辖区反垄断执法机构的关注，算法相关的反垄断案例已经在其他司法辖区发生，如美国 Uber 案就是关于算法垄断的典型案件。[2]世界主要反垄断辖区的竞争执法部门发布的相关调研报告，也已经开始关注算法竞争，比如德国垄断委员会于 2015 年发布的调研报告《竞争政策：数字市场的挑战》、美国联邦贸易委员会于 2016 年发布的调研报告《大数据：包容工具拟或排除工具》以及法国和德国竞争执法部门于 2016 年联合发布的《竞争法与数据》调研报告，均在一定程度涉及算法问题。从现阶段全球理论与实践的发展情况看，直接与算法相关的竞争关注主要涉及算法合谋与算法歧视两个方面。

3. 平台竞争

在数字经济发展过程中，企业的平台化趋势明显，平台被视为数字市场的基本元素。[3]这里的平台主要指平台经营者，根据《国务院反垄断委员会关于平台经济领域的反垄断指南》（以下简称《平台经济领域的反垄断指南》）第二条的规定，平台经营者不仅提供虚拟经营场所，而且提供交易撮合、信息交流、物流配送、网络支付等平台服务。[4]根据应用场景不同，平台包括搜索引擎平台、社交网络平台、电子商务平台、本地生活平台、移动支付平台、网络游戏平台、网络媒体平台、云服务平台、短视

---

〔1〕　韩伟："算法合谋反垄断初探——OECD〈算法与合谋〉报告介评（上）"，载《竞争政策研究》2017 年第 5 期。

〔2〕　U. S. District Court Southern District of New York (2016), Meyer v. Kalanick, Opinion and Order.

〔3〕　韩伟主编：《数字市场竞争政策研究》，法律出版社 2017 年版，第 58 页。

〔4〕　《平台经济领域的反垄断指南》第二条规定："平台经营者，是指向自然人、法人及其他市场主体提供经营场所、交易撮合、信息交流等互联网平台服务的经营者。"

频平台、网络安全软件平台等多种样态，而且大型数据驱动型企业及其关联企业的业务往往涉及不同平台，呈现跨平台经营的特点（见表1-1）。

表1-1　两大数据驱动型企业的跨平台业务

大型数据驱动型企业	平台类型	平台名称
以腾讯为例	社交网络服务平台	微信
	网络游戏服务平台	QQ游戏大厅
	移动支付服务平台	微信支付
	网络媒体服务平台	腾讯新闻
	……	……
以阿里巴巴为例	电子商务服务平台	天猫、淘宝
	移动支付服务平台	支付宝
	云计算服务平台	阿里云
	物流配送服务平台	菜鸟网络
	……	……

数据驱动型企业围绕平台进行的竞争，使相关市场界定变得更加复杂，不仅要考虑双边市场的情况，有时还要将平台作为一个整体来考量。同时，平台企业市场力量的认定和竞争效果的评估需要考察平台两边相互施加的竞争约束和网络效应的影响。从反垄断法的视角对平台或平台经济开展竞争分析时，网络效应是最核心的立足点。其中，间接网络效应实际上就是平台上普遍存在的"跨平台网络效应"，具体表现为两种情形：双向的间接网络效应（双向网络效应，Bilateral Positive Indirect Network Effects），单向的间接网络效应（单向网络效应，Unilateral Indirect Network Effects）。根据平台网络效应的不同，平台竞争以两种不同身份呈现：其一，具有双向网络效应的平台，即"匹配型平台"（Matching Platform）。匹配型平台又可细分为交易型（Transaction Matching Platform）和非交易型（Non-Transaction Matching Platform）两类，前者可以令用户实现特定交易，典型的如淘宝、美团、滴滴等；后者则不以直接促成某项交易为目的，典型的如在

线交友平台。交易型平台能够区分哪些交易是通过平台发生的，如果平台能够识别在平台上发生的交易，平台就可以向因双向网络效应而获益的一侧用户收取费用。[1]其二，具有单向网络效应的平台，即"受众型平台"。这种平台一侧的市场可以受益于另一侧用户数量的增长，但另一侧数量增长的用户不会因此受益，这类平台只是提供吸引单边用户关注度的服务，通常也无法确认用户是否接收到服务，如在线广告服务平台。[2]然而，随着技术的发展，在线广告平台已经可以识别用户是否接收到广告，平台一旦能够识别出单笔"交易"，也就可以作为交易型平台收取相应的费用了，只不过这种交易是单向的。

随着跨界经营模式的盛行，平台的发展更加多元化，某个平台可能既是交易型平台又同步提供在线广告，从而可能同时具有双向网络效应和单向网络效应。以网络音乐平台为例，一方面作为交易平台在音乐版权公司和用户之间撮合交易（提供串流和下载服务），另一方面作为非交易型匹配平台提供在线电台、秀场服务，同时还提供音乐社区服务（社交网络）和在线广告服务（广告平台），从而使多种不同的网络效应同时发挥作用。[3]

综上，面对数据驱动型企业的平台化竞争，我们应关注现有的反垄断规则能否有效应对数据竞争中产生的新型垄断问题，尤其是如何变革相关市场界定、市场力量认定和反竞争效果评估的思路和方法。

（二）数据驱动型竞争的特征

数据驱动型企业市场力量的形成是依赖数据和算法的"双轮驱动"，与数据与算法相关的还有运算能力（服务器）。但是，无论是数据还是算

---

〔1〕　OECD, Rethinking Antitrust Tools for Multi‑sided Platforms, 2018, pp. 10‑11, https://www. oecd. org/competition/rethinking‑antitrust‑tools‑for‑multi‑sided‑platforms. htm, last visited on December 12, 2022.

〔2〕　Bundeskartellant, The Market Power of Platforms and Networks, June 2016, p. 3, https://www. bundeskartellamt. de/SharedDocs/Publikation/EN/Berichte/Think‑Tank‑Bericht‑Langfassung. pdf? _ _ blob = publicationFile&v = 2, last visited on December 12, 2022.

〔3〕　参见万江：《数字经济与反垄断法：基于理论、实践与国际比较的视角》，法律出版社2022年版，第48‑50页。

法都是企业运行的工具，企业要想在市场竞争中制胜，还需要将数据、算法与特定的应用场景相结合，如将数据和算法应用于搜索引擎、电子商务、即时通信、团购订餐、打车出行、地图导航等，从而形成了各具特色的数字平台企业，不同细分市场的头部数字平台企业往往具有一定市场力量。

1. 数据驱动型竞争是围绕海量数据和先进算法的竞争

第一，企业拥有收集海量数据的能力。对于数据驱动型企业而言，数据是其竞争力的根本来源。数据可以是来自自身经营管理中产生的数据，也可以是来自外部的数据，例如政务数据、第三方提供的数据等。第二，企业拥有数据中心与先进算法。面对各种离线与实时、结构化与非结构化数据，企业需要利用数据中心进行集成、处理和分析工作。而且数据中心的运行必然离不开先进的算法技术。第三，数据驱动型企业能够通过数据分析提高市场竞争力。数据驱动型企业利用其对于数据的分析，刻画出用户清晰的画像，提高自身的产品与服务质量。

2. 数据驱动型竞争具有双边或多边市场的特征

数据驱动型企业是一类具有"联结""媒介"性质的在线平台型企业，数据驱动型竞争具有双边市场特性。具体而言，数据驱动型企业向双边甚至多边市场的用户供应产品或服务，企业为获得大量的用户数据以进行数据分析与利用，通常在一边市场向广大消费者供应几乎免费的产品或服务，同时为获得盈利而在另一边市场向广告商、应用程序开发设计者等商业主体提供数据，免费边和收费边的市场同时存在于该平台之上，相互影响相互作用。[1]以搜索引擎平台为例，基于双边市场的结构，搜索引擎平台企业能够通过广告端来补贴其免费地提供产品或服务的另一端，并且服务与广告投放相得益彰，共同促进，形成网络效应。[2]

---

〔1〕 张静敏：《互联网络的经济学分析》，中国金融出版社 2010 年版，第 13-14 页。

〔2〕 See Allen P. Grunes, "Another Look at Privacy", *Geo. Mason L. Rev*, Vol. 20, 2013, No. 4, pp. 1107-1127.

3. 数据驱动型竞争呈现直接和间接网络效应（见图 1-1、图 1-2）

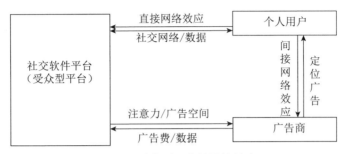

图 1-1　受众型平台的网络效应

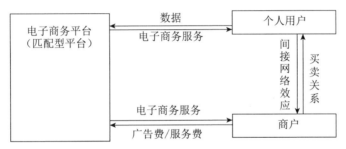

图 1-2　匹配型平台的网络效应

数字市场中数字驱动型企业之间竞争的激烈程度常常由直接或间接网络效应决定，直接或间接网络效应使得市场趋向于集中，因而是数据驱动型企业竞争分析的重要方面。而网络效应又与实时数据反馈循环（Feedback Loop）相关联。直接网络效应与平台企业的用户规模息息相关，用户通过使用某项产品或服务所获得的价值直接取决于使用这一产品或服务的用户数量，用户数量越多，该项产品或服务变得更有价值且对用户更有吸引力。一个数据驱动型企业能够收集到的消费者用户的数据越多，意味着该企业能够收集到的用以提升产品或服务品质（优化用户体验等）的数据也就越多，继而又吸引其他更多的消费者用户，产生"使用者反馈"（User Feedback Loop）。而间接网络效应则是指用户使用某项产品或服务所获得的价值取决于使用该项产品或服务的其他不同群体的用户数量，平台一边市场的用户数量的增多使得平台对另一边市场用户变得更具吸引力。当间接网络效应发挥关键作用时，平台/市场被称为双边或多边平台/市场。[1]即平台一边付费市场的广告商间接受益于另一边免费市场上消费者用户数量的增加。数据驱动型企业通过分析消费者用户的数据来不断调整改善针对该用户的定位广告，并通过一边市场中的广告服务盈利来补贴另一边市场上免费或几乎免费供应产品或提供服务的行为，从而获得更多用户并吸引更多广告商，数据驱动型企业的广告费收入也相应增加，产生了"货币化反馈循环"或"获利反馈循环"（Monetisation Feedback Loop）。在此种情况下，新进入企业很难与已经拥有大量用户的在位企业进行竞争。

上述两种网络效应可同时存在，但是网络效应也具有两面性。一方面，网络效应是积极的外部效应，可以提升企业产品或服务的效用与价值；另一方面，提高准入门槛或提高转换成本以锁定消费群体则是网络效应可能对市场竞争产生的负面影响。

三、数据驱动型垄断

数据的特征决定了反垄断法能否适用于大数据领域，关于这一问题，理论界存在截然相反的两种观点，一种观点认为，数据的特征决定了其不会引起竞争法问题，另一种观点则认为，数据的特征恰恰说明反垄断法应适用于数据驱动型经济。在反对大数据适用反垄断法的文献方面，丹尼尔（Daniel）与罗辛·科莫福德（Roisin Comerford）合作的一篇论文非常具有代表性，该文认为大数据存在下述特征，因此很难导致竞争问题：（1）低进入障碍；（2）数据无处不在，价格低廉，易于收集；（3）数据非排他、非竞争；（4）数据的价值寿命有限；（5）仅拥有数据是不够，无法确保竞争成功，还需要其他资产；（6）高度差异化的平台需要高度差异化的数据。[2]

〔1〕 B. Guérin, Anna Wolf-Posch. "Special Report of the German Monopolies Commission: Can Competition Law Address Challenges Raised by Digital Markets?", *Journal of European Competition Law & Practice*, Vol. 7, 2016, No. 1, pp. 30-45.

〔2〕 See D. Daniel Sokol & Roisin E. Comerford, "Does Antitrust Have A Role to Play in Regulating Big Data?", *Cambridge Handbook of Antitrust*, *Intellectual Property and High Tech*, Cambridge University Press, 2016.

因此，数据具有很高的可获得性，这减少了竞争损害发生的风险。相反的观点认为，尽管数据具有非排他性，即一个企业获得数据并不必然排斥其他企业获得同样的数据，但是，数据的非排他性并不表明所有的竞争者都可以获得这些数据。在一些反垄断案件中，竞争执法部门已经考虑到，竞争者获得这些非排他数据在经济上是不可行的，所以排他性地拥有这些数据可能被认定为拥有很强的竞争优势。

"垄断"一词在经济学上作为竞争的对立面而存在，特指没有竞争的市场状态，而反垄断法的"垄断"是滥用这种状态来排除竞争的行为和虽无此状态但谋求此种状态的反竞争行为。[1]由于数据的价值具有不确定性，且并非所有的数据都具有排他性，故任何数据驱动型企业均不可能形成数据独占性的垄断。因此，本书所指的数据垄断行为是指数据驱动型企业利用数据优势进一步扩张市场的垄断行为。数据垄断行为是在原有的反垄断法三大行为上衍生出的新形式。

（一）数据驱动型垄断协议

垄断协议的构成要件可以从三个方面来理解：第一，主体要件。垄断协议的主体为两个或两个以上具有横向关系或纵向关系的经营者，单个经营者无法形成垄断协议。根据我国《反垄断法》的规定，垄断协议的实施主体包括经营者和行业协会。第二，行为要件。当事人之间具有某种形式的共谋，具体表现为协议、决定或其他协同行为。第三，垄断协议具有排除、限制竞争的目的或者产生了排除、限制竞争的效果，[2]两者只要有一个即可。但是，在数据驱动型经济中，垄断协议受到新兴商业模式演化和数据、算法技术发展的影响，呈现出新的形式，反垄断法规制垄断协议也面临着新的挑战。

数据驱动型垄断协议是经营者利用数据、算法等优势达成的限制竞争协议，大数据的特殊性表明，这种垄断协议中的意思联络难以证明，甚至受机器学习和深度学习的影响，意思联络可能不复存在。数据驱动型垄断

---

〔1〕　孟雁北：《反垄断法》，北京大学出版社 2017 年版，第 23-27 页。

〔2〕　王晓晔：《反垄断法》，法律出版社 2011 年版，第 9 页。

协议的典型形式为算法共谋。如德国的 HRS 案，在德国酒店预订服务商 Robert Ragge GmbH（HRS）与酒店合作伙伴的纵向协议案中，HRS 基于新兴的数字商业模式，要求酒店总是提供给他们最低的房价价格、最大的房间容量、最有利的网上预订和取消条件。德国联邦卡特尔局认为，这一条款消除了企业参与竞争的动机并提高了市场进入障碍，驳回了 HRS 提出的为了防止"搭便车"行为的抗辩，并要求其删除这种平台最惠待遇条款。[1]再如美国的 Uber 案，2016 年 Uber 的用户在美国纽约南区联邦地区法院，向 Uber 的 CEO 提起诉讼，用户主张 Uber 与每个个体司机签订的纵向协议，导致司机之间存在横向共谋，因为各司机都使用同样的算法。实质上，每个司机并没有就价格展开竞争，而是基于 Uber 的算法收取车费。基于这一点，Uber 被认为构成所谓的轴辐协议，每个独立的司机（辐）经由第三方 Uber（轴）来进行合谋。[2]

（二）数据驱动型滥用市场支配地位行为[3]

滥用市场支配地位行为是指具有市场支配地位的经营者在没有正当理由的情况下所实施的反竞争行为。数据驱动型滥用市场支配地位行为的主要表现形式如下：

1. 拒绝供应数据

如果数据构成"必需设施"或"核心设施"（Essential Facility），拒绝供应数据就会限制竞争。然而，各司法辖区在实施反垄断法过程中很少适用必需设施原则，欧盟法院仅在少量案件中要求经营者开放核心设施，因为即便是拥有市场支配地位的企业原则上也没有与竞争对手进行交易的义务。根据欧盟法院在 Bronner 案、[4]IMS Health 案[5]和 Microsoft 案[6]中

---

〔1〕 Bundeskartellamt, HRS-Hotel Reservation Service, 9th Decision Division, B9-66/10, 20 December 2013.

〔2〕 See Salili K. Mehra, "Robo-Seller Prosecutions and Antitrust's Error-Cost Framework", *Antitrust Chronicle*, Vol. 2, Spring 2017.

〔3〕 韩伟主编：《数字市场竞争政策研究》，法律出版社 2017 年版，第 200-202 页。

〔4〕 Oscar Bronner GmbH & Co. KG v. Mediaprint Zeitungs und Zeitschriftenverlag GmbH & Co. KG.

〔5〕 IMS Health GmbH & Co. OHG v. NDC Health GmbH & Co. KG, 2004 ECR I-5039.

〔6〕 Case T-201/04 Microsoft Corp. v. Commission of the European Communities (2007).

的判决，只有在位企业所拥有的数据独一无二，且竞争对手自己无法复制这些数据，开放数据具有可行性时，才达到核心设施的标准。值得注意的是，获得某个企业的数据可能引发隐私问题，如果企业与和用户没有关系的第三方共享个人信息之前没有征求用户的同意，就可能违反隐私法。

2. 排他性合同

排他性合同也可能构成具有一种限制竞争效果的数据驱动型行为。平台经营者有时通过与第三方供应商签订排他性协议来阻止竞争对手获得数据，特别是这类行为由拥有市场支配地位的企业实施时，排他性协议可以排挤竞争对手的效果会更加明显。由不同排他协议组成网络的问题可能更大，在欧盟竞争法框架下，这不仅涉及《欧盟运行条约》第一百零二条关于滥用市场支配地位的规定，还涉及第一百零一条关于垄断协议的规定。例如，基于第一百零二条，欧盟委员会调查了搜索广告市场中由谷歌制定的一系列的排他性合同，这些合同可能会妨碍其他竞争对手的竞争。

3. 捆绑销售

经营者在某一市场收集的数据可以反竞争的方式用于业务发展或增强其在另一市场的力量。例如，英国竞争与市场管理局在一份报告中提到，一个经营者有可能会将其数据分析服务与有价值的数据进行捆绑销售。该报告指出，这样的捆绑销售在某些情况下可能提高效率，但在数据分析市场上，该公司可能会基于拥有数据而使其占据有利地位从而限制竞争。[1]

4. 数据的交叉使用

法国竞争管理局在 2010 年的一份意见中强调了数据的交叉使用。[2]例如，某些情况下，将从某市场收集的数据应用到另一市场中，会产生封锁效果。尤其是某一先前的垄断者拥有在公共服务活动中获得数据的特权，其就可能使用这些数据在相邻市场提供定制化服务，这样就可以获得

---

〔1〕 Competition and Markets Authority, *The Commercial Use of Consumer Data*, 2015, https：//www. gov. uk/cma-cases/commercial-use-of-consumer-data, last visited on December 20, 2022.

〔2〕 French Competition Authority, *Opinion on Crossed Usage of Client Databases*, 14 June 2010, https：//www. concurrences. com/en/bulletin/news-issues/june-2010/The-French-Competition-Authority-33508, last visited on May 20, 2023.

很强的竞争优势。正是基于这样的理由，法国竞争管理局对 GDF-Suez 采取了临时措施，要求燃气供应商允许其竞争者获得燃气交易的数据，特别是消费数据。[1]在数据驱动型经济，数据的交叉使用可能构成滥用市场支配地位行为中的自我优待行为。我国国家市场监督管理总局于 2021 年 10 月 29 日发布的《互联网平台落实主体责任指南（征求意见稿）》也规定，平台经营者在与平台内经营者进行竞争时不得"滥用数据"。[2]

5. 利用数据实施价格歧视

数据可以便利价格歧视。[3]数据驱动型经营者通过收集、分析海量数据，能够更准确地了解用户的购物习惯、消费意愿、对价格敏感度。具有一定数据竞争优势的经营者倾向于利用数据对不同消费者设置不同的价格，甚至形成"千人千价"的一级价格歧视。但是，从经济学上来讲，价格歧视是中性的，既有消极影响也有积极效果，从价格歧视的消极影响看，平台经营者利用数据和算法实施的价格歧视可以构成一级价格歧视，经营者能够获得大部分甚至全部消费者剩余；从价格歧视的积极效果看，基于数据和算法的价格歧视有利于增加特定产品交易量、提高经营者利润、增加消费者剩余。因此，对价格歧视行为的法律规制不应采取"一刀切"的禁止方式，对利用数据实施价格歧视的行为的反竞争效果分析，要综合考虑多种因素，尤其是要结合特定的市场结构，在特定的市场结构下来判断价格歧视是否会产生排除、限制竞争的效果。

（三）数据驱动型经营者集中

为了更好地获得数据，数据驱动型经营者的首要战略往往是获得其他

---

[1] French Competition Authority, *Opinion on Crossed Usage of Client Databases*, 14 June 2010, https://www.concurrences.com/en/bulletin/news-issues/june-2010/The-French-Competition-Authority-33508, last visited on May 20, 2023.

[2] 《互联网平台落实主体责任指南（征求意见稿）》第一条规定："超大型平台经营者具有规模、数据、技术等优势，应当发挥公平竞争示范引领作用。（一）在与平台内经营者开展公平竞争时，无正当理由，不使用平台内经营者及其用户在使用平台服务时产生或提供的非公开数据。（二）平台内经营者或用户访问、注册、登录、获取其所需的平台服务时，不将使用其他关联平台提供的服务作为前提条件。"

[3] Nathan Newman, "The Costs of Lost Privacy: Consumer Harm and Rising Economic Inequality in the Age of Google", *William Mitchell Law Review*, Vol. 40, 2014, pp. 850, 865-873.

企业的数据集合，或者直接收购其他企业。在许多市场上，因为新企业的市场份额低，或是横向上没有业务重叠，在位企业和新企业之间的合并对市场结构仅产生很小的影响。不过，在数据相关市场，这样的合并可能使合并后的企业获得差异化的数据，提高在这一市场的数据集中度。在评估合并可能带来的限制竞争效果时，执法部门可密切关注合并后企业通过整合不同领域的数据获得的优势。具体来说，如果数据的合并会让竞争对手难以复制数据库中可提取的信息，这会引发对数据的竞争关注。此外，两个在不同市场已经拥有强大市场地位的公司的合并，将会阻碍新竞争者进入这些市场。比如，拥有大量个人数据的线上服务供应商可能试图去并购计算机、智能手机或者软件生产商，来确保继续获得大量的数据。

在一些并购案件中，竞争执法机构已经开始考虑数据整合带来的竞争问题。例如，在"Facebook/WhatsApp 案"中，欧盟委员会就分析了脸书社交网络平台和瓦茨普用户通信应用的合并是否让脸书获得了瓦茨普用户的数据，这是否会影响到竞争状况。[1] 在"Telefonica UK/Vodafone/Everything Everywher/JV 案"中，执法部门指出，通过整合个人信息、定位数据、反应数据、社会行为数据和浏览数据，以及建立独一无二的数据库作为定向移动广告的重要投入，且其他竞争对手无法复制这样的数据库，合并后的企业可以排除数据分析和广告服务提供商的竞争。[2] 当然，与数据相关的合并或收购也可能会提高效率。在一些合并案例中，当事方就提出效率抗辩。比如在"Microsoft/Yahoo! Search Business 案"[3] 以及"TomTom/TeleAtlas 案"[4] 中，当事方均提出效率抗辩，声称合并会使得企业获得所需要的数据，从而能够更快地生产出更优质的产品。

---

〔1〕　COMP/M. 7217-Facebook/WhatsApp.

〔2〕　COMP/M. 6314-Telefonica UK/Vodafone/Everything Everywher/JV.

〔3〕　COMP/M. 5727-Microsoft/Yahoo! Search Business.

〔4〕　COMP/M. 4854-TomTom/TeleAtlas.

第二章
数据驱动型垄断行为涉及的相关市场

相关市场，是指经营者在一定时期内就特定商品或服务进行竞争的商品范围和地域范围。在数字经济领域，数据驱动型垄断行为的法律规制同样需要界定相关市场，在对相关市场进行界定时，除遵循传统的界定思路和分析方法之外，还要兼顾数据驱动型垄断行为的特殊性。在数据驱动型垄断案件中，相关市场界定涉及的主要问题有：首先是相关市场界定的地位，在对相关市场界定的作用存在认定分歧的情况下，相关市场界定的淡化应当符合严格的条件。其次是数据作为投入品的平台服务的相关市场界定，需要明确是选择平台某一边的服务进行相关市场界定，对平台不同边的服务分别界定相关市场，还是将平台看作一个整体进行相关市场界定。再次是除对数据作为投入品的平台服务进行相关市场界定之外，是否还有必要界定出单独的数据市场；如果有必要界定出单独的数据市场，对数据产品和数据资源的相关市场界定有何不同。最后是相关市场界定工具和方法的更新，相关市场界定既有定性分析法也有定量分析法，传统相关市场界定的工具和方法能否满足数据驱动型经济领域相关商品市场和相关地域市场界定的需要。

第一节　相关市场界定的地位

反垄断案件中竞争行为总是发生在一定市场范围内。界定相关市场就是明确具有竞争关系的经营者开展竞争的市场范围，是判断经营者的市场行为是否构成垄断的首个环节，在反垄断案件中通常具有决定性的意义。[1]在反垄断法的三大基石制度中，除应适用本身违法原则的横向垄断协议之外，一般都需要对竞争行为发生的相关市场进行界定。[2]

一、相关市场界定的基本类型和一般方法

（一）相关市场界定的基本类型

我国《反垄断法》第十五条第二款规定了相关市场的法律概念，并将相关市场划分为相关商品市场与相关地域市场，分别表示的是经营者竞争的商品范围和地理范围。[3]由于仅仅界定相关商品市场、相关地域市场并不能解决实践中的全部问题，国务院反垄断委员会《相关市场界定的指南》第三条还提出了"相关时间市场"与"相关技术市场"，二者均为界定相关市场时的选择性因素。[4]只有当生产周期等事件性因素构成商品必备特征时，才考虑相关时间市场；相关技术市场则只适用于某些涉及知识产权的反垄断案件。此外，在进行相关市场界定时，有些案件不需要精确界定相关市场，有的案件仅需要界定一个相关市场，还有的案件可能需要同时界定多个相关市场，甚至会出现将平台整体界定为一个相关市场的情形。

1. 相关商品市场

相关商品市场也被称为相关产品市场，是指经营者就特定的产品（包

---

〔1〕　王翔主编：《中华人民共和国反垄断法解读》，中国法制出版社2022年版，第59-60页。

〔2〕　《关于相关市场界定的指南》（以下简称《相关市场界定的指南》）第二条第二款规定："科学合理地界定相关市场，对识别竞争者和潜在竞争者、判定经营者市场份额和市场集中度、认定经营者的市场地位、分析经营者的行为对市场竞争的影响、判断经营者行为是否违法以及在违法情况下需承担的法律责任等关键问题，具有重要的作用。因此，相关市场的界定通常是对竞争行为进行分析的起点，是反垄断执法工作的重要步骤。"

〔3〕　《反垄断法》第十五条第二款规定："本法所称相关市场，是指经营者在一定时期内就特定商品或者服务（以下统称商品）进行竞争的商品范围和地域范围。"

〔4〕　《相关市场界定的指南》第三条第四款、第五款规定："当生产周期、使用期限、季节性、流行时尚性或知识产权保护期限等已构成商品不可忽视的特征时，界定相关市场还应考虑时间性。在技术贸易、许可协议等涉及知识产权的反垄断执法工作中，可能还需要界定相关技术市场，考虑知识产权、创新等因素的影响。"

括服务）展开竞争的商品范围。对相关商品市场进行界定，可以进行需求替代分析和供给替代分析，但主要进行需求替代分析。需求替代分析是从消费者的角度来判断不同商品之间是否具有可替代性，考察的因素有产品性能、用途及价格等。从性能上来看，越野车和轿车的性能不同，应界定为不同的相关市场。从用途上看，雨鞋与皮鞋的用途不同，应定位为不同的相关市场。即使商品的性能和用途相同，但如果价格相差悬殊，也不应界定在一个相关市场内，如高级香水和平价香水。在数据驱动性垄断案件中，平台竞争、跨界竞争使得不从事同一细分业务的经营者之间也会存在竞争，或者可以及时、有效地进入市场形成竞争，从而使得表面上看起来互不相干的平台服务也可能被界定在一个相关市场内。

2. 相关地域市场

相关地域市场也称为相关地理市场，是指经营者围绕特定产品进行竞争的地理范围。界定相关地域市场时，通常需要考虑的因素有：外贸管制政策、产品价格差异、消费者偏好、语言文化的不同、运输成本等。在数据驱动型垄断案件中，由于"网络无国界"、数据传输不存在运输成本等特殊性，相关地域市场的范围可能大于国家。但是，受网络管制政策、数据跨境流动的监管政策、用户偏好、语言文化差异等因素的制约，相关地域市场常常被界定为国家范围。因此，相关地域市场的界定更应当结合上述特殊因素，在个案中进行。

3. 相关时间市场

相关时间市场就是指经营者进行竞争的时间范围。之所以要界定相关时间市场，是因为经营者特定行为持续时间的长短影响竞争效果评估，短暂时间内实施的行为一般不足以对市场竞争造成负面影响，只有持续存在的行为才可能对市场公平竞争构成威胁。在数据驱动型经济中，竞争具有高度的动态性，经营者的竞争优势可能稍纵即逝。数据驱动型竞争的动态性要求反垄断执法机构在一个相对持久的时间内来考察经营者行为的竞争效果。当然，有时我们会把相关时间市场界定放到相关商品市场中去界定，而非作为一个单独的问题。

（二）相关市场界定的一般方法

在平台经济领域发生的垄断案件中，相关市场的界定就是运用相关市场界定工具分析经营者进行竞争的商品范围、地域范围和时间范围。我国《相关市场界定的指南》规定了相关市场界定的三种基本方法：需求替代分析、供给替代分析和假定垄断者测试。假定垄断者测试分析法与替代性分析法是目前在反垄断分析中所使用的相关市场界定的主要方法。

1. 替代性分析法

需求替代分析和供给替代分析可以统称为替代性分析方法。《相关市场界定的指南》第五条第一款和第六条第一款分别描述了"需求替代""供给替代"的基本内涵。[1]替代性分析法是通过考察产品能否被替代以及被替代的程度来界定相关市场的方法，其又可以分为需求替代分析法和供给替代分析法。需求替代分析法是从用户的角度来判断不同产品之间能否被替代以及被替代的程度。供给替代分析法主要考虑的因素是经营者能否在短期内以较小的转产成本进入特定领域，与在位企业的产品进行竞争，或者潜在竞争者是否存在进入相关市场的可能性以及进入成本的大小。在数据驱动型垄断案件中，替代性分析呈现出新的特点：替代性分析并非静止不变，而是随着竞争状况的变化而调整的；替代性分析应注重需求替代分析和供给替代分析等多种方法的综合运用；在进行需求替代分析时，应关注提供不同特性的服务的平台之间存在争夺注意力的竞争；在进行供给替代性分析时，既要考虑平台用户的多归属特性，也要考虑平台的交叉网络效应。

2. 假定垄断者测试法

《相关市场界定的指南》第四章专门对假定垄断者测试法的分析思路作了详细规定，其中第十条第一款概括描述了假定垄断者测试法（HMT）

---

[1] 《相关市场界定的指南》第五条第一款规定："需求替代是根据需求者对商品功能用途的需求、质量的认可、价格的接受以及获取的难易程度等因素，从需求者的角度确定不同商品之间的替代程度。"《相关市场界定的指南》第六条第一款规定："供给替代是根据其他经营者改造生产设施的投入、承担的风险、进入目标市场的时间等因素，从经营者的角度确定不同商品之间的替代程度。"

的基本功能。[1]假定垄断者测试的运用可以通过价格上涨（SSNIP）或质量下降（SSNDQ）等方法进行。以 SSNIP 测试法为例，其假定经营者实施小幅涨价，然后判断经营者是否有利可图，直至假定涨价的经营者变得无利可图时，相关市场的边界才得以确定。在数据驱动型垄断案件中，当平台的双边市场被作为一个整体时，即使平台一侧的价格被设置为零，也基本不会影响 SSNIP 测试法的适用，因为这时可以考察平台整体的价格小幅上涨对经营者可盈利性的影响；当平台两侧被分别界定为不同的相关市场，且在其中某个市场设置的价格为零时，以价格为分析基础的 SSNIP 测试法就会失灵，在这种情况下有必要探索 SSNIP 测试法的替代方案。[2]为了使假定垄断者测试法得以有效实施，可以将 SSNIP 测试法调整为 SSNDQ 测试法，即"小而显著的非临时性质量下降"，用质量测试替代 SSNIP 中的价格测试。也可以引入 SSNIC 测试法作为 SSNIP 测试法的变通方法，即"小而显著的非临时性成本增加"，SSNIC 测试法主要考查用户支出成本（用户向平台经营者提供的个人数据、使用平台服务的时间成本等）的变化。

二、数据驱动型经济领域相关市场界定的重要性

数据驱动型市场与传统市场相比具有特殊性，概括起来主要体现在以下两个方面：一是基于双边市场的交叉网络外部性、用户多栖性以及平台之间的注意力竞争和数据竞争等特点，与传统市场相比，数据驱动型经营者面临着更加复杂的竞争约束；二是基于双边市场网络外部性等特点，数据驱动型经营者在双边市场中往往实施复杂的定价策略，并在双边市场产生了不同类型的价格结构。[3]在数据驱动型垄断案件中，相关市场界定的

---

〔1〕《相关市场界定的指南》第十条第一款规定："假定垄断者测试是界定相关市场的一种分析思路，可以帮助解决相关市场界定中可能出现的不确定性，目前为各国和地区制定反垄断指南时普遍采用。依据这种思路，人们可以借助经济学工具分析所获取的相关数据，确定假定垄断者可以将价格维持在高于竞争价格水平的最小商品集合和地域范围，从而界定相关市场。"

〔2〕 See OECD, Rethinking Antitrust Tools for Multi-sided Platforms, 2018, PP. 37-64, https://www. oecd. org/competition/rethinking-antitrust-tools-for-multi-sided-platforms. htm, last visited on December 12, 2022.

〔3〕 袁嘉：《互联网平台竞争的反垄断规制》，中国政法大学出版社 2021 年版，第 52 页。

地位有所下降，但仍发挥着重要作用，主要表现在：相关市场界定是大部分反垄断案件中开展竞争分析的必经步骤；相关市场界定为反垄断案件中的竞争影响评估提供了关注的焦点；相关市场界定在反垄断执法中可以起到初步审查或筛选的作用。[1]

（一）围绕相关市场界定的作用存在明显分歧

一种观点认为，由于数据驱动型经济领域相关市场界定面临诸多难题，应适当弱化相关市场界定在反垄断法实施过程中的作用，降低对相关市场界定的精确度要求，在特定条件下甚至可以直接越过界定相关市场，通过其他方式来测度经营者的市场势力。由于相关市场的边界往往难以清晰界定，在存在其他有关竞争影响的直接证据的情况下，可以适当降低相关市场界定在竞争分析中的权重，弱化相关市场精确界定所起的作用。[2]在《多边平台反垄断工具之反思》的报告中，经合组织出于对双边市场和创新效率两方面的考虑，对放弃相关市场界定进行了说明。第一，数据驱动型竞争普遍发生于双边市场中，相关市场界定应考虑交叉网络效应的影响，评估平台不同边的用户相互之间的竞争约束。第二，数据驱动型竞争多发生于创新型行业。创新型行业变化快，经营者参与竞争的市场边界不清晰，精确界定相关市场存在一定困难。因此，经合组织建议考虑绕过市场界定，不通过市场份额门槛确定企业的市场势力，而是通过考察涉嫌违法行为的直接效果来认定企业的市场势力。[3]

另一种观点主张，尽管数据驱动型竞争的特殊性给相关市场界定带来了巨大挑战，但在反垄断执法过程中相关市场界定仍然发挥着基础性作用，轻易淡化相关市场界定的作用会带来一些负面影响，尤其是使市场力

---

[1]　参见李青、韩伟："反垄断执法中相关市场界定的若干基础性问题"，载《价格理论与实践》2013年第7期。

[2]　李青、韩伟："反垄断执法中相关市场界定的若干基础性问题"，载《价格理论与实践》2013年第7期。

[3]　OECD, Rethinking Antitrust Tools for Multi‐sided Platforms, 2018, PP. 37‐64, https://www. oecd. org/competition/rethinking-antitrust-tools-for-multi-sided-platforms. htm, last visited on December 12, 2022.

量认定和反竞争效果评估的标准具有不确定性。[1]相关市场界定是反垄断分析的逻辑起点和处理反垄断案件的首要环节，放弃相关市场界定会带来以下问题：一是可能出现"假阳性"错误，产生大量的反垄断"伪案"，使一些具有效率的企业蒙受不白之冤；二是在数据驱动型经济领域，放弃相关市场界定将导致反垄断法实施的扩大化，抑制企业加大创新和增加投资的积极性；三是在目前理论界和实务界尚未提出成熟的替代方案的情况下，反垄断法实施机构在处理反垄断案件时不应回避相关市场界定。[2]因此，相关市场的界定困难不是绕开或弱化相关市场界定的理由，相关市场界定在经营者市场份额的计算、市场力量的认定、竞争效果的评估中发挥着重要作用，其他直接证明经营者市场势力的方法或证据在目前尚无法替代相关市场界定。[3]

（二）淡化相关市场界定的作用应符合严格条件

数据驱动型竞争具有跨界竞争、零价竞争和创新竞争等特殊性，使相关市场界定面临更多挑战，在处理数据驱动型垄断案件时可以适当淡化相关市场界定，但这种淡化应当符合严格的条件。[4]首先，虽然相关市场界定正面临技术方法上的问题，但实践中我们进行反垄断分析的思路主要还是通过确认企业的市场份额来间接测度其市场势力，因此相关市场界定在反垄断分析中仍具有重要意义，应当作为反垄断分析的首选工具。不过在使用相关市场界定这一工具时，我们可以寻求更能适应数据驱动型竞争特殊性的界定方法。其次，根据不同案件的具体情况，如果相关市场界定确有困难，反垄断分析时可以适当降低相关市场界定的精确度或者对举证责任的分配和证明标准进行调整。再次，应正确认识界定相关市场的工具价值，即界定相关市场本身并非我们进行反垄断分析的目的，我们的最终目

---

〔1〕 韩伟主编：《OECD 竞争政策圆桌论坛报告选译》，法律出版社 2015 年版，第 250 页。

〔2〕 张玉洁："互联网行业相关市场界定的司法困境与对策——以双边市场为视角"，载《价格理论与实践》2018 年第 1 期。

〔3〕 宁立志、王少南："双边市场条件下相关市场界定的困境和出路"，载《政法论丛》2016 年第 6 期。

〔4〕 黄勇、蒋潇君："互联网产业中'相关市场'之界定"，载《法学》2014 年第 6 期。

的是要证明经营者的市场势力并判断其是否通过不公平的方式来建立或维系其市场势力或其是否利用其市场势力来获取不正当利益，从而排除、限制市场竞争。因此，当界定相关市场确有困难，且借助其他方式可以实现反垄断分析的目的时，我们可以尝试运用其他方式，但一般情况下仍应将相关市场界定作为反垄断分析的主要工具。[1]

三、数据驱动型经济领域相关市场界定的两种情形

数据竞争相关市场界定首先要明确是界定以数据作为投入品的服务市场还是识别出独立的数据市场。对于数据作为投入品的服务市场的界定，现有的相关市场界定工具和方法基本能够胜任多边平台收费边的相关市场界定需要；对多边平台免费边的相关市场进行界定时，则需要对传统的相关市场界定工具和方法进行适当改造。对于独立的数据市场的界定，则有必要区分为数据资源的相关市场界定和数据产品的市场界定，即以数据是否用于交易为界分标准进行分析。

总体而言，数据驱动型垄断案件的相关市场界定可以分为两种情形，第一种情形是对数据作为投入品的服务市场进行界定，如网络搜索引擎平台服务市场、即时通信平台服务市场、在线广告平台服务市场、网络零售平台服务市场、网络餐饮外卖平台服务市场、学术文献网络数据库服务市场、网络支付平台服务市场、移动操作系统和应用商店服务市场、数字地图及导航服务市场等。在上述平台服务市场中，数据已经在市场力量认定和竞争评估中发挥重要作用，但在市场界定环节尚未引起足够关注。第二种情形是识别出独立的数据市场，具体包括数据产品的相关市场界定和数据资源的相关市场界定。在数据作为投入品的服务市场上，平台经营者直接围绕平台服务展开竞争，间接围绕数据进行竞争，数据更多的是平台经营者之间竞争的工具；在独立的数据市场上，平台经营者直接围绕数据进行竞争，数据更多的是平台经营者之间竞争的对象。

---

〔1〕 参见袁嘉：《互联网平台竞争的反垄断规制》，中国政法大学出版社 2021 年版，第54-57页。

因此，无论是在数据作为投入品的服务市场，还是在独立的数据市场，平台经营者都是为了获得、维持、强化数据竞争优势而进行竞争，其主要区别在于是间接围绕数据而竞争还是直接围绕数据而竞争。当然，上述两种情形只是对相关市场界定所作的相对简化的划分，实际情况可能远比这种划分复杂，具体的相关市场界定要在个案中进行分析，有的案件可能还会同时涉及数据作为投入品的服务市场和独立的数据市场。

第二节　数据作为投入品的相关服务市场界定

数据作为投入品的相关服务市场界定发生在特定的平台经济领域，如网络零售平台服务的相关市场界定、网络餐饮外卖平台服务的相关市场界定、学术文献网络数据库服务的相关市场界定、社交网络平台服务的相关市场界定、移动操作系统平台服务社交网络平台服务的相关市场界定、在线搜索平台服务的相关市场界定、网络支付平台服务的相关市场界定、数字地图及导航平台服务的相关市场界定、在线广告平台服务的相关市场界定，等等。上述相关服务市场界定的目的在于划定不同样态的平台服务进行竞争的市场范围。

一、数据作为投入品的相关服务市场界定范围

数据驱动型市场最突出的一个特点就是基本都会涉及双边市场甚至多边市场。由于在双边市场中两边之间存在交叉网络外部性，企业在某一边市场中的行为将对另一边市场产生交叉影响，这使得平台涉及的各边之间存在紧密的联系。企业的很多经营行为特别是在双边市场中的定价行为都是基于交叉网络外部性的作用机制来实施的。关于平台的相关市场界定，目前各反垄断机构的主流意见认为与界定单边市场的方法没有本质的区别，需求替代、供给替代以及假定垄断者测试方法依然有效。主要的问题是，多边平台的相关市场是应界定为一个市场还是多个"相关联的"（Interrelated）市场？即相关市场界定的范围选择问题。

（一）平台服务相关市场界定的思路

由于数据作为投入品的相关服务通常由平台经营者提供，对数据作为投入品的相关服务市场进行界定时，应考虑平台所在市场的多边性、网络效应、行为类型等特殊性。关于数据作为投入品的相关服务市场界定的范围，需要回应两个问题：一是当面对双边市场或者多边市场时，我们是应该就平台涉及的某一边进行市场界定还是对平台涉及的不同边均进行市场界定？二是如果需要对平台涉及的不同边进行市场界定，那么应当是将平台不同边看作一个整体来界定相关市场还是对不同边分别界定相关市场？针对这些问题，我国《禁止滥用市场支配地位行为规定》已经给出了概括性回应。[1]可见，多边平台的相关市场界定表现为两种情形：一是对平台的某一边进行相关商品市场和相关地域市场界定，二是对平台不同边均进行相关市场界定，后者又可以分为将平台不同边作为整体进行相关市场界定及对平台不同边分别界定相关市场。结合《禁止滥用市场支配地位行为规定》第五条第四款，上述两种情形也可以具化为三种情形，即：一是"根据平台一边的商品界定相关商品市场"；二是根据平台所涉及的多边商品"将平台整体界定为一个相关商品市场"；三是根据平台所涉及的多边商品"分别界定多个相关商品市场"。

（二）平台某一边的相关市场界定

关于"根据平台一边的商品界定相关商品市场"，典型的案件如"人人公司诉百度公司案"[2]中，人民法院对平台一边的搜索引擎服务进行了相关市场界定，而忽视了平台另一边搜索广告服务的相关市场界定；在"奇虎公司诉腾讯公司垄断案"[3]中，人民法院对平台一边的即时通信服

---

[1]《禁止滥用市场支配地位行为规定》第五条第四款规定："界定平台经济领域相关商品市场，可以根据平台一边的商品界定相关商品市场，也可以根据平台所涉及的多边商品，将平台整体界定为一个相关商品市场，或者分别界定多个相关商品市场，并考虑各相关商品市场之间的相互关系和影响。"

[2] 北京市高级人民法院（2010）高民终字第 489 号民事判决书。

[3] 最高人民法院民事判决书（2013）民三终字第 4 号，广东省高级人民法院民事判决书（2011）粤高法民三初字第 2 号。

务进行了相关市场界定，而没有分析平台另一边在线广告和增值服务的相关市场界定。对于平台服务的相关市场界定问题，有学者认为，在双边市场进行相关市场界定时不能仅着眼于其中一边，而是应将两边都考虑进去。[1]因为如果仅就双边市场的某一边进行界定的话，难以正确评估企业面临的竞争约束，界定的相关市场可能会过窄。[2]一旦在相关市场界定过窄的基础上展开反垄断分析，就可能导致一些本来不具有市场支配地位的企业被认定为具有市场支配地位，从而导致一些不完全构成垄断的行为被认定为违法行为。由此，数据作为已投入品的相关服务市场界定的范围就转化为：根据平台所涉及的多边市场，"将平台整体界定为一个相关商品市场"还是"分别界定多个相关商品市场"。

（三）平台不同边的相关市场界定

关于应该对每一边分别进行界定还是将各边看作一个整体一起界定，根据平台的类型来进行选择是一种可行的思路。目前学界接受度较高的是由达姆（Damme）等学者提出的市场分类方法，即将市场分为两类，一类是交易型双边市场，另一类是非交易型双边市场。[3]其中，交易型双边市场（Two-Sided Transaction Markets），是指平台两边用户之间存在可观测到的直接交易的双边市场，如零售电商平台的双边市场、网络餐饮外送平台的双边市场。非交易型双边市场（Two-Sided Non-Transaction Markets），是指平台两侧用户之间不存在直接交易或者即使存在交易但无法被观测到的双边市场，如在线交友平台的双边市场。一般而言，对于交易型双边市场，可以将两边市场作为一个整体进行相关市场界定；对于非交易型双边市场，则应对两边市场分别进行界定。

2016 年德国联邦卡特尔局发布的《平台与网络的市场力量》调研报

---

〔1〕 王晓晔主编：《反垄断法的相关市场界定及其技术方法》，法律出版社 2019 年版，第275 页。

〔2〕 David S. Evens & Michael Noel, "The Analysis of Merger That Involve Multisided Platform Businesses", *Journal of Law and Economics*, Vol. 4, 2008, No. 3, pp. 665-695.

〔3〕 Eric Van Damme, Lapo Filistrucchi, Damien Geradin, et al. , "Merger in Two-sided Markets-A Report to the NMa", *Netherlands Competition Authority*, 2010, pp. 182-183.

告，也认为应当根据平台类型来选择对两边市场进行整体界定还是分别界定，只是对平台的分类与上述学者有所不同。[1]2018 年 4 月，经合组织发布《多边平台反垄断工具之反思》报告也指出，当界定市场是一项无法回避的要求时，应当先确定需要界定多少个市场。对于交易型平台，如零售电商平台，由于平台两侧用户相互之间存在正的交叉网络效应，宜将平台整体界定为一个相关市场，我国的"阿里巴巴垄断案"和"美团垄断案"均是界定一个相关市场，即网络零售平台服务市场和网络餐饮外卖平台服务市场；对于非交易型平台，如搜索引擎平台，搜索用户的增多对广告商具有正的交叉网络效应，但广告商的数量增加可能会对搜索用户产生负的交叉网络效应，因此，应当对平台的两边分别界定相关市场。

（四）平台免费边的相关市场界定

当根据平台所涉及的多边商品"分别界定多个相关商品市场"时，还涉及平台免费边的相关市场界定问题。在数据驱动型经济中，尤其是在非交易型平台中，"零价格"（免费）已经成为一种常见的定价模式。由于双边市场交叉网络外部性特点的存在，平台经营者往往在两边市场中制定不对称的价格结构，即在一边市场中对其提供的商品或服务制定较低的价格甚至零价格，而在另一边市场中制定相对较高的价格。一些平台经营者为了在平台的一边聚集大量的消费者用户（如搜索用户）从而在平台另一边市场吸引经营者用户（如广告商）选择其提供的服务，在定价模式上将平台一边的价格定为零，将另一边作为其利润来源边并对该边的用户收取费用。这种竞争策略也被称为零价格竞争。关于免费市场是否存在反垄断法意义上的相关市场，戴维德·S. 埃文斯（David S. Evans）认为网络平台在其一边市场实行免费策略是为了实现整个平台利润的最大化，因此免费产品市场有时候也需要进行反垄断分析。[2]在数据驱动型竞争中，平台在其一边提供免费的产品或服务是其整体定价策

---

〔1〕　袁嘉：《互联网平台竞争的反垄断规制》，中国政法大学出版社 2021 年版，第 57-60 页。

〔2〕　David S. Evens, "The Antitrust Economics of Free", *Competition Policy International*, Vol. 7, No. 1, 2011, p. 82.

略的一部分，免费边与付费边之间具有紧密的联系，平台在免费边所建立的市场势力将通过双边市场的交叉网络效应传递到付费边市场，从而影响其在付费边的定价能力。因此在界定相关市场时有必要将免费边纳入相关市场界定的范围。在我国的"人人公司诉百度公司案"中，人民法院驳回了百度公司"以自然排名部分免费搜索结果为由主张不存在相关市场"的抗辩。[1]

二、数据作为投入品的相关服务市场界定实践

相关市场界定是"界定相关市场—认定市场力量—分析竞争影响"的反垄断分析框架的第一步，尽管对于能否识别出一个独立相关数据市场，还没有明确的答案，但是关于数据作为投入品的服务市场界定已形成诸多共识。由于数据作为投入品的服务市场因应用场景不同而呈现出差异化，相关市场的界定应坚持个案分析。相关市场界定的分类解读只是相对而言，因为在有的反垄断案件中，可能涉及多边市场不同边的相关市场界定，如搜索引擎服务和搜索引擎广告相关市场界定就可能同时出现在一个双边市场场景下；即时通信产品在发展中逐步具有了社交网络功能，随着即时通信产品的社交网络化，对即时通信和社交网络的相关市场界定可能存在一定交叉；而且，从广义上来讲，网络餐饮外卖平台也属于电商平台，即生活服务类电商平台，这类电商平台与以网络零售服务为代表的电商平台在相关市场界定方面存在一定的共通之处。表2-1是对数据作为投入品的相关服务市场界定进行的概括展示。

---

〔1〕 北京市高级人民法院指出："百度公司提供的竞价排名与自然排名两种服务方式在其经营搜索引擎服务过程中是密不可分的，其主张两者为相互独立的服务系统并以自然排名部分免费搜索结果为由主张不存在相关市场，缺乏事实和法律依据。"北京市高级人民法院（2010）高民终字第489号民事判决书。

表2-1 相关市场界定个案分析概览

竞争领域	典型案例	相关产品市场	相关地域市场
在线搜索服务	Microsoft/Yahoo! Search Business 案	未下结论	不需要精确界定
	Google Search（Shopping）案	通用搜索服务 比较购物服务	国家范围 国家范围
在线广告服务	Google/DoubleClick 案	在线广告空间供应市场	沿着国家或语言边界进行划分
即时通信服务	Microsoft/Skype 案	个人即时通信服务	未予明确
	奇虎公司诉腾讯公司垄断案	即时通信服务	中国大陆地区
社交网络服务	德国 Facebook 案	社交网络服务	德国
电子商务服务	美国 Gary Gerlinger 诉 Amazon 案	法院认为，原告的相关市场（如网上拍卖市场）界定较窄，难以服人	
	Bertelsmann/Mondadori 案	未予明确（欧盟委员会认为"远距离书籍销售"应可以被认定为一个特定产品市场）	意大利
	阿里巴巴垄断案	网络零售平台服务	中国境内
网络餐饮外卖服务	美团垄断案	网络餐饮外卖平台服务	中国境内
	食派士垄断案	在线餐饮外送服务	中国上海市

（一）在线搜索服务的相关市场界定

1. 早期案例未精确界定相关市场

在欧盟"Microsoft/Yahoo! Search Business 案"中，关于网络搜索引擎是否应被界定为一个独立市场的问题，欧盟委员会并没有给出一个明确的结论。由于在任何可能的市场界定下，交易都不会在欧洲经济区（EEA）

内引起严重疑虑，适宜的做法是不对搜索引擎服务是否构成一个独立市场的问题作出明确结论。[1] 在相关地域市场界定方面，欧盟委员会指出，潜在的搜索引擎市场的地域范围可能要比国家或语言市场更宽。但从需求方来看，许多使用者要求用他们自己的语言使用搜索引擎和搜索结果。欧盟委员会的结论是，不需要精确界定相关地域市场，因为即使在可能最狭窄的相关地域市场（国家范围）界定下，拟议交易都不会在欧洲经济区引起严重疑虑。[2]

2. 近期案例界定出独立的通用搜索市场

在 2017 年欧盟委员会对"谷歌比较购物案"的调查决定书和 2020 年美国"司法部诉 Goole 案"的起诉书中，将通用搜索服务界定为独立的相关市场（the market for general search services），欧盟委员会还将通用搜索服务的相关地域市场界定为国家范围（national in scope）。除此之外，在欧盟"谷歌比较购物案"中，欧盟委员会还界定出一个比较购物服务市场（the market for comparison shopping services），并将比较购物服务的相关地域市场界定为国家范围（national in scope）。[3]

（二）在线广告服务的相关市场界定

在线广告有不同的分类方式。根据选择机制，即广告出现在用户屏幕上的方式，在线广告可以分为搜索广告（Search Ads）、非搜索广告（Non-Search Ads）和分类广告（Classified Ads），司法机关和反垄断执法部门在对竞争进行评价时，主要集中在搜索广告和非搜索广告两种主要类别。根据广告形式，在线广告可以分为文本广告（Text Ads）和展示广告（Display Ads），其中展示广告又包括表现为静态图形的图形广告（Graphic Ads）和表现为影像及动态图形的多媒体广告（Rich Media Ads）。根据销售途径，在线广告可以分为直接途径（Direct Channel）的在线广告和媒介途径（In-

---

[1] See COMP/M. 5727-Microsoft/Yahoo! Search Business, paras. 85-86.

[2] See COMP/M. 5727-Microsoft/Yahoo! Search Business, paras. 96-98.

[3] Case AT. 39740-Google Search（Shopping）, http://ec. europa. eu/competition/elojade/isef/case_ details. cfm? Proc_ code=1_ 39740, last visited on July 19, 2022.

termediation) 的在线广告。[1]

2008 年以来，欧盟委员会陆续审查了"Google/DoubleClick 案""Microsoft/Yahoo 案""Facebook/WhatsApp 案"等并购案件以及对谷歌的多个垄断行为进行调查和处罚；美国司法部和联邦贸易委员会分别在 2020 年和 2021 年起诉了谷歌和脸书；德国联邦卡特尔局于 2016 年对脸书开展反垄断调查，并于 2019 年裁定脸书在收集、合并和使用用户数据时滥用了市场支配地位，并要求其在十二个月内停止这些滥用行为。上述案件都涉及在线广告市场的界定问题，对此，不同司法辖区的反垄断法实施机构已经形成明确共识，即在线广告与线下广告不属于同一相关市场。当然，由于在相关案件中只能对在线广告作相对分类，各司法辖区的反垄断法实施机构在对在线广告的产品市场和地域市场进行界定时，也是以在线广告的相对分类为基础。

（三）即时通信服务的相关市场界定

1. 欧盟 "Microsoft/Skype 案"

第一，相关产品市场。对通信服务进行相关产品市场界定是以通信服务的分类为基础的，欧盟在相关案件中将通信服务分为个人通信服务（Consumer Communications Services）和企业通信服务（Enterprise Communications Services）。欧盟委员会认为，个人通信服务和企业通信服务构成了需要分别评价的两个不同产品市场，[2]第二，相关地域市场。在欧盟 "Microsoft/Skype 案"中，欧盟委员会认为，用户通信服务的地域市场至少是整个欧洲经济区；与欧盟委员会以前的决定保持一致，企业通信服务的地域市场同样至少是整个欧洲经济区。当然，欧盟委员会认为，即使在可能最窄的地域市场上（例如欧洲经济区），申报的交易不会引起任何竞争问题，因此，对当前的交易进行评估时，没有必要对个人和企业通信市场（以及任何次级市场）的地域范围进行精确界定。[3]

---

〔1〕　See COMP/M. 4731-Google/DoubleClick, paras. 10-13.

〔2〕　See COMP/M. 6281-Microsoft/Skype, para. 17.

〔3〕　See COMP/M. 6281-Microsoft/Skype, paras. 64-68.

2. 中国"奇虎公司诉腾讯公司垄断案"[1]

在该案中，二审法院最高人民法院将相关市场界定为中国大陆地区即时通信服务市场。第一，关于相关商品市场。二审法院认为，单一文字、音频以及视频等非综合性即时通信服务应纳入本案相关商品市场范围；移动端即时通信服务应纳入本案相关商品市场范围；社交网站、微博服务不应纳入本案相关商品市场范围；手机短信、电子邮箱服务不应纳入本案相关商品市场范围。因此，相关商品市场既包括个人电脑端即时通信服务，又包括移动端即时通信服务；既包括综合性即时通信服务，又包括文字、音频以及视频等非综合性即时通信服务。第二，关于相关地域市场。奇虎公司主张，本案的相关地域市场是中国大陆地区，一审法院广东省高级人民法院认定本案相关地域市场应为全球市场，二审法院则认为，境外经营者可向中国大陆地区用户提供即时通信服务并不等于其能够及时进入并对境内经营者形成有力的竞争约束，而且，证据表明境外用户使用腾讯 QQ 即时通信服务的数量较小且多为与国内亲友保持联系。因此，一审法院关于本案相关地域市场的界定欠妥。

（四）社交网络服务的相关市场界定

关于社交网络的相关商品市场分析，欧盟委员会、德国联邦卡特尔局、美国联邦贸易委员会等反垄断执法机构在处理涉及脸书的案件中都有讨论，基本一致的结论为：以脸书为典型代表的社交网络构成一个单独的相关商品市场。在 2019 年德国"Facebook 案"[2]的判决书中，联邦卡特尔局从反垄断的视角对脸书的业务模式作了如下描述：脸书以 Facebook.com 作为媒介，进行了网络和多边市场的整合，其最终产品是基于定向广告（Targeted Advertising）盈利的社交网络，并且基于这种商业模式形成了

---

[1] 最高人民法院民事判决书（2013）民三终字第 4 号，广东省高级人民法院民事判决书（2011）粤高法民三初字第 2 号。

[2] Facebook Inc. i. a. –The use of abusive business terms pursuant to Section 19 (1) GWB, Bundeskartellant (Oct. 18，2021), See Bundeskartellamt, Facebook, Exploitative business terms pursuant to Section 19 (1) GWB for inadequate data processing, 2019, https://www.bundeskartellamt.de/SharedDocs/Meldung/EN/AktuelleMeldungen/2019/15_ 02_ 2019_ Fallbericht_ Facebook.html, last visited on March 25, 2022.

一个多边市场。关键的用户群体一边是无偿使用 Facebook.com 的私人用户，另一边是广告商，这两个群体之间存在间接网络效应。而脸书在这个核心产品中融入了更多边的市场，例如，商户可以在 Facebook.com 上编辑、发布商业性内容，与用户建立联系，推广业务；而程序开发者可以借助应用程序接口（APIs）将脸书整合进他们自己的网站或 App，私人用户与后两者之间也存在间接网络效应。

基于社交网络的特性，其区别于专业社交网络、即时通信服务、社交媒体等，这一点也基本成为世界各国反垄断机构的共识。[1]在 2010 年以来的并购审查案件、反垄断调查案件中，美国、欧盟、德国等国家和地区的反垄断执法机构对于社交网络构成独立的相关市场都有反复的论证，其中也有脸书自己提交给监管机构的材料和证词作为依据。

（五）网络零售平台的相关市场界定

网络零售服务属于电子商务的一种。电子商务因平台两侧主体的不同可以分为 B2B（企业卖家对企业买家）、C2B（个人卖家对企业买家）、B2C（企业卖家对个人买家）、C2C（个人卖家对个人买家）四种类型，网络零售电商平台主要包括 B2C 平台和 C2C 平台。

1. 美国网络零售服务的相关市场界定

在"Gary Gerlinger 诉 Amazon 案"中，原告主张，网上图书销售市场不同于传统销售市场（the brick-and-mortar market for book sales），但是原告并没有提供证据证明存在一个单独的和独特的网上图书市场，法官也认为不管市场如何界定，原告并没有遭受经济损失。[2]在"eBay 案"中，原告认为存在两个相关市场：网上拍卖市场和个人对个人的支付市场。法院虽然给予原告证明存在相关市场的机会，但也认为，原告的相关市场界

---

〔1〕　关于 Instagram 与脸书的替代性，美国联邦贸易委员会与德国联邦卡特尔局的意见不同。美国联邦贸易委员会认为 Instagram 属于社交网络，而德国联邦卡特尔局认为 Instagram 是具有微博功能的移动图片服务，与 Snapchat 和 YouTube 分别有竞争关系，但与脸书之间没有替代性。

〔2〕　See Gary Gerlinger v. Amazon.com, inc., No. C 02-05238 MHP., （N. D. California., Nov. 1, 2005）.

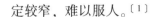

定较窄，难以服人。[1]

2. 欧盟网络零售服务的相关市场界定

第一，相关产品市场。远程销售产品市场及其细分。欧盟委员会在相关案例中对邮购销售和其他销售形式作了区分。在"Bertelsmann/Mondadori案"中，欧盟委员会则认为可能识别一个所谓的远程销售（Distant Selling）市场，包括图书俱乐部、邮购和通过互联网销售、任何其他可能的远程形式。关于远程销售产品市场的细分，欧盟委员会认为，图书俱乐部和其他形式的远程销售之间是替代关系，将图书俱乐部界定为一个独立的市场是没有道理的。然而，由于任何合理的市场界定都不会使合并产生和加强支配地位，对于是否进行精确的市场界定的问题，欧盟委员会未予明确。[2]第二，相关地域市场。在欧盟"Bertelsmann/Mondadori案"中，欧盟委员会认为，考虑到合并是关于在意大利销售意大利语图书，案件中的相关地域市场应界定为意大利。[3]

3. 中国网络零售服务的相关市场界定

在"阿里巴巴垄断案"中，反垄断执法机构将相关市场界定为中国境内网络零售平台服务市场。在相关商品市场界定方面，国家市场监督管理总局指出，网络零售平台服务与线下零售商业服务不属于同一个相关市场。"线下零售商业服务为经营者和消费者进行商品交易提供实体经营场所、商品陈列及相关配套等服务，与网络零售平台服务在功能上具有一定相似性，但两种不具有紧密替代关系。"在相关地域市场界定方面，从经营者需求替代、消费者需求替代、供给替代分析，中国境内市场与境外市场不具有紧密替代关系；为中国境内不同地域提供的网络零售平台服务属于同一相关地域市场，因此，国家市场监督管理总局将相关地域市场界定为中国境内。[4]

---

[1] See In re eBay Seller Antitrust Litigation, No. C 07-01882 JF (RS)., (N. D. California, March 4, 2008).

[2] See IV/M. 1407-Bertelsmann/Mondadori, paras. 13, 15-17.

[3] See IV/M. 1407-Bertelsmann/Mondadori, para. 18.

[4] 国家市场监督管理总局国市监处〔2021〕28号行政处罚决定书。

（六）网络餐饮外卖服务的相关市场界定

无论是国家市场监督管理总局查处的"美团垄断案"，还是上海市市场监督管理局查处的"食派士垄断案"，都将相关商品市场界定为网络餐饮外卖平台服务市场，两案的不同在于对相关地域市场的界定。具体而言，在"美团垄断案"中，国家市场监督管理总局将相关商品市场界定为网络餐饮外卖平台服务市场，涉案相关地域市场界定为中国境内；在"食派士垄断案"中，上海市市场监督管理局将相关商品市场界定为在线餐饮外送平台服务市场，而将相关地域市场界定为上海市。

第三节　数据产品和数据资源的相关市场界定

根据数据的不同样态，可以将数据分为作为要素的数据资源还是作为产出物的数据产品，数据产品和数据资源的相关市场界定呈现出较大的差异。关于数据产品的相关市场界定，数据产品的相关市场界定是传统相关商品市场界定的延伸，但相较于传统相关商品市场界定，数据产品的相关市场界定具有一定特殊性，如传统商品既包括有形的商品也包括有形的服务，数据产品则以数据为核心要素、可用于交换的数字化劳动产品；数据产品具有较强的时效性，实时更新的数据产品要比静态不变的数据产品具有更大的价值；数据产品的价值受制于经营者当前和后续算法的功能，同时也受到经营者数据运算能力的影响。关于数据资源的相关市场界定，在数据非直接用于交易的情况下，是否有必要界定出独立的数据市场还存在较大分歧。事实上，从相关市场界定的技术来看，对数据资源进行相关市场界定已经不存在明显障碍，关键要看有没有界定相关数据资源市场的必要性，其中最主要的评判标准是相关市场界定是否影响案件的竞争分析结果。

一、数据产品和数据资源的界分对相关市场界定的影响

以数据是否直接用于交易为标准，可将数据区分为数据产品和数据资

源。数据财产权的保护取决于数据的基本样态，是作为要素的数据资源还是作为产出物的数据产品，其保护模式和保护重点呈现出明显的差异。首先，从数据财产权保护角度来看，对于作为要素的数据资源保护，宜采取数据使用权模式，强调数据的流通性；对于作为产出物的数据产品，可采取数据所有权路径，注重数据的排他性。因此，在数据财产权保护中，放弃数据所有权路径而转向数据使用权模式的观点，并非公允。[1]其次，从数据权利配置视角来看，在数据权利配置过程中，可将数据区分为作为要素的数据资源和作为产出物的数据产品。数据要素的价值在于可不断汇集满足不同计算分析目的，确认持有者的流通权即可以实现其价值；而一旦形成形态和价值相对固定的数据产品，则需要给数据持有者配置稳定具有一定排他性的产权。[2]再次，从数据加工的程度来看，数据资源不仅包括汇聚之后的原始数据，还包括经过初步加工的衍生数据，初步加工的衍生数据应用价值往往不明确、用途宽泛，经营者可能基于其商业模式或者法律规定不得不公开，其通常属于数据资源；数据产品则指衍生数据中经过深加工的数据，深加工之后的数据应用价值明确、用途特定，经营者往往只向支付了对价的特定主体提供这类数据，其通常属于数据产品。[3]

因此，对作为要素的数据资源，注重数据的流通使用，相关立法主要保护其使用权；对作为产出物的数据产品，强调数据的排他占有，相关立法主要保护其所有权。无论是数据所有权还是数据使用权的行使，平台经营者都可能形成一定的数据市场势力并滥用数据市场势力。为了进行竞争效果分析，有必要在界定相关数据市场的基础上评估平台经营者的市场力量。但是，由于数据资源与数据产品中数据用于交易形式不同，前者是数据用于间接交易，后者则是数据用于直接交易，这决定了对数据资源与数据产品的相关市场界定也有所不同。从目前的情况来看，关于独立的数据市场的界定，特别是数据资源的相关市场界定，理论界还未达成共识，不

---

〔1〕 李依怡："论企业数据流通制度的体系构建"，载《环球法律评论》2023 年第 2 期。

〔2〕 高富平："数据持有者的权利配置——数据产权结构性分置的法律实现"，载《比较法研究》2023 年第 3 期。

〔3〕 武腾："数据资源的合理利用与财产构造"，载《清华法学》2023 年第 1 期。

支持相关数据市场界定者对界定数据相关市场的可行性提出了质疑，甚至认为根本无法界定数据市场。[1] 在各反垄断法司法辖区的实践中，仅有为数不多的对数据资源进行相关市场界定的案例，截至目前，我国还没有出现界定独立的数据市场的反垄断案例。

二、数据产品的相关市场界定

(一) 数据产品的厘定

数据产品垄断一般是指数据本身构成了一种新产品的情况下，经营者垄断数据产品的行为。数据产品本身构成的一种新产品样态。数据运用的一种方式是开发新产品（货物和服务），将数据本身作为一种产品（数据产品）或者作为某产品的主要成分（数据密集型产品）。[2] Gartner《2015年度新兴技术成熟度曲线报告》则将数据产品界定为"数据产品是一组精选数据、元数据、语义和模板的自包含组合"。

在我国已经发生关于数据产品的不正当竞争案件，在淘宝公司诉安徽美景不正当竞争纠纷中，"淘宝生意参谋"就是一种数据产品，该产品是经营者在收集网络用户浏览、搜索、收藏、加购、交易、评价等行为痕迹所产生的海量原始数据基础上，以特定的算法深度分析过滤、提炼整合并经匿名化脱敏处理后形成的统计型、指数型、预测型等衍生数据。[3] 前述案例表明，其他司法辖区已经出现相关数据市场界定的案例。我国《禁止垄断协议规定》第十条将关于分割销售市场或者原材料采购市场的规定适用于数据、技术和服务等，实际上已经承认数据产品能够构成反垄断法上的相关市场。[4]

---

〔1〕 VVA et al. , Support Study Accompanying the Evaluation of the Commission Notice on the Definition of Relevant Market for the Purposes of Community Competition Law, *DG Comp of EC final report*, 2021, pp. 88–94.

〔2〕 [美] 莫里斯·E. 斯图克、艾伦·P. 格鲁内斯:《大数据与竞争政策》，兰磊译，法律出版社2019年版，第30–31页。

〔3〕 参见浙江省杭州市中级人民法院 (2018) 浙01民终7312号民事判决书。

〔4〕 《禁止垄断协议规定》第十条第二款规定:"前款关于分割销售市场或者原材料采购市场的规定适用于数据、技术和服务等。"

（二）数据产品的相关市场界定

关于相关市场的界定，在相关商品市场之外，理论界和实务界还提出了相关技术市场、创新市场的概念。随着数字技术、数字经济的快速发展和平台经济领域垄断纠纷的频繁发生，独立的相关数据市场的界定问题引起了各反垄断司法辖区理论界和实务界的关注。如前所述，相关数据市场分为数据资源的相关市场和数据产品的相关市场，就数据产品而言，其相关市场界定与一般商品具有共同性。在数据作为产品提供给用户的情况下，替代性分析方法和假定垄断者测试的分析工具依然可用。如果两种数据产品承载相同或相似的信息，则可被用户视为具有替代性（如金融市场数据）；如果两种数据产品承载不同的信息，且两种数据整合后会产生更大的价值（如地图数据和交通数据），则可被用户视为具有互补性。[1]

根据目前的竞争法标准，在信息用于交易的情况下可以界定独立的相关数据市场（数据产品市场），或者说只有在信息实际用于交易的情况下才允许界定一个数据市场（数据产品市场）。[2]这也体现在部分反垄断司法辖区的立法和执法政策中，如加拿大竞争执法机构在一份讨论文件中提出了与大数据相关的关键竞争政策和执法主题，并指出，当数据交易时，"两家销售数据的公司之间的竞争程度将取决于客户将其数据产品视为可替代产品的程度"。[3]这表明，将需求侧可替代性视为产品市场界定中的一个重要因素的传统分析就可以胜任。这种分析与《欧共体相关市场界定的通告》是一致的，《欧共体相关市场界定的通告》没有将数据产品市场与产品市场分开，而是将需求替代性置于相关产品市场界定分析的核心。

---

〔1〕 参见万江：《数字经济与反垄断法：基于理论、实践与国际比较的视角》，法律出版社2022年版，第29—30页。

〔2〕 Inge Graef, "Market definition and market power in data: The case of online platforms", *World Competition Law and Economics Review*, Vol. 38, No. 4, 2015, pp. 473–505.

〔3〕 Canada Competition Bureau , Big data and innovation - Implications for competition policy in Canada, 2018.

三、数据资源的相关市场界定

（一）数据资源的相关市场界定争论

除产品形态不同外，数据产品与传统产品并不存在明显区别，数据产品与传统产品的相关市场界定也可以运用相同的方法和工具。但是数据资源并非都用于交易，在数据不进行交易的情况下是否可以界定一个单独的数据市场，目前仍存在争论。当数据不进行交易时，识别单独的数据市场的挑战在于，由于很难建立某种经济交换（economic exchange），因此无法检测到需求和供应，这就使从竞争法角度进行的市场界定受到了质疑。这个问题与创新活动中的相关市场界定类似，即在创新活动中单独界定相关市场取决于创新活动能否产生可用于交易的创新结果。

有学者主张，当数据不进行交易时，就不存在单独的数据市场，因为"不存在需求和供应，因此无法评估数据的可替代性，也无法识别相关市场"。[1]当然，随之而来的问题是，在非交易数据的背景下，是否存在某种形式的经济交换。正如有的学者认为，"人们可以怀疑用户与在线平台提供商之间的交互是否必须被视为一种经济交换"。"在现行竞争法原则下，如果搜索引擎、社交网络和电子商务等平台的提供商和用户之间不存在数据的经济交换，且在线平台的提供商也不向第三方出售或交易数据，则在线平台服务的相关市场就不能以数据为对象。"[2]另一个反对用户数据构成一个市场的论点是："如果提供给消费者的服务被修改或完全被相关商业活动背后的一般商业利益所吸收，竞争压力或竞争压力的缺失就不能被充分考虑。"[3]

（二）数据资源的相关市场界定必要性

相关数据市场界定的争论表明，理论界在数据资源的相关市场界定方

〔1〕　A. Gebicka and A. Heinemann, "Social Media and Competition Law", *World Competition Law and Economics Review*, Vol. 37, No. 2, 2014, pp. 149, 156.

〔2〕　Graef Inge, "Market definition and market power in data: The case of online platforms", *World Competition Law and Economics Review*, Vol. 38, No. 4, 2015, pp. 473-505.

〔3〕　Graef Inge, "Market definition and market power in data: The case of online platforms", *World Competition Law and Economics Review*, Vol. 38, No. 4, 2015, pp. 149-172.

面还未形成共识，不支持相关数据市场界定者对界定数据相关市场的可行性提出了质疑，甚至认为根本无法界定数据市场。[1] 从数据驱动型垄断行为法律规制的实践看，相关数据市场界定的争论焦点不在于可行性，而在于必要性，反垄断法实施机构考虑更多的是相关数据市场界定的必要性问题。在可行性方面，从有限的案例看，相关数据市场的界定似乎没有那么难，学者们所担心的数据的非对称性、多栖性、非交易性等并不构成相关数据市场界定的技术障碍。在必要性方面，即便不界定相关数据市场，案件的竞争分析不受影响或竞争分析结果不会发生改变的情况下，执法机构实在是没有必要在数据市场界定的问题上纠缠。[2] 经合组织于 2018 年 4 月发布的《多边平台反垄断工具之反思》调研报告也认为，在涉及多边平台的市场中，是否进行相关市场界定应当仔细考虑进行市场界定是否必要，以及实施市场界定所耗费的资源是否合乎比例。[3]

（三）数据资源的相关市场界定实践

1. 美国 "Google/DoubleClick 案"

关于相关数据市场的讨论最早出现在美国 2007 年的 "Google/Double-Click 案" 中。美国联邦贸易委员会最终以四票同意、一票反对的投票结果决定结束对谷歌收购 DoubleClick 的调查。反对谷歌收购 DoubleClick 的时任美国联邦贸易委员会委员的帕梅拉·琼斯·哈伯（Pamela Jones Harbour）认为，联邦贸易委员会本可以继续对双方的数据整合意图进行更为全面的分析，或者委员会可以要求各方就其处理数据作出有约束力的承诺。因为此次交易不仅将整合两家公司的产品和服务，还将整合两家公司关于互联网消费者行为的海量数据。如果联邦贸易委员会结束调查而没有对合并施加任何条件，那么竞争和消费者的隐私利益问题都不会得到充分解决。在相

〔1〕 VVA et al., Support Study Accompanying the Evaluation of the Commission Notice on the Definition of Relevant Market for the Purposes of Community Competition Law, *DG Comp of EC final report*, 2021, pp. 88 - 94. https://competition - policy. ec. europa. eu/system/files/2021 - 06/kd0221712enn_market_ definition_ notice_ 2021_ 1. pdf.

〔2〕 万江：《数字经济与反垄断法：基于理论、实践与国际比较的视角》，法律出版社 2022 年版，第 29 页。

〔3〕 韩伟：《迈向智能时代的反垄断法演化》，法律出版社 2019 年版，第 96-97 页。

关市场界定方面，既涉及数据作为投入品的服务市场，也涉及独立的数据（非直接用于交易）市场。同意结束对谷歌收购 DoubleClick 调查的委员将相关产品市场界定为：第三方广告服务工具市场（the market for third party ads serving tools），中介市场（the intermediation market），定向文字和图像广告市场（site-specific text and image ads）。帕梅拉·琼斯·哈伯主张，在未来涉及数据整合的调查中，完全可能界定一个假定的包含数据的相关产品市场，其中的数据对希望从事目标定位的广告主和广告商均具有价值。[1]

2. 美国"PeopleBrowsr 诉 Twitter 案"

在"PeopleBrowsr 诉 Twitter 案"[2]中，PeopleBrowsr 认为，它需要获得完整的推文流（stream of tweets）才能向客户提供服务，并在一份法庭文件中表示，Twitter 数据是一种独特而重要的输入，因为推文是"对用户体验的同步报告，提供了关于消费者对产品和品牌反应的独特反馈"。格雷夫（Graef）认为，"PeopleBrowsr 诉 Twitter 案"表明，在在线数据的潜在市场中，甚至可能必须为搜索数据、社交网络数据和电子商务数据界定单独的相关市场，更具体地说，"关于社交网络数据，甚至可能将通过微博服务（如 Twitter）收集的信息与包括脸书在内的一般社交网站收集的信息区分开来"。[3]

3. 法国"Télévisions 案"

在欧盟这一反垄断法司法辖区中，仅有少数欧盟成员方竞争执法机构承认存在独立的数据市场。在法国，竞争执法机构将与视听内容消费相关的数据认定为一个特定的市场，相关数据包括由各种类型的销售商（电视频道分销商、SVOD 服务、社交网络出版商或播放视听内容的网站）收集的数据。然而，由于该市场界定并未改变最终的竞争分析结果，是否存在数据市场的问题依然悬而未决。在这个涉及数据交易的决定中，法国竞争

---

〔1〕　https://www.ftc.gov/sites/default/files/documents/public _ statements/statement - matter - google/doubleclick/071220harbour_ 0. pdf, pp. 1, 9.

〔2〕　PeopleBrowsr, Inc. v. Twitter, Inc. , Case No. C-12-6120 EMC (2013).

〔3〕　Inge Graef, "Market definition and market power in data: The case of online platforms", *World Competition Law and Economics Review*, Vol. 38, No. 4, 2015, pp. 473-505.

执法机构似乎没有对独立的数据市场作任何分析。[1]

4. 捷克"CHAPS 案"

在 2018 年捷克"CHAPS 案"中，捷克竞争执法机构界定了三个相关产品市场：市场一是最新的交通接驳时间表数据市场，这些数据由受监管企业在中央系统中共享。市场二是捷克现有的各种交通接驳信息市场，市场一的下游市场。市场三是全国公共交通接驳自动搜索市场，市场二的下游市场。

与独立的数据市场相关的是市场一和市场二。捷克竞争执法机构界定了两个独立但相关的数据市场：市场一仅包含一个产品，即受监管的运输服务提供商的最新交通接驳时间表数据库。这些提供商根据法定义务以必要的格式与 CHAPS 共享数据。这些数据被认为是市场二和市场三不可或缺的投入。关于市场二，捷克竞争执法机构为这些数据界定了一个假设的市场，假定竞争对手可能能够利用第一个市场的原始数据（Raw Data），开发竞争性的应用程序或服务。捷克竞争执法机构认为，如果竞争者能够获得市场一上的源数据（Source Data），他们可能会在市场二上开发自己的创新或竞争产品，这些产品可以用作下游市场三的投入。因此，捷克竞争执法机构定义了一个数据市场，作为下游产品或服务的不可或缺的投入。[2]

第四节　数据驱动型竞争中相关市场界定的思考

一方面，界定相关市场的主要目的是识别市场势力，因此相关市场界定只是应用于私人限制竞争的案件，而一般不会应用于行政垄断案件。另

---

〔1〕　VVA et al. , Support Study Accompanying the Evaluation of the Commission Notice on the Definition of Relevant Market for the Purposes of Community Competition Law, *DG Comp of EC final report*, 2021, pp. 90 – 91. https://competition – policy. ec. europa. eu/system/files/2021 – 06/kd0221712enn_ market_ definition_ notice_ 2021_ 1. pdf.

〔2〕　VVA et al. , Support Study Accompanying the Evaluation of the Commission Notice on the Definition of Relevant Market for the Purposes of Community Competition Law, *DG Comp of EC final report*, 2021, p. 93. https://competition–policy. ec. europa. eu/system/files/2021–06/kd0221712enn_ market_ definition_ notice_ 2021_ 1. pdf.

一方面，一个市场行为如果本身违法，例如核心卡特尔，这样的案件也不需要界定相关市场。简言之，在反垄断各个领域包括经营者集中、滥用市场支配地位以及垄断协议等各种案件中，凡是有必要测度当事人的市场份额或者市场集中度的案件，目的是测度是否可能产生或者增强市场势力，这些案件一般都需要界定相关市场。这即是说，界定市场有助于反垄断案件的竞争分析更清晰、更精准、更有说服力，从而也有助于提高反垄断执法的透明度和效率。[1]但是，界定数据驱动型竞争行为涉及的相关市场，无论是理论界还是实务界都还存在一定争论，主要表现在以下几个方面：首先，由于相关市场界定的重要性降低，应适当弱化相关市场界定的作用；其次，数据驱动型经济中的相关市场界定应坚持个案分析，在特定应用场景、特定案件中界定相关市场；最后，由于传统的市场界定工具的失灵，应当对相关市场界定的方法和工具进行更新。

一、相关市场界定的替代性分析

（一）影响替代分析的新因素

数字经济竞争的特殊性决定了数据驱动型垄断案件中相关市场界定的新要求，相关的需求替代和供给替代的分析应与传统行业有所区别。在数据驱动型经济中，存在一些影响替代性分析的新因素：（1）零价竞争使得传统影响市场界定的价格因素的重要性降低。数据驱动型竞争具有零价竞争的特性，其商业模式是在基础业务方面对用户免费，再利用这些用户的数据向平台另一侧的潜在用户收取费用来维持和支持企业的发展。零价竞争致使界定传统行业相关市场时所强调的不同产品之间的价格差异因素难以适用。（2）跨界竞争使得貌似无关的产品也可能存在竞争关系。跨界竞争是数据驱动型企业一个明显特点。也就是说，一家企业的没落不仅仅可能有来自本行业竞争者的竞争，而且还可能有来自其他行业竞争者的竞争，如入门级的数码相机与智能手机之间的竞争。在数据驱动型经济中，

---

〔1〕 王晓晔：《王晓晔论反垄断法（2011—2018）》，社会科学文献出版社 2019 年版，第 423-424 页。

两种看起来相互无关的产品也会存在激烈的竞争，这种跨界竞争要求在分析数据驱动型服务之间的竞争关系时，不仅应当分析这些服务的功能和特性，而且更要注重这些服务之间存在的或者潜在存在的可替代关系。(3) 网络外部性影响供给替代分析。如果潜在竞争者能够在短期内以较低的转换成本转移到另一市场，潜在竞争者就会对另一市场的在位企业形成竞争约束，在界定相关市场时，应将潜在竞争者的竞争约束作为一个考虑因素。由于平台企业具有网络外部性和用户锁定效应的特点，新的市场进入者必须进行大量的投资才能获得达到临界值的用户安装基础并收集足够多的用户数据，也才能对市场领导者构成竞争约束。

(二) 替代性分析的思考

不同产品之间的可替代性及替代性分析结果并非静止不变的，而是随着竞争状况的变化而调整的。这不仅适用于传统经济，也适用于数据驱动型经济。在传统经济中，以火车服务与民航服务的替代性为例，先前由于服务价格、旅程时间等方面的重大差异，对消费者而言两者并不存在替代性。但随着高铁的普及和民航服务的降价，火车服务与民航服务的费用、耗时、顾客体验逐步趋同，从而使两种服务之间呈现出明显的替代性。在数据驱动型经济领域，网络、数据、算法的应用引发了对线上产品与线下产品之间替代性的思考，对于原来不具有替代性的产品也有必要进行替代性分析。如在线广告与非在线广告之间的替代性，一般认为，随着在线广告的快速发展，在线广告与非在线广告应属于反垄断分析的同一相关市场。在美国"KinderStart 诉 Google 案"中，法院认为，谷歌在更广泛的市场开展竞争，这一市场包括各种形式的广告，既有在线广告也有离线广告，将搜索广告市场从更大的互联网广告市场中识别出来缺乏逻辑基础。[1] 在美国"Google/DouleClick 案"中，有一种意见认为，这一交易将消除谷歌和 DoubleClick 在"在线广告"市场上的竞争，该市场将包括搜索广告、通过中介销售的广告和直接销售的广告位。然而，证据表明，并非所有在线

---

〔1〕 KinderStart. com LLC v. Google, Inc. , C 06-2057 JF (N. D. Cal. March 16, 2007); Person v. Google Inc. , 456 F. Supp. 2d. 488 (S. D. N. Y. 2006).

广告都构成相关的反垄断市场。广告商出于不同的目的购买不同类型的广告位，一种类型的广告不会显著地限制另一种广告的定价。例如，广告主购买搜索广告位主要是为了实施直接响应式广告活动，而直接销售的广告位一般是为了品牌广告活动而购买的。而且，即使市场包括所有类型的在线广告，我们仍然可以得出结论，拟议的交易不会消除直接竞争，因为与谷歌不同，DoubleClick 目前不出售广告位。[1]除在线广告与非在线广告之间的替代性之外，原本不具有替代性的纸质图书和数据图书之间也显现出相互替代性。关于"谷歌数字图书馆案"[2]，美国司法部曾对谷歌与作家和出版商团体就数字图书达成的协议发表声明，其中的相关市场界定给了我们一些启示，即图书分为纸质图书和数字图书、数字图书分为版权人明确的作品和孤儿作品（orphan works）[3]。对于版权人明确的数字图书，由于实体市场中有纸质图书作为替代品，界定相关产品市场时要考虑合理的替代性；对于孤儿作品，实体市场很难找到相对应的作品，因此，数字化的孤儿作品与纸质图书之间不存在相互替代关系。此外，线上产品与线下产品之间的替代性，在不同时期或者同一时期不同应用场景的案件中并非一成不变，而应根据个案进行具体分析。如在我国"阿里巴巴垄断案"中，国家市场监督管理总局将相关市场界定为中国境内网络零售平台服务市场，无论是从经营者需求替代分析、消费者需求替代分析，还是从供给替代分析，线下零售商业服务与网络零售平台服务都不具有紧密替代关系，不属于同一相关商品市场。[4]

替代性分析应注重需求替代分析和供给替代分析等多种方法的综合运用。如在我国"阿里巴巴垄断案"中，反垄断执法机构不仅分别从经营者

---

〔1〕　Statement of Federal Trade Commission Concerning Google/DoubleClick，FTC File No. 071 - 0170.

〔2〕　See The Authors Guild, Inc. et al. v. Google Inc. , No. 05 Civ. 8136 （DC）, （S. D. New York. , March 22, 2011）.

〔3〕　所谓"孤儿作品"，就是仍在版权保护期内，但著作权人不详或无从联系的作品，主要是一些私自出版的自传，以及对学术机构和研究人员至关重要并被存储于大学图书馆中的专业书籍，据当时的估计在 500 万种左右。

〔4〕　国家市场监督管理总局国市监处〔2021〕28 号行政处罚决定书。

和消费者角度进行了需求替代分析，而且从盈利模式、线下零售商业服务转变为网络零售平台服务难度等方面进行了供给替代分析。[1]也就是说，相关市场界定的技术方法虽然可以适用于不同行业，但是因各个行业可能有其自身的特性，这些方法所起的作用和权重可能就会有所不同。数据驱动型经济中竞争关系分析，不能仅仅将现有市场上生产同类商品或提供同类服务的企业纳入竞争范围，跨界竞争、平台竞争使得不从事同一细分业务的企业之间，也可能存在竞争，或者可以及时、有效地进入市场形成竞争。因此，除以需求替代来界定相关市场外，亦应从供给替代的角度出发，将其他企业的潜在产能考虑在相关市场范围内。[2]

需求替代分析应关注提供不同特性的服务的平台之间存在争夺注意力的竞争。在进行需求替代分析时，数据驱动型平台跨界竞争的特性带来的影响是，某些数据驱动型服务的特性不同，并不能表明它们肯定不在同一相关产品市场上。[3]在考虑产品特性对相关市场界定的影响时，如果不同产品特性的差异足够大，已经干扰了用户对替代品的判断和选择，则两种产品不应界定在同一个相关市场内，否则就认定两种产品存在替代关系。以微博与微信的差异性为例，虽然新浪微博和微信在社交属性、私密性、关系链等方面有着显著差异，但两者之间的竞争约束也非常明显。再如微信与抖音的关系，尽管前者是社交网络平台，后者是短视频平台，但腾讯公司已经感受到强大的竞争压力，说明两者之间存在着争夺用户注意力的竞争。

在进行供给替代性分析时，既要考虑平台用户的多归属特性，也要考虑平台的交叉网络效应。在评估平台经营者面临的竞争约束时，不能忽视用户的多归属特点。当某一平台经营者涨价时，用户会转移到其他平台而使涨价者无利可图。在平台经济领域，由于平台往往在某一边实行零价竞

---

[1] 国家市场监督管理总局国市监处〔2021〕28号行政处罚决定书。

[2] 参见王晓晔主编：《反垄断法的相关市场界定及其技术方法》，法律出版社2019年版，第485-498页。

[3] ICN, Recommended Practices For Merger Analysis, 2018, https://www.internationalcompetitionnetwork.org/wp-content/uploads/2018/05/MWG_ RPsforMergerAnalysis.pdf, last visited on May 20, 2023.

争，因此对平台竞争压力的评估通常不以涨价为条件，而假设平台经营者服务质量的降低或隐私保护程度减弱时，用户是否会转移到其他竞争性平台。但是，这种假设却忽略了网络效应对市场进入的影响。以移动操作系统市场为例，强大的网络效应在移动操作系统市场上造成了很高的进入壁垒。过去十余年间，几家大型科技公司都曾试图利用其庞大的用户基础，在移动操作系统市场上与苹果和谷歌竞争，但都以失败告终。2017 年，微软（Microsoft）放弃了它的移动操作系统业务，导致微软退出市场的一个关键因素是，在已经为 iOS 和 Android 开发 App 的情况下，开发人员不愿为第三个移动操作系统开发 App。

二、相关市场界定的假定垄断者测试法

在进行相关市场界定时，除了进行基于产品替代性的定性分析，还有必要借助假定垄断者法（SSNIP）[1]进行定量分析，甚至要运用以 SSNIP 为基础的临界损失分析、临界弹性分析和剩余需求弹性分析等方法。[2]但平台的补贴经营及多边客户群体之间的交叉网络效应和反馈效应，给通过 SSNIP 来界定产品市场的边界带来了极大挑战。[3]对于数据驱动型企业而言，保护竞争最好的方法是保护竞争过程，而且市场是否具有竞争性与这种市场结构密不可分。SSNIP 测试法在数据市场中存在较大程度的不足，我们可以引入以下测试方法对相关市场进行界定。

（一）SSNIP 测试法在双边市场中的适用困境

在传统的单边市场中，很难想象对免费的市场适用反垄断法。传统反垄断法并未将免费产品纳入反垄断法的相关市场中。但是在数据驱动型竞争中，平台经营者具有双边市场特征，经营者往往对平台一边的用户实现免费策略并获取了用户的数据；在平台另一侧则实行收费策略，用收取的费用来补贴免费边的用户。免费产品在平台经济领域的相关市场界定中具

---

〔1〕　也可称为 SSNIP 测试法。

〔2〕　王晓晔：《王晓晔论反垄断法（2011—2018）》，社会科学文献出版社 2019 年版，第 426 页。

〔3〕　张江莉：《反垄断法在互联网领域的实施》，中国法制出版社 2020 年版，第 88 页。

有重要的地位。

SSNIP 测试法是针对单边市场设计出来的，由于数字双边市场中某一边的产品具有免费性特点，导致 SSNIP 测试法在双边市场中难以适用。SSNIP 测试法是目前各国反垄断执法机构在界定相关市场时最常用的定量分析方法。我国《相关市场界定的指南》规定，在经营者的市场范围不够清晰或不易确定时，可以按照假定垄断者测试的分析思路来界定相关市场。数据驱动型平台相关市场界定之所以难度较大，其中一个重要原因就是传统的 SSNIP 测试法在双边市场中行不通。因此，我们有必要针对数据驱动型竞争的特点对 SSNIP 测试法进行改进。

具体而言，SSNIP 测试法在数据驱动型平台相关市场界定中主要面临以下两方面的问题。一是由于数据驱动型平台双边市场中存在交叉网络外部性，当一边市场中的价格（尤其是免费边）发生变化时，由于交叉网络外部性导致的乘数效应可能会造成价格变动对平台收益的影响被低估，从而导致相关市场被界定得过窄。这一现象可能导致反垄断执法机构对数据驱动型平台的正常经营活动进行不必要的干预。二是由于在进行 SSNIP 测试时需要在一段时间内对平台提供的产品或服务进行微小而显著的涨价。而在目前免费产品盛行的数据驱动型平台市场中，一旦对免费商品涨价将对平台整体的定价策略和商业模式造成极大的破坏。同时一旦对免费产品进行收费，互联网平台经济下用户多栖性的特点将导致平台用户大量流失，极大地降低平台的收益。这些问题都将导致 SSNIP 测试法在免费产品市场中无法适用。

（二）SSNIP 测试法适用的改进

针对 SSNIP 测试法在数据驱动型市场中存在的问题，可以对 SSINP 测试进行以下调整。第一，以利润变化作为测试的指标。在反垄断法实施过程中，应根据平台的类型来确定是以平台的某一边的利润变化情况，还是以平台两边的利润变化情况作为 SSNIP 测试的考察对象。如前所述，对于匹配型平台而言，在进行相关市场界定时需要将平台的两边市场作为一个整体进行界定，因此应该以平台双边的利润之和作为 SSNIP 测试的考察对象。对于用户供应型平台而言，在进行相关市场界定时应选择平台某一边的利润作为 SSNIP 测试的考察对象，但在测试中仍应考虑到平台双边之间的交叉网络外部性。

第二，改进 SSNIP 测试法的价格计算模式。为了弥补 SSNIP 测试法的缺陷，在进行 SSNIP 测试时应该允许平台对其双边的价格结构进行调整，而非允许其调整平台某一边的价格。这是因为 SSNIP 测试的目的是通过让企业在一定时期内提升其产品或服务的价格，并观察其是否仍具有盈利来判断企业是否具有市场支配地位，而在数据驱动型平台中经营者是否盈利的关键在于其所制定的价格结构，而非单独某一边市场的定价。正如艾姆克（Emch）和汤普森（Thompson）指出，在实践中，垄断者确实在提价调整其价格结构，所以在分析 SSNIP 测试时，应该允许假定垄断者调整其价格结构，否则就是不切合实际。[1]在学理上，法国梯若尔（Tirole）和罗基特（Rochet）教授针对免费模式下的产品价格计算问题提出了新的方法，这一方法的实质是计算平台价格。[2]

第三，免费产品的假定垄断者测试：SSNDQ。在对免费产品市场进行界定时，可在 SSNIP 测试的基础上对测试方法进行调整，改为 SSNDQ 测试，即"小而显著的非临时性质量下降"，用质量测试替代 SSNIP 中的价格测试。SSNDQ 和 SSNIP 的原理是类似的，只是前者关注的是质量变化而后者关注的是价格变化。[3]SSNDQ 测试考察的并非产品价格的变化，而是质量的变化，在进行测试时不对产品的价格进行涨价，而是维持产品的价格，让企业在一定时间内降低其提供的产品或服务的质量并观察企业是否仍能盈利。国内外很多学者在讨论免费产品相关市场界定时都提出了对 SSNIP 测试法的这种改进，这是因为平台免费边的用户不仅对价格的变动比较敏感，而且平台所提供分工的产品或服务的质量也是他们选择平台时的重要依据。因此，当对免费产品的相关市场进行界定时，我们可以用对

〔1〕 Eric Emch & T. Scott Thompson, "Market Definition and Market Power in Payment Card Networks", *The Review of Network Economics*, Vol. 5, No. 1, 2006, pp. 45–60.

〔2〕 吴绪亮："反垄断法中的相关市场界定问题研究"，载《中国物价》2013 年第 6 期。

〔3〕 张江莉：《反垄断法在互联网领域的实施》，中国法制出版社 2020 年版，第 89 页。

产品质量的降低来取代原本 SSNIP 测试中对价格的提高，并观察企业在这种情况下的盈利能力。[1] 在我国"奇虎公司诉腾讯公司垄断案"的二审中，最高人民法院就指出当难以使用 SSNIP 测试法时，可以考虑使用 SSNDQ 测试法。[2] 不过，实践中的问题在于如何确定"质量"，如何量化质量这一指标，毕竟消费者的偏好千差万别。同时，在免费市场中，如果交易的条款最初不利于买方，比如增加了注册费、运费或者是延长运输时间，则这些交易条款也会被考量。

第四，免费产品的假定垄断者测试：SSNIC。SSNIC 测试法，即"小而显著的非临时性成本增加"，作为 SSNIP 测试法的变通方法，SSNIC 分析法主要是考察用户支出的成本变化，当用户支出的成本增加时，是否会导致具有多归属特点的用户转向其他竞争性平台，如果发生用户转移，说明平台经营者无利可图，需要继续进行相应测试，直至界定出一个相对明确的相关市场。用户支出的成本包括选择平台经营者时向后者提供的个人数据，以及使用平台经营者的服务时所支出的时间成本。尽管用户支出的成本难以被量化，但相比于免费市场的竞争分析难度，SSNIC 测试法能够提高数据驱动型竞争中相关市场界定的准确度和可信度。

三、相关地域市场界定的争论与突破

（一）相关地域市场界定的争论

传统经济领域中界定相关地域市场时主要考虑运输成本、运输时间、商品特性、商品价格、市场进入障碍（如关税和管制制度）等因素。但在数据驱动型经济中，由于相关产品或服务无国界和无运输成本，使得运输成本、运输时间、商品特性（如易腐性）、商品价格（对平台某一边用户免费）等很难对市场形成限制。[3] 由此形成了对相关地域市场界定的分歧。

---

〔1〕 袁嘉：《互联网平台竞争的反垄断规制》，中国政法大学出版社 2021 年版，第 60-62 页。

〔2〕 最高人民法院民事判决书（2013）民三终字第 4 号。

〔3〕 王晓晔主编：《反垄断法中的相关市场界定》，社会科学文献出版社 2014 年版，第 262 页。

1. 相关地域市场的范围宽于国家

因为互联网对传统行业的冲击首先来自其对空间的超越。对于传统实体经济而言，相关地域市场的界定主要的考虑因素是因空间距离所导致的运输成本。但是，在数据驱动型经济中，基本不存在物理空间的概念。尤其是在网络服务领域，由于不存在也不需要物流，网络已经将物理空间距离完全消除。或许两个数据驱动型企业相距万里，但对于用户来说却如同近在咫尺，他们并没有因空间距离而受到影响。在欧盟的相关案例中，对地域市场的界定，少数情况下地域范围为国家，多数情况下地域范围宽于国家，在"美国在线（AOL）收购时代华纳（Time Warner）案"中，欧盟委员会甚至将音乐播放器的相关地域市场界定为全球。[1]将地域市场界定为宽于国家的理由主要为：多数互联网企业是在全球层面开展经营活动，几乎在世界的任何地方都可以接受这些数据驱动型企业的服务，英语（大多数网站所使用的语言）的流行对全世界的影响越来越大等。

2. 相关地域市场为国家范围

尽管社交网络网站没有国界，但是由于语言文字、用户偏好的不同，且不同国家基于政治因素、社会环境等非市场性原因通常会对网络服务采取一定边境性管制措施，这些因素决定了数据驱动型企业开展竞争的相关地域市场一般不会超出国界，而是限制在本国地域范围内。在美国"Liveuniverse 诉 Myspace 案"中，原告认为相关地域市场为美国全境。[2]法院支持了原告的主张，并指出相关地域市场应该是美国全国范围，而不应将相关地域市场界定为整个互联网。在欧盟"Microsoft/Yahoo! Search Business 案"中，欧盟委员会认为，在线广告及其细分市场的地域范围为国家或使用某种语言的地区。[3]因为国家偏好、语言和文化独特性使得在线广告的供应和购买在不同国家是不同的。在我国"阿里巴巴垄断案"和"美团垄断案"中，国家市场监督管理总局都将相关地域市场界定为"中国境

〔1〕　COMP/M. 1845-AOL/Time Warner, para. 30.

〔2〕　Liveuniverse, Inc. v. Myspace, Inc. , 2007 WL 6865852（C. D. Cal. ）.

〔3〕　COMP/M. 5727-Microsoft/Yahoo! Search Business, para. 93.

内"。[1]因此，将地域市场界定为国家的理由主要为：不同国家消费者的偏好，语言和文化独特性，宽带用户和 ISP 之间的物理连接安装，等等。

（二）相关地域市场界定的突破

数据驱动型经济的相关地域市场界定，从数据驱动型服务用户的角度通常需要考量以下因素：语言习惯、文化背景与用户的受教育程度，用户对某类产品或服务的使用习惯，行业政策与法律限制，技术障碍；从服务提供者角度需要考虑的因素主要有：服务提供者的业务覆盖范围，服务提供者的业务类型等。[2]这些新因素使得数据驱动型服务的相关市场界定有别于传统经济。

1. 不受地域限制市场的可能出现

数据的交易基本不受地域运输的限制，并且将现有领域使用的数据转化到其他领域具有可能性，因此，那些内容不具有特殊地域性质或特征的数据，不仅在国家范围内存在需求而且在国际范围上存在需求，其相关地域市场的界定可以超越国界。同样，不受与地理相关的语言、行为限制的技术，例如图像识别和分析技术，其相关地域市场的界定也可能是一个较广的范围。在"Microsoft/Skype 案"中，欧盟委员会以脸书和谷歌的网络视频通话服务为例，指出该服务"一开始仅在美国提供，用户范围被局限于美国境内，后来该服务扩展至英国、德国"。欧盟委员会进而认为，个人通信服务的相关地域市场至少是欧洲经济区。涉及网络视频通话服务的相关地域市场就随着网络企业的业务覆盖范围的拓展由"美国境内"延伸到"整个欧洲经济区"。

2. 不轻易消除地域限制

在数据驱动型垄断案件中，与数据有关的商品、服务在界定相关地域市场时，仍然要考虑经营活动中的语言环境、提供服务所使用的设备带来的地域限制等。在"人人公司诉百度公司案"中，人民法院基于"文化背景、语

---

〔1〕 国家市场监督管理总局国市监处〔2021〕28 号行政处罚决定书；国家市场监督管理总局国市监处罚〔2021〕74 号行政处罚决定书。

〔2〕 王晓晔主编：《反垄断法中的相关市场界定》，社会科学文献出版社 2014 年版，第 263－265 页。

言习惯等因素的考虑",认为中国网络用户选择有紧密替代关系的搜索引擎服务一般来源于中国境内,因而将相关地域市场界定为"中国"。[1]2019年德国联邦卡特尔局对脸书社交软件服务所做的调查中,脸书提交了《相关市场和缺乏市场支配力》白皮书,陈述其所提供的商品和服务的相关市场是"注意力"市场,因而在相关地域市场上的界定应当是全球市场。德国联邦卡特尔局驳回了这一抗辩,认为相关市场的界定仍应当从国别视角出发,脸书在德国的使用具有特殊性,例如语言。甚至一些案件的相关地域市场窄于国家,如在上海"食派士垄断案",上海市市场监督管理局将相关地域市场界定为"上海市",就是因为餐饮外送服务需要线下履约,而线下履约是受到地域限制。[2]

---

〔1〕　北京市高级人民法院(2010)高民终字第489号。
〔2〕　上海市市场监督管理局沪市监反垄处〔2020〕06201901001号。

第三章
数据驱动型企业的市场力量

从反垄断法的制度体系来看，既有对经营者集中行为的事前审查，也有对达成垄断协议行为和滥用市场支配地位行为的事后规制。在反垄断法的规制对象中，滥用市场支配地位行为是单方行为，达成垄断协议行为和经营者集中行为则是多方行为，单方行为和多方行为在构成要件上的主要区别在于前者必须具有市场支配地位行为，后者则无此要求。[1]但是，市场力量认定是开展反垄断分析的一个重要环节，对上述三类行为的反垄断监管都要考虑经营者市场力量的影响。数据驱动型垄断行为，除应纳入《反垄断法》兜底条款中的行为外，都可以涵摄于反垄断法的三大支柱制度（禁止垄断协议制度、禁止滥用市场支配地位行为制度和经营者集中审查制度）中。在禁止滥用市场支配地位行为制度中，通常需要认定经营者具有市场支配地位；在禁止垄断协议制度中，安全港规则的适用和反竞争效果评估离不开市场力量认定；在经营者集中审查制度中，市场力量则是判断经营者集中是否具有排除、限制竞争效果的重要因素。

第一节　数据驱动型企业市场力量的基本界定

市场力量是指经营者所拥有的经济实力，狭义上的市场力量就是指市场支配地位，即经营者所拥有的经济实力能够让其在相关市场中妨碍有效

---

[1]　侯利阳："垄断行为类型化中的跨界行为——以联合抵制为视角"，载《中外法学》2016年第4期。

竞争，且能够让其很大程度上独立于竞争者、顾客和终端消费者，从而使经营者继续保持此种市场支配地位，[1]在禁止滥用市场支配地位行为制度中通常要认定经营者具有市场支配地位。广义上的市场力量，除市场支配地位之外，还包括经营者拥有一定经济实力，但尚未达到市场支配地位的情形，在禁止垄断协议制度和经营者集中审查制度中，无论是垄断协议的法律规制还是经营者集中的法律控制，均不要求经营者具有市场支配地位或共同市场支配地位，但是市场力量对禁止垄断协议制度中安全港规则、豁免规则的适用以及经营者集中控制制度中竞争效果的评估具有重要意义。

一、市场力量的界定

狭义的市场力量基本可以等同于市场支配地位，此处主要讨论市场支配地位的界定。市场支配地位是指经营者单独或共同在特定市场具有控制价格等交易条件的能力（单独市场支配地位和共同市场支配地位），这种能力表现为经营者可以不考虑竞争对手的反应而决定价格等交易条件。市场支配地位是反垄断法禁止滥用市场支配地位行为制度中的重要术语，《欧盟运行条约》和《德国反限制竞争法》均使用这一概念，但其他国家或地区的立法既有采用同一概念也有采用类似概念。常见的表达还有垄断力（Monopoly Power）、市场力量（Market Power）、垄断、独占、优势地位等。如日本《禁止私人垄断与确保公平交易法》使用了"垄断状态"的概念、匈牙利《禁止不正当竞争法》采用"经济优势"一词来表达，等等。[2]

差异化的用词并不影响实质意义的表达，从不同国家或地区的立法界定来看，市场支配地位往往是指企业控制市场的能力，而不仅仅是企业市场份额的高低。例如，欧盟在判例中将市场支配地位定位为企业在相关市

---

〔1〕　Case 27/76 United Brands Company and United Brands Continentaal v. Commission［1978］ERC 207, para. 65；Case 85/76 Hoffmann La Roche & Co. V. Commission［1979］ERC 461 para. 38.
〔2〕　尚明：《对企业滥用市场支配地位的反垄断法规制》，法律出版社 2007 年版，第 68 页。

场具有相当大限度的支配与控制力量，即企业在相关产品市场、地域市场中对产品产量、价格、销售等交易条件上拥有较强的控制能力，而不用过度担忧竞争对手的竞争压力。《南非竞争法》将"市场力"界定为"在相当程度上企业不受其竞争者、消费者或者供应商影响的控制价格、排除竞争或实施行为的能力"。[1]《韩国规制垄断与公平交易法》在总则中将"具有市场支配地位的经营者"定义为："作为特定交易领域的供给者或者需求者，能够单独或者与其他经营者共同决定、维持或者变更商品或者服务的价格、数量、质量以及其他交易条件的占有市场支配地位的经营者。"[2]我国《反垄断法》第二十二条第三款将"市场支配地位"定义为："经营者在相关市场内具有能够控制商品价格、数量或者其他交易条件，或者能够阻碍、影响其他经营者进入相关市场能力的市场地位。"可以看出，上述对市场支配地位的界定基本一致，都突出了经营者对市场的控制能力。

市场支配地位是市场力量逐步积累、不断强化的结果，其本质就是经营者的市场力量达到一定程度时的特殊市场地位。在主体方面，市场支配地位可以由一家经营者拥有，也可以由少数几家经营者共同拥有，即共同市场支配地位。在表现形式上，是经营者控制价格等交易条件而不用考虑竞争对手的反应，或者能够阻碍、影响其他竞争对手进入相关市场。

一般而言，评估经营者的市场力量需要经过两个环节，即相关市场界定和市场力量认定。在评估经营者市场力量时，市场份额的重要性降低，除了市场份额，还要考虑市场进入壁垒、网络效应、数据和创新能力等指标的影响。作出经营者具有或者不具有市场力量的结论，还可以通过分析经营者行为的反竞争效果来验证对经营者是否具有市场力量的判断。

二、市场力量认定的模式

在反垄断法中，市场力量认定有三种模式，即市场结果模式、市场行

---

〔1〕 时建中主编：《三十一国竞争法典》，中国政法大学出版社 2009 年版，第 389 页。

〔2〕 时建中主编：《反垄断法——法典释评与学理探源》，中国人民大学出版社 2008 年版，第 224 页。

为模式和市场结构模式。[1]

（一）市场结果模式

市场结果模式的依据是竞争性市场条件下，经营者的销售价格不应显著高于其生产成本。如果价格大大高于生产成本，可推定该经营者在相关市场缺乏竞争，并由此推断经营者具有市场支配地位。《欧盟滥用市场支配地位指南》指出，如果一家企业能够在较长时期内以高于竞争水平的高价盈利，说明该企业没有受到充分有效的竞争约束，因此该企业通常被认为具有市场支配地位。[2]其中的"较长时期"的长短取决于产品和市场状态，但通常2年时间是足够的。可见，市场力量的核心是企业对价格的控制能力，即通常所说的价格制定者。但是在数据驱动型经济中，一方面，数据驱动型企业提高价格的能力相对较弱，这是因为企业始终处于强大的竞争压力之下，市场份额的易变性使得企业并不敢随意提价以免丢失消费者，进而丢失网络外部性为其带来的市场份额；另一方面，数据驱动型企业作为双边或多边平台，其控制价格的能力往往体现在对付费边用户的控制上。因此，在观察数据驱动型企业对于价格的控制能力时，必然要观察企业对于收费边的价格控制能力，而不能简单强调对于免费用户的极弱价格控制力。当然，数据驱动型企业相比传统企业对价格的控制能力有所降低，但并不意味着不具有这种能力，企业控制价格的能力越强，意味着其市场地位愈加稳固。

（二）市场行为模式

市场行为模式的依据是如果一个经营者在制定销售策略与价格策略时不受其他竞争者和消费者的影响，则该经营者具有市场支配地位。这种模式下的经营者市场力量评估需要考察竞争对手和用户施加的竞争约束。具体因素主要包括：实际竞争对手的现有供应和市场地位所施加的约束，竞争对手未来扩张或潜在竞争对手进入的威胁所施加的约束；经营者的用户

---

〔1〕 参见仲春：《创新与反垄断：互联网企业滥用行为之法律规制研究》，法律出版社2016年版，第44页。

〔2〕 韩伟主编：《美欧反垄断新规选编》，法律出版社2016年版，第289页。

的讨价还价能力所施加的约束。《欧盟滥用市场支配地位指南》指出，竞争是一个动态的过程，而且对一个企业限制竞争的评估不能仅仅根据现有的市场状况。实际竞争对手的扩张或潜在竞争对手的进入所带来的潜在影响，包括此类扩张或进入的威胁都应作为相关因素予以考量。市场扩张或进入的障碍有多种形式，例如规模经济和范围经济、获得基础投入品或自然资源的特权、重要技术或者已经建立的分销网络、网络效应、客户转向新的供应商，等等。与此同时，竞争约束不仅可以由实际或潜在的竞争对手施加，同样也可能由客户施加。甚至一家拥有较高市场份额的企业，在一定程度上都不能独立于具有充足讨价还价能力的客户而实施某些行为。[1]这种抵消性买方力量可能源于客户的数量或他们对于占支配地位企业的商业价值，也可能源于客户的某种能力以及这种能力的威胁，包括能快速转向其他具有竞争关系的供应商或能吸引更多新的进入者或能促进纵向整合。如果这种抵消性的力量足够大，这种力量就能够阻止或击败企业为盈利而提价的意图。[2]在数据驱动型经济中，在对经营者市场力量进行评估时，由于具有静态特点的市场份额指标的重要性有所下降，反垄断执法机构应更加重视竞争对手扩张或进入所施加的约束、客户议价能力所施加的约束等因素对市场力量的影响，如相关市场的市场进入壁垒大小、用户转移成本的高低。

（三）市场结构模式

市场结构模式，是指一个经营者在特定相关市场上占有相当大的市场份额，该企业就具有市场支配地位。市场份额是认定市场支配地位的最直观和最重要的指标，不少国家在法律中直接规定经营者在相关市场达到一定的市场份额即可以被认定为具有支配地位。市场份额被称为"市场支配地位精准的指示器"。反垄断法实施的实践表明，市场份额越高，持有的时间越长，市场份额越可能成为支配地位的一项重要的初步标志。相反，市场份额通常是表明缺乏实质性市场势力的重要标志。欧盟委员会的经验

[1] Case T 228/97 Irish Sugar v. Commission [1999] ECR II 2969, paras. 97-104.
[2] 韩伟主编：《美欧反垄断新规选编》，法律出版社 2016 年版，第 290-292 页。

表明，如果企业在相关市场的市场份额低于40%，该企业不大可能具有市场支配地位。但是可能在特定的情形下，尽管企业的市场份额低于40%，竞争对手也无法对其行为进行有效约束，例如当竞争对手面临严重的产能限制时，这种情况也可能会引起竞争关注。[1]在数据驱动型经济中，市场份额本身并不能与市场力量画等号，更不能直接证明企业具有市场支配地位。具有较高市场份额的企业对市场的控制力具有差异。通常而言，企业提供的产品用户黏性大，其对市场控制力更强，反之亦然。在细分市场具有同样市场份额的企业对市场的控制力是不同的，其市场力量的强弱也存在差异。在认定数据驱动型企业是否具有市场支配地位时，不仅要计算市场份额，更需要考虑企业提供产品的用户黏度，即产品的网络效应的强弱，网络效应越强的产品其市场进入门槛越高，产品被替代的可能性越小，市场支配地位就越巩固；反之，由于产品较容易被新产品替代，其市场地位的变化迅速，市场支配地位并不稳固。

三、市场力量认定模式的评析

（一）综合运用三种模式

市场结果模式和市场行为模式从理论上来看不存在问题，但可操作性低，因此难以被单独采用。例如，判断企业的生产成本与销售价格之间的关系并非易事。[2]在欧盟竞争法实践中，企业营利能力可能不是反映其行使市场势力的一个理想指标。[3]因此，市场结构方案因为可操作性强、简单明了而被优先采用。但是，市场份额模式也有明显的不足，市场份额指标并非在所有案件中都是通用的规则，它只是证明市场结构的一种重要证据，其标准随着时间、地域、行业而有所差异。在反垄断分析中，执法机构应将市场份额视为认定市场力量的必要而非充分条件，适度降低市场份

---

〔1〕　韩伟主编：《美欧反垄断新规选编》，法律出版社2016年版，第290页。

〔2〕　参见仲春：《创新与反垄断：互联网企业滥用行为之法律规制研究》，法律出版社2016年版，第44页。

〔3〕　Case 27/76 United Brands Company and United Brands Continentaal v. Commission〔1978〕ERC 207, para. 126.

额在市场力量认定中的权重。Frederick M. Scherer 和 David Ross 在其产业经济学教材中所述，"应避免有偏见的推论，有必要考虑市场结构以外其他影响创新步伐的变量"。[1]

在数据驱动型经济中，尽管市场份额依然是评估平台市场力量的重要依据，但是计算市场份额的指标更加多元化，执法机构选择恰当的市场份额指标也更具有挑战性。除市场份额之外，还要考虑网络效应、用户单栖/多栖性、数据资源和算法能力、数字市场创新潜力等因素。就市场力量评估而言，德国联邦卡特尔局于 2016 年发布的《平台与网络的市场力量》调研报告指出，联邦卡特尔局建议在评估数字平台和网络的市场支配地位时，个案评估中要考虑平台、网络市场以及数字经济的具体特征。这些具体特征包括：（1）直接与间接网络效应的相关性；（2）规模经济；（3）另一边市场的主流服务使用类型（单归属/多归属）和分化程度；（4）数据的获取；（5）数字市场的创新潜力。[2]

（二）调整市场份额的计算方法

应对市场份额的计算依据进行调整。传统的反垄断执法过程中，执法机构计算市场份额的依据往往是经营者在相关市场中的销售额的占比。但在互联网平台市场中，由于互联网平台的零价格竞争等原因，这一计算依据已经难以适用。因此，建议采用其他的计算依据来计算互联网平台的市场份额。国家市场监督管理总局公布的《禁止滥用市场支配地位行为规定》第七条第一款规定："……确定经营者在相关市场的市场份额，可以考虑一定时期内经营者的特定商品销售金额、销售数量或者其他指标在相关市场所占的比重。"这表明我国反垄断执法机构已经意识到了以销售额或销售数量作为市场份额计算依据的局限性，并为日后的执法留出了空间，但该规定并未指出除销售金额和销售数量外，还能以哪些数据作为市

〔1〕 Gregory Sidak & David J. Teece, "Dynamic Competition in Antitrust Law", *Journal of Competition Law &Economics*, Vol. 5, No. 4, 2009, pp. 581-631.

〔2〕 Bundeskartellamt, The Market Power of Platform and Networks, B6-113/15, 2016, p. 68-69, https://www.bundeskartellamt.de/SharedDocs/Publikation/EN/Berichte/Think-Tank-Bericht-Langfassung.pdf? _ _ blob=publicationFile&v=2, last visited on December 12, 2022.

场份额的计算依据。对于这一问题，可以选择平台用户数量、访问量等作为市场份额的计算依据。具体采取何种数据作为市场份额的认定依据仍需根据平台的具体类型来进行判断，应选择一种与平台市场势力的相关度最高的认定依据。

（三）加强非结构性因素考量

对于数据驱动型经营者的市场份额与市场支配地位之间的相关性减弱的问题，在考量数据驱动型经营者的市场支配地位时，可以适当淡化市场份额的作用，加强对非结构性因素的考量。目前我国反垄断执法机构在反垄断执法中将市场份额作为市场支配地位的重要考量因素，是因为我国《反垄断法》采用市场结构因素为主，非结构性因素为辅的方法认定市场支配地位，而市场份额则是市场结构最直接的反映。但在数据驱动型经济中，一个经营者拥有较高的市场份额，并不必然就能推定其具有市场支配地位，因为《反垄断法》的关注焦点在于拥有较高市场份额的企业是否具有阻止其他企业进入相关市场的能力，以及应对来自另一市场主体有效挑战的能力。[1]因此，在认定数据驱动型经营者是否具有市场支配地位时应当更加注重市场中的潜在竞争和进入壁垒。相较而言，数据驱动型经营者在相关市场上所占的市场份额，数据驱动型经济的动态竞争和网络效应、平台经营者具有的技术创新能力和数据控制能力以及消费者在市场中的转移成本更能反映出市场中的潜在竞争和进入壁垒，在认定数据驱动型经营者的市场支配地位时，应更加注重行为性因素对平台经营者市场力量的影响。

第二节　数据驱动型企业市场力量的认定要素

由于平台是一种商业模式，本部分所指的平台主要是平台经营者。在数据驱动型经济中，相关市场分析评估的重点是新商业模式、个人信息作

---

〔1〕 George N. Bauer, "Note, Monopoly：Why Internet-Based Monopolies Have an Inherent 'Get-Out-of-Jail-Free-Card'", *Brookiyn Law Review*, Vol. 76, 2013, p. 731.

为无形资产的价值、企业收集大量数据以货币化其提供服务的经营模式以及与其他付费服务提供商之间竞争的情况。[1]对数据驱动型企业市场力量的评估，市场份额依然是重要指标。但除市场份额之外，在分析和评估市场力量的过程中，还可以辅以其他几个因素加以考虑，如网络效应、单栖/多栖性、数据资源和算法能力以及数字市场的创新潜力等。[2]

一、免费策略下的市场份额指标

从世界主要反垄断司法辖区的反垄断法实施来看，确实存在个别案例并不认同免费的平台服务能够产生市场支配地位。例如，美国的"Kinderstart诉Google案"，由互联网搜索引擎供互联网用户免费使用，该案的主审法官认为，免费的网络搜索引擎服务无法构成反垄断法意义上的相关市场，更不用说在相关市场上取得支配地位了。但是，"Kinderstart诉Google案"仅为个案，并不具有代表性。事实上，在欧盟的一些典型案例中，无论是微软收购Skype案，还是谷歌收购摩托罗拉移动（Motorola Mobility）案，欧盟委员会都没有因为即时通信服务或手机操作系统对用户的免费而拒绝评估市场力量。而在美国"Liveuniverse诉Myspace案"[3]中，被告（Myspace）对于将相关产品市场界定为社交网络网站市场不存异议，但是认为提供免费社交网络网站的企业无法获得市场势力。法院在裁判中指出，Myspace上述主张并不具有反垄断法根据，其结论更是缺乏逻辑性。

由于网络平台经营者对消费者用户往往实行免费策略，市场份额的计算有必要评估销售额或营业收入之外的其他指标。尽管根据欧盟竞争法，一个经营者拥有40%的市场份额，就可以被认为具有垄断力量。[4]根据美

---

[1] 韩伟主编：《数字市场竞争政策研究》，法律出版社2017年版，第182页。

[2] Bundeskartellant, The Market Power of Platforms and Networks-Executive Summary, B6-113/15, 2016, p. 9, https://www.bundeskartellamt.de/SharedDocs/Publikation/EN/Berichte/Think-Tank-Bericht-Langfassung.pdf? __ blob=publicationFile&v=2, last visited on December 12, 2022.

[3] Liveuniverse, Inc. v. Myspace, Inc. , 2007 WL 6865852 (C. D. Cal.).

[4] T-219/99, British Airways plc v. Comm'n, 2003 E. C. R. II-5917, pp. 211, 223-225; COMP/38. 233, Wanadoo Interactive, p. 227.

国的法律，公司的市场份额超过 60% 通常被认为具有市场势力。[1]但在数据驱动型经济中，判断市场份额和评价市场势力往往是反垄断法适用的难题。由于收费的平台服务的市场份额能够以销售量（销售量）或营业收入为基础来计算，但是对于免费的平台服务，则有必要引入以消费者用户为基础的其他指标，如浏览器使用量、网站访问量、即时通信注册账户数等。在美国"Liveuniverse 诉 Myspace 案"中，法院指出，可以借助销售量（销售者）或营业收入之外的市场数据来计算市场份额，并认同了原告（Liveuniverse）关于运用网站访问量（Visit）及浏览量（Visitor）来计算社交网络网站市场份额的提议。[2]

因此，数据驱动型企业的市场份额的计算要综合运用多种指标，既要分析能用金额表示的指标，如平台营业额、服务收入等，也要考量无法用金额表示的因素，如订单量、活跃用户量等。正如有的学者认为，评估平台企业的市场力量，市场份额依然是重要的判断依据，但是计算市场份额的指标更加多元。以电商平台为例，可以用于衡量市场份额的指标至少包括平台成交金额（GMV）、用户数（日活/月活/年活）、商家数、订单量、包裹数以及平台服务收入等。平台是一个涵盖收费侧市场和免费侧市场的多边市场，且两侧市场可能因间接网络效应而彼此影响，收费侧市场可以以平台的收入或交易金额为市场份额的主要计算指标，免费侧市场主要以用户数量或用户使用情况参数为计算指标。[3]

二、网络效应对市场力量的影响

如前所述，网络效应又被称为网络外部性或需求方规模经济，根据不同的生成方式，网络效应可以分为直接网络效应和间接网络效应。[4]

---

〔1〕　参见网址：http://www.usdoj.gov/atr/public/speeches/225357.htm，最后访问日期：2023年 12 月 5 日访问。

〔2〕　Liveuniverse, Inc. v. Myspace, Inc., 2007 WL 6865852（C. D. Cal.）。

〔3〕　参见万江：《数字经济与反垄断法：基于理论、实践与国际比较的视角》，法律出版社 2022 年版，第 54 页。

〔4〕　［美］理查德·A. 波斯纳：《反托拉斯法》，孙秋宁译，中国政法大学出版社 2003 年版，第 290-292 页。

（1）直接网络效应，是指用户对产品的消费直接对其他用户产生影响，即由于不同消费者需求具有互相依存关系。某一产品的用户规模的扩大能够直接增加该产品对其他用户的使用价值。如移动电话网、由操作系统用户构成的虚拟网络。社交网络、即时通信、社交媒体等领域的直接网络效应显著，其用户更易于聚集。（2）间接网络效应，是指用户对一种产品的购买或者使用间接对其他用户产生影响，间接网络效应产生的根本原因在于用户对互补产品的需求具有相互依存的关系。由于这种依存关系，互补产品无法单独存在，也无法单独对消费者或者用户产生价值。电子商务平台、搜索引擎平台的间接网络效应较为突出，间接网络效应可以促进范围经济的形成，有利于平台获得更多的竞争优势。很多平台服务同时具有直接网络效应和间接网络效应，以微软公司提供的操作系统服务为例，直接网络效应体现在：随着视窗操作系统用户的增加，该操作系统对用户更加具有吸引力；间接网络效应体现在：用户之所以经常选择微软服务器软件，是因为该软件能够更好地与视窗操作系统兼容。

评估网络效应对市场力量影响的重点是网络效应可能带来的进入壁垒和转换成本。关于网络效应对进入壁垒的影响，在数据驱动型经济领域，对市场进入障碍进行评估要以网络效应为基础，以美国"微软垄断案"为例，哥伦比亚联邦地区法院指出，由于视窗操作系统软件存在较强的网络效应，致使应用软件开发者缺乏为冷门平台（Less Popular Platforms）开发软件的积极性，这一状况表明该市场存在明显的市场进入困难，而应用软件开发者的市场进入障碍无疑又能够说明反竞争效果的存在。[1]在美国"Liveuniverse 诉 Myspace 案"中，关于社交网络网站市场是否具有支配地位，被告 Myspace 认为原告 Liveuniverse 无法证明网络效应造成了相关市场上进入的问题。法院援引了社会观察家的文章，该文主张，尽管存在多家社交网络网站进入这一领域，一些新的市场进入者都发现，在最初具有较少成员时很难吸引用户。法院还以谷歌为耐克（Nike）设计的足球社区网站为例，由于这一足球社区网站并没有形成一定的用户基础，法院认为，

---

〔1〕 United States v. Microsoft, 87 F. Supp. 2d 30, 42 (D. D. C. 2000).

即便像谷歌和耐克这两家具有如此规模和社会影响力的企业尚面临市场进入障碍，更不用说其他的潜在的竞争者了。最终，法院支持了原告关于被告在社交网络网站市场具有市场势力的主张。[1]关于网络效应对转移成本的影响，转换成本不仅包括连接至不同网络所产生的机会成本，而且特别包括当客户切换到另一个供应商时，由于网络影响的减损而产生的机会成本。随着转换成本的提升，客户将不愿切换到另一个供应商，当"在位网络"的用户基础很大时更是如此。只有当新网络所带来的好处显然超过转换成本，转化到新网络才会对用户有吸引力，面对更强大的已有用户基础，新网络能够为用户带来的益处应当更多。[2]转化成本产生的锁定效应进一步强化了处于主导地位的平台企业的市场力量。

三、用户多栖性和平台差异化的影响

（一）用户单栖性和用户多栖性

根据用户在某一个平台注册还是在提供相同服务的多个平台注册，形成了用户单栖性（单归属）和用户多栖性（多归属）。平台用户的单栖性（单归属），与传统经济领域的排他性协议具有类似性，会加剧和促进平台在用户侧的竞争，同时也会提高用户的转换成本，将用户锁定在单一平台上；平台用户多栖性（多归属），是指用户从多个供应商那里获取同一类服务，用户多栖性可以削弱具有一定市场势力的平台对用户的锁定，降低用户对单一平台的依赖程度和特定平台服务领域的市场进入壁垒。一般而言，用户单栖性有助于处于主导地位的平台企业进一步增强其市场力量，而用户多栖性则被认为是一种可能削弱企业市场力量的因素。[3]用户单栖性和多栖性的区分是相对的，其对平台企业市场力量的影响要结合个案进行具体分析。有时从表面上看存在用户多栖性，但是在注意力经济或眼球经济的作用下，用户对不同平台的使用时间或在不同平台的停留时长不

---

〔1〕 张素伦："互联网服务的市场支配地位认定"，载《河北法学》2013 年第 3 期。

〔2〕 韩伟：《迈向智能时代的反垄断法演化》，法律出版社 2019 年版，第 102 页。

〔3〕 David S. Evans and Richard Schmalensee, "The Industrial Organization of Market with Two-Sided Platform", *Competition Policy International*, Vol. 3, No. 1, 2007, pp. 151-179.

同，如果用户在某一平台的使用时间或停留时长显著超越其他注册平台，这种形式上的用户多栖性就变成了事实上的单栖性。

（二）平台差异化

用户多栖性的实现受到多种因素的制约，具体表现为：消费者的使用习惯、偏好，转换成本对用户形成的锁定效应，主导平台的非价格竞争优势等。在非价格维度的竞争方面，由于新进入的企业往往无法像在位企业那样提供高质量的服务，这种情况制约了用户在不同平台经营者之间进行转化的动机。[1]促进用户多栖性的有效途径之一是实现平台的差异化。面对消费者群体的不同偏好，平台确定不同的定位，并实施相异的竞争策略，形成差异化竞争，吸引特定的目标群体。由于用户不同的偏好，所有或几乎所有用户不可能仅使用一个平台，平台的差异化推动了市场上用户多栖性情形的发生。因此，平台差异化程度的提高有助于抑制平台的垄断化趋势，平台的差异化程度越高，用户的多栖性就越强，也就越能降低市场集中度、弱化主导平台的市场力量。

四、创新能力和创新潜力的影响

数据驱动型经济的发展历史表明，资本、设备、自然资源等都不是平台经营者发展的核心因素，创新才是平台经营者维持垄断地位的最核心竞争要素，是经营者发展壮大的关键资源。数据驱动型经济下垄断的形成不是基于限产提价等垄断行为，而是基于技术创新和技术竞争，技术竞争已经成为决定平台经营者兴衰的首要因素。拥有技术竞争优势的企业在没有其他方面不可逾越障碍的情况下，得益于正反馈机制，在市场上往往"胜者全得"；技术劣势、创新乏力的企业往往只能占有很少的市场份额，并且由于其收益很难与巨大的成本支出相抵，很快自己就会退出市场竞争。[2]

数据驱动型经济具有动态创新性特征，市场竞争更多地体现在创新能

---

[1] French Competition Authority and German Federal Cartel Office, *Competition Law and Data*, May, 2016. https://www. autoritedelaconcurrence. fr/sites/default/files/2021-11/big_ data_ papier. pdf, last visited on March 20, 2023.

[2] 王先林主编：《中国反垄断法实施热点问题研究》，法律出版社 2011 年版，第 352-353 页。

力的竞争中。创新可能导致垄断，但也可以破坏垄断，致使既有的商业模式可能瞬间被颠覆。可以说，对数据驱动型企业市场力量的评估在很大程度上取决于对企业创新能力的正确认识。在数据驱动型竞争的双边市场中，用户侧的产品与服务基本上是免费供应，用户更关注产品与服务本身的质量，如用户体验、隐私保护水平等。因此，与传统经济形态相比，数据驱动型经济的竞争已经从价格竞争转向创新能力的竞争。对于领导企业而言，通过不断创新才能维持或强化其市场地位；对于其他竞争者而言，只有通过创新来提高产品质量并吸引用户，也才能进一步瓦解市场垄断。[1]市场力量的检验可以通过评估市场上现有创新竞争和潜在创新竞争的方式进行。现有创新竞争，是指当前的相关市场上既有的竞争者所面临的创新驱动型竞争的压力，这一分析还应考虑来自其他市场上创新竞争；潜在创新竞争，应区分潜在市场力量限制的两种情形，即积极结果方面的潜在竞争发生和负面结果方面的潜在竞争排除。

五、数据资源对市场力量的影响

在数字经济时代，几乎所有的经济行为都可以数字化，每天都会产生和聚集大量的数据，这些数据可能是用户的、商家的甚至第三方的。数据都沉淀在平台上，平台往往能够基于原始数据进行二次加工形成新的衍生数据，并通过算法将这些数据用于市场竞争。因此，评估平台的市场力量，不可能绕过平台的数据资源和算法能力，对于平台或数字企业而言，数字资源和算法能力必然成为衡量其市场力量的重要因素之一。为了分析大数据对数据持有人市场力量的影响，我们大致可以从以下几个方面就大数据的影响力展开分析，即大数据对数据拥有者市场力量的直接影响、大数据对数据拥有者的现行或潜在竞争对手的影响，以及数据拥有者的最终消费者的反应。[2]

（一）大数据对数据拥有者市场力量的直接影响

分析大数据对数据拥有者市场力量的直接影响，就是要考察数据是否

---

〔1〕　袁嘉：《互联网平台竞争的反垄断规制》，中国政法大学出版社 2021 年版，第 105-106 页。
〔2〕　参见韩伟：《迈向智能时代的反垄断法演化》，法律出版社 2019 年版，第 107-113 页。

使平台经营者获得更大的竞争优势，数据是否使平台经营者获得了控制价格等交易条件的能力。

数据日益成为很多数据驱动型企业所提供商品或服务的重要投入品，帮助企业不断改进服务质量、提高经济收益。德国反垄断委员会于2015年发布的报告指出，德国联邦卡特尔局已经开始讨论数据带来的竞争法问题。该报告认为，数据日渐成为企业的竞争性要素，其可以提高线上广告的针对性，并且不断优化线上服务，成为数据驱动型商业模式的一种原料。[1]也有学者指出，很多在线企业采取的商业模式是基于个人信息，并将其作为一种关键要素，这类商业模式往往涉及双边市场，即企业向消费者提供免费的技术、服务以及产品，目的是从消费者那里获得有价值的数据，从而帮助广告商精准定位潜在的客户群。[2]

平台经济领域的数据驱动特征更加明显，再加上多边市场和网络效应的影响，数据对经营者市场力量的促进作用日益突出。2016年法国与德国联合发布的《竞争法与数据》报告指出，平台企业获取数据的体量、数据加工的技术等方面的不同，导致不同平台企业基于数据的市场力量上存在差异，小型企业被边缘化情况可能会不断地强化。大型平台企业能够获取海量数据，利用这些数据改进其服务的质量，从而吸引更多用户使用其服务并获得更多的数据，形成了滚雪球效应；相反，小型企业吸引的用户较少，相应地只能获得少量的数据。随着市场份额差距的增加，数据收集方面的差距也可能随之增加，这将导致不同企业之间向客户提供的服务质量的差距的加剧。[3]在数据驱动型商业模式下，数据成为平台企业的竞争之基，企业都希望获得数据竞争优势。首先，通过算法不断试错、反馈和优

〔1〕 B. Guérin, Anna Wolf-Posch, "Special Report of the German Monopolies Commission: Can Competition Law Address Challenges Raised by Digital Markets?", *Journal of European Competition Law & Practice*, Vol. 7, 2016, pp. 30-45.

〔2〕 Allen P. Grunes and F. Stuke, "No Mistake About It: The Important Role of Antitrust in the Era of Big Data", *The Antitrust Source*, Vol. 14, No. 4, 2015.

〔3〕 French Competition Authority and German Federal Cartel Office, *Competition Law and Data*, May, 2016. https://www. autoritedelaconcurrence. fr/sites/default/files/2021-11/big_ data_ papier. pdf, last visited on March 20, 2023.

化，平台经营者不断提高产品质量，优化用户体验，进而吸引更多的用户，获取更大规模的用户数据。其次，通过提供多样化服务，平台经营者能够收集、分析多种类型的用户数据，从而更好地洞察用户的购物习惯和消费偏好。最后，平台经营者通过提供定位广告而获得更多的广告费，利用广告费来补贴免费边的用户，从而吸引更多用户使用其服务和更多的广告主购买广告空间。在数据驱动型经济中，在线平台在收集、处理和编辑海量数据的基础上，有能力创造和塑造新的市场、挑战传统市场并开拓新的业务模式。[1]

（二）大数据对现实竞争者的影响

在分析数据对数据拥有者市场力量的影响时，如果数据拥有者获取的数据能够轻易地被竞争对手获取，同样可以与数据拥有者进行有效竞争，数据在强化企业市场力量的作用就比较有限。但是，竞争者获取数据面临较高的成本、"在位"企业的保护以及从第三方获取数据的障碍。第一，竞争者获取数据的成本。为了收集数据，竞争者无论是建立大型数据中心还是提供能够获得数据的服务，都需要大量的前期投资。[2]第二，数据拥有者对数据的保护。企业会基于法定要求或商业目的实施一些措施，对其获取的数据进行保护，这些措施在一定程度上会降低数据的可获得性。有学者认为，在线平台供应商，为了保护其数据的独享，可能基于商业秘密保护去阻止其他企业获得其保密性的用户信息，或者通过知识产权来保护这些信息。尽管拥有知识产权并不等于在特定市场中拥有市场支配地位，但特定企业基于知识产权法去保护其数据，可以帮助该企业利用知识产权去排斥特定数据被竞争对手获取，使竞争对手处于不利地位，或阻止新的市场进入。[3]第三，从第三方获取数据的可行性。大数据拥有者的竞争对

---

〔1〕　European Commission, *Online Platform and the EU Digital Single Market*, 2016, http://www. innovation4. cn/library/r4350, last visited on July 12, 2022.

〔2〕　French Competition Authority and German Federal Cartel Office. *Competition Law and Data*, May, 2016. https://www. autoritedelaconcurrence. fr/sites/default/files/2021-11/big_ data_ papier. pdf, last visited on March 20, 2023.

〔3〕　Inge Graef, "Market Definition and Market Power in Data: The Case of Online Platform", *World Competition Law and Economics Review*, Vol. 38, No. 4, 2015, pp. 473-505.

手从第三方数据中间商获取数据也面临一些问题，如通过数据中间商收集的数据规模与种类更为有限，数据的分享还受到个人数据保护规则的制约，而且数据收集公司与竞争对手分享数据的动机不足。[1]

（三）大数据为潜在竞争者制造了进入壁垒

关于数据是否构成市场进入壁垒还存在一定争论。有观点认为，网络行业不断有竞争者出现，说明市场进入门槛并不高，且消费者转向其他供应商的转换成本很低。[2]某项要素构成市场进入壁垒，需要该要素是独特的、稀有的、有价值的和不可替代的，而大数据是可以普遍获得的，尤其是互联网时代，消费者需求、偏好信息的踪迹随处可寻，大数据本身机构的松散性、内容的过时性以及企业对大数据分析能力的不足，限制了大数据作用的发挥。[3]数据驱动型在线产业的市场进入障碍，并不必然很低。各行各业的市场进入障碍是不同的，但是对于市场进入障碍低的行业，大数据带来的规模效应会提高市场进入的门槛。[4]在大数据催生的新型商业模式下，企业往往会采取数据驱动型战略来获取并维持竞争优势，并且既然收集的数据是通过提供免费服务来获得的，那么企业更有动机限制竞争对手获得、分享这些数据，比如限制数据的可迁移性以及平台之间的互操作性。尽管一家"在位"企业不能阻止潜在竞争对手或者新的市场进入者获得类似的客观信息，比如用户的年龄、性别、职业以及所处地域等，但与那些领先的搜索引擎、社交网络或电子商务平台提供者进行有效竞争所需要的特定数据，可能就不会那么容易获得。[5]

---

〔1〕 French Competition Authority and German Federal Cartel Office. *Competition Law and Data*, May, 2016. https://www. autoritedelaconcurrence. fr/sites/default/files/2021–11/big_ data_ papier. pdf, last visited on March 20, 2023.

〔2〕 Geoffrey A. Manne and R. Ben Sperry, "The Problems and Perils of Bootstrapping Privacy and Data into an Antitrust Framework", *CPI Antitrust Chronicle*, May 2015.

〔3〕 Anjia Lambrencht and Catherine E. Tucker, "Can Big Data Protect a Firm from Competition?", *Massachusetts of Technology（MIT）–Management Science（MS）*, December 18, 2015.

〔4〕 Maurice E. Stucke and Allen P. Grunes, "Debunking the Myths Over Big Data and Antitrust", *CPI Antitrust Chronicle*, May 2015.

〔5〕 Inge Graef, "Market Definition and Market Power in Data: The Case of Online Platform", *World Competition: Law and Economics Review*, Vol. 38, No. 4, 2015, pp. 473–505.

（四）数据通过网络效应锁定用户

对于采用数据驱动型商业模式的企业而言，通过分析客户及最终消费者面临企业基于其拥有的大数据所提供的产品或服务时的反应，也可以间接观察大数据对这类企业市场力量的影响。如果大数据拥有者的客户及最终消费者可以较为便利地转换供应商，这在一定程度上说明企业的市场力量有限。客户及最终消费者转向其他供应商的难度或转换成本的高低，对于判断数据拥有者的市场力量，以及大数据对企业市场力量的影响力度，具有一定的参考价值。

目前各国出现的数据驱动型商业模式主要发生在互联网行业，该行业显著的网络效应会增加用户的转换成本进而锁定用户。对于这一论点，也有学者以个案为例提出如下质疑：虽然在社交网络平台上网络效应十分显著，但是因为转换很容易，所以曾经的巨头 MySpace 才会被脸书取代。对于广告商和用户而言，它们并未被锁定在主流的大型平台上，首先，从成本控制角度看，广告商在主流平台上发布广告时，更多的点击率会带来更高的广告成本，为了控制成本广告商可能会在多家小型平台上发布广告。其次，大型平台上的广告泛滥，无疑会影响到用户体验，部分用户就可能放弃使用该平台的搜索引擎，所以，网络效应有时被过分夸大了。[1]而且，反垄断执法机构和法院在分析最终消费者对数据拥有者提供的产品或服务的反应时，还会关注用户多归属问题，用户多归属被认为是一种可能削弱经营者市场力量的因素，但在网络效应作用下形成的转移成本通常会阻碍多归属的实现。在数据驱动型经济下，面对平台经营者普遍提供的免费服务，消费者更加注重服务质量，质量成为不同平台经营者之间开展竞争的一个重要维度，然而，在网络效应和经验效应为特征的市场上，新的市场进入者可能无法像具有市场优势的在先企业那样提供高质量的服务，最终难以克服用户单归属所带来的排他性效果。

---

〔1〕 See D. Daniel Sokol and Roisin E. Comerford, "Does Antitrust Have A Role to Play in Regulating Big Data?", *Cambridge Handbook of Antitrust*, *Intellectual Property and High Tech*, Cambridge University Press, 2016.

第三节　数据驱动型企业市场力量的类型化分析

反垄断规制的基本范式为"界定相关市场—评估市场力量—分析竞争效果"，除适用本身违法原则的垄断协议外，对垄断行为的认定都涉及市场力量的评估。从我国《反垄断法》第二十二条第三款对市场支配地位的定义来看，对市场支配地位或者未达到支配地位的市场力量进行评估，主要考虑经营者对价格、数量的交易条件的控制以及对市场进入的影响。一般而言，评估市场势力的关键要素为：市场份额，价格水平和利润率。但是在数据驱动型经济中，这两个指标对市场力量评估的作用大大降低。首先，在市场份额方面，在动态市场中仅基于市场份额来判断某一企业是否拥有强大的市场力量是不恰当的。在高动态和创新的市场，高份额并不一定代表企业拥有较大市场力量，也不能假定市场份额会一直维持在高位。在数据驱动型经济中，技术变化会以非常快的速度让其他企业夺去拥有市场支配地位企业的市场份额。此外，如果市场价格为零（或者竞争围绕质量展开），市场份额的计算也是一个难题。值得注意的是，尽管仅仅依据高市场份额来推定市场力量是不恰当的，但市场份额可以作为一个参考指标来使用。如果企业低于特定的营业额和供应额阈值，反垄断执法部门通常没有必要再进一步调查；如果企业被认定拥有市场支配地位，则反垄断规制应建立在反竞争效果的评估上。其次，在价格和利润率方面，在动态市场中以及以内生性沉没成本为特征的市场中，高于竞争性水平的价格和高利润率对于判断市场支配地位的参考价值也很有限。在动态和高创新的市场中，企业往往在其处于（暂时性）"市场赢家"状态时获得高利润以填补沉没成本。在利用市场份额或者利润率来界定市场或评估市场势力时，执法机构往往非常依赖"结构—行为—绩效"范式。但是执法机构应当意识到仅通过市场集中度和利润率来分析市场力量的做法是有问题的。[1]因此，在数据驱动型经济中，市场力量认定的指标不同于传

---

〔1〕　参见韩伟主编：《数字市场竞争政策研究》，法律出版社 2017 年版，第 101-102 页。

统经济，不同业态的市场力量认定的指标也有所不同（见表3-1）。

表3-1　市场力量需要考虑的主要因素

相关市场	认定市场力量的主要因素	评估指标
在线搜索服务市场	市场份额	页面访问量、网站访问量或搜索请求量
	市场壁垒	数据和算法的积累
在线广告服务市场	市场份额	广告费收入
	市场壁垒	海量用户数据
	其他经营者对其依赖程度	/
即时通信服务市场	市场份额	用户的有效使用时间、使用频度、活跃用户数
	控制交易条件的能力	用户付费意愿
	进入相关市场的难易程度	短期内能否建立起足以支撑其发展的市场份额
社交网络服务市场	市场份额	日活用户数、月活用户数和注册用户数
	网络效应	直接网络效应和间接网络效应
	对用户锁定效应	用户转换成本
	数据资源	用户量、留存率等
网络零售服务市场	市场份额	平台服务收入和平台商品交易额（GMV）
	网络效应和锁定效应	跨年度留存率
	在关联市场的优势	物流、支付、云计算等领域
网络餐饮外卖市场	市场份额	平台用户数、合作餐厅数、服务收入、订单量、交易额
	网络效应和锁定效应	平台拥有庞大日活数、较高市场认可度
	数据和算法能力	数据迁移难度

一、在线搜索的市场力量评估

在线搜索的市场力量评估，除要分析更加多元化的市场份额指标外，还要考虑由于数据积累和算法技术改进所带来的进入壁垒等因素。本部分以欧盟"谷歌比较购物案"[1]为例，说明在线搜索的市场力量评估需要考量的因素。在欧盟"谷歌比较购物案"中，欧盟委员会将相关市场界定为通用搜索服务市场（the market for general search services）和比较购物服务市场（the market for comparison shopping services），通用搜索服务和比较购物服务的相关地域市场为国家市场（national in scope），并从六个方面分析了通用搜索引擎服务的市场力量。

（一）市场份额

欧盟委员会认为，在欧洲经济区有几种计算市场份额的方法，所有的方法都表明，自 2008 年以来，谷歌在欧洲经济区除捷克以外的所有相关通用搜索市场都占有很高的市场份额。欧盟委员会的结论是，自 2008 年以来，谷歌在欧洲经济区享有强大而稳定的市场份额，并且在此期间欧洲经济区国家没有任何有效的市场进入，这很好地说明了谷歌在国家范围的通用搜索服务市场的竞争实力。

（二）进入和扩张的障碍

欧盟委员会认为，国家范围内的通用搜索服务市场存在明显的进入和扩大的障碍，具体表现在以下几点：第一，建立一个成熟的通用搜索引擎需要大量的时间和资源方面的投资。第二，由于通用搜索服务使用搜索数据来优化其通用搜索结果页面的相关性，因此它需要接收一定数量的搜索请求才能在竞争中保持竞争力。通用搜索服务接收的搜索请求数量越多，它就能越快地检测到用户行为模式的变化，并进一步更新和改进其相关性。第三，通用搜索服务不断投资以改进其产品，新进入者别无选择，只能尝试匹配这些投资。第四，双边平台两侧的通用搜索服务和在线搜索广

---

[1] AT. 39740-Google Search（Shopping）.

告之间形成了正反馈效应，这导致了更大的进入壁垒。当然，还有一些其他因素，也能够证明进入和扩张障碍的存在。

（三）很少发生的用户多归属的和品牌效应的存在

用户多归属是削弱经营者市场力量的重要因素，但是在欧盟"谷歌比较购物案"中，用户多归属较为罕见。欧盟委员会认为，尽管用户具有在不同的通用搜索服务之间切换的技术能力，但在欧洲经济区使用谷歌通用搜索服务作为其主要通用搜索服务的用户中，只有少数用户使用其他通用搜索服务。由于谷歌品牌的实力，用户信任谷歌提供的搜索结果的相关性，谷歌内部文件和第三方研究也表明，即使谷歌降低了其通用搜索服务的质量，也有相当数量的用户不太可能实现多归属。

（四）缺乏买方力量的抗衡

欧盟委员会认为，用户无法对谷歌施加任何有意义的买方抗衡力量，因为在国家范围内的通用搜索服务市场上，每个用户只代表了总搜索请求量的一小部分。

（五）通用搜索服务的免费提供

欧盟委员会的结论是，谷歌声称自己免费提供通用搜索服务，但这并不能排除垄断的存在。首先，谷歌说法具有误导性，虽然用户不为使用通用搜索服务支付金钱，但他们通过每个搜索请求提供数据，为通用搜索服务的货币化做出了贡献。其次，通用搜索服务的免费性质只是评估市场力量的一个相关因素，其他至少同等重要的相关因素还包括市场份额、进入和扩张壁垒、很少发生多归属和品牌效应等。

（六）静态设备和移动设备

欧盟委员会认为，即使静态设备（static devices）上的通用搜索服务与移动设备（mobile devices）上的通用搜索服务分别构成了不同的相关市场，关于谷歌具有支配地位的结论也会成立。

二、在线广告的市场力量评估

在线广告的市场力量多产生于以搜索引擎服务平台或社交网络服务平

台为中心的双边市场上。其中，搜索引擎服务平台的双边市场为在线广告市场和通用搜索服务市场，社交网络服务平台的双边市场为在线广告市场和个人社交网络服务市场。在线广告的市场力量通常是平台企业在通用搜索市场或个人社交网络服务市场上的市场力量传导至在线广告市场的结果。本部分以欧盟"Google/DoubleClick 案"[1]为例分析在线广告市场力量的评估指标。在该案中，欧盟委员会将在线广告市场界定为不同于离线广告市场的一个独立的相关产品市场；在线广告的相关地域市场应在欧洲经济区内按国家或语言边界进行划分。欧盟委员会主要从以下方面分析了谷歌和 DoubleClick 在相关市场的地位。欧盟委员会在第二阶段调查后认为，该集中不太可能严重阻碍共同市场或其实质性部分的有效竞争，因此应宣布该集中与共同市场相容。

（一）在线广告（搜索广告和非搜索广告）的市场份额

在市场调查过程中，欧盟委员会根据第三方机构提交的欧洲经济区在线广告 80 亿欧元的市场规模，计算了谷歌的市场份额。从这些市场份额计算中可以明显看出，谷歌不仅在整个欧洲经济区搜索广告市场占据领先地位，而且在整个中介市场（intermediation market）、中介市场的两个可能的细分市场（搜索和非搜索）也处于领先地位。

（二）谷歌的主要竞争者

在搜索广告方面，谷歌在搜索广告领域的主要竞争对手是雅虎和微软，它们在全球的市场份额高达 15%，其中雅虎在欧洲经济区的市场份额至少为 5%，微软在全球和欧洲经济区的市场份额大约为 5%。在非搜索广告方面，在某种程度上，非搜索广告的直接销售也对非搜索广告的中介销售产生了竞争约束。

（三）行业的动态和快速发展

DoubleClick 及其竞争对手形成了一个广告服务行业，这一行业的新进入者和快速增长情况表明，广告服务行业具有动态和快速发展的特点。

---

〔1〕 COMP/M. 4731-Google/DoubleClick.

（四）转换成本

虽然存在许多广告服务的竞争对手，但在不同广告服务供应商之间切换需要一定成本。切换平台涉及三个主要步骤，即人员培训、部署（包括重新标记）和部署后的过渡。在时间和成本方面，市场参与者对转换过程的看法差异很大。有些人认为转换是一种简单的过程；另一些人则提出，对广告主和广告商来说，转换可能意味着一笔不小的成本，如重新标记网页、将过去的数据从旧系统转移到新系统、培训人员。欧盟委员会的市场调查证实，广告主和广告商在不同广告服务供应商之间切换存在一些相关的转换成本。

三、即时通信服务的市场力量评估

即时通信服务与社交网络服务之间的区分是相对，时至今日，即时通信服务已经实现社交网络化，两者之间的界限越来越模糊。尽管如此，具有里程碑意义的"奇虎公司诉腾讯公司垄断案"[1]对市场力量的评估仍具有明显的指引价值。在该案中，二审法院将相关市场界定为中国境内的即时通信产品及服务市场，并依据《反垄断法》规定对腾讯公司的市场力量进行评估。

第一，在相关市场的市场份额及其影响。市场份额只是认定市场支配地位的指标之一，不能仅依据高市场份额就得出市场支配地位存在的结论，尤其是在具有突出动态竞争特点的领域。第二，中国大陆地区即时通信领域的竞争状况。即时通信行业正处于蓬勃发展时期，竞争者数量较多，创新较为活跃，竞争比较充分。第三，控制商品价格、数量或者其他交易条件的能力。腾讯公司免费向用户提供基础即时通信服务，用户缺乏付费意愿，腾讯公司对即时通信服务价格或者交易条件的控制能力较弱。第四，财力和技术条件。腾讯公司的财力和技术条件仅对其市场支配地位的认定产生有限的影响。第五，其他经营者对腾讯公司在交易上的依赖程度。由于 QQ 软件并非用户使用即时通信服务的唯一选择，网络效应和用

---

〔1〕　最高人民法院民事判决书（2013）民三终字第 4 号。

户黏性并未强化用户对 QQ 软件的依赖程度。第六，其他经营者进入相关市场的难易程度。在高度动态竞争的网络行业，应增加市场进入壁垒在认定市场支配地位中权重，只要潜在竞争者进入市场较为容易并能获得维持自身生存的用户量，就能对市场在位者有效竞争约束。同时，也有证据表明，每年都有大量的经营者进入即时通信服务市场，并在较短的时间内获得足以维持其发展的市场份额。

四、社交网络的市场力量评估

社交网络的市场力量评估以美国"联邦贸易委员会诉 Facebook 案"为例。2020 年 12 月 9 日，美国联邦贸易委员会和 48 个州及地区总检察长对脸书发起反垄断诉讼；2021 年 6 月 28 日，美国哥伦比亚特区地方法院以证据不充分为由裁定驳回诉讼，但允许美国联邦贸易委员会补充材料后再次提交诉状；2021 年 8 月 19 日，美国联邦贸易委员会向法院提交了修改后的诉状，针对脸书的市场力量认定提供了更加具体的证据和论证。[1] 在该案中，美国联邦贸易委员会将相关市场界定为美国个人社交网络服务（Personal Social Networking Services）市场，并从以下几个方面对脸书的市场力量进行分析。

（一）脸书占支配地位的市场份额

脸书通过其 Facebook Blue 和 Instagram 服务向用户提供个人社交网络，至少从 2011 年开始，脸书就一直是此类服务的具有支配地位的提供商。

Facebook Blue 和 Instagram 是美国最大的两种个人社交网络服务。至少自 2011 年以来，Facebook Blue 一直是美国最大的个人社交网络服务。根据商业数据来源 Comscore 的数据分析，2020 年每个月，美国都有超过 2 亿人访问 Facebook Blue，美国用户在 Facebook Blue 上的总花费为 10 亿美元，平均每天使用时长超过 40 亿分钟。此外，到 2020 年，平均每个月有超过 80% 的美国互联网用户使用脸书。

---

〔1〕 FTC v. Facebook，Inc.，http://www.ftc.gov/system/files/documents/cases/2021-09-08_redacted_substitute_amended_complaint_ecf_no._82.pdf，pp.60-72.

自 2012 年收购 Instagram 以来，脸书也一直控制着 Instagram。根据 Comscore 的数据分析，2020 年美国每月有超过 1.38 亿人使用 Instagram，美国用户平均每天在该服务上花费超过 15 亿分钟。此外，到 2020 年，平均每个月约有 54% 的美国互联网用户使用 Instagram。

因此，从 2011 年开始，脸书就一直在美国个人社交网络服务市场占据主导地位，这是通过使用时间、日活跃用户（DAUs）和月活跃用户（MAUs）等多种指标来衡量的。无论是单独的还是整体的，这些指标都有力地证明了脸书至少自 2011 年以来在个人社交网络服务领域的持久垄断力量。衡量个人社交网络服务的活跃用户基础和使用该服务的用户数量是衡量个人社交网络服务的市场份额和市场力量的合适方法。

脸书占支配地位的市场份额导致了美国个人社交网络服务市场的显著进入壁垒。许多公司——甚至包括知名的、成熟的、资金充足的公司——也曾试图成功进入美国个人社交网络服务市场，但都以失败告终，这凸显了美国个人社交网络服务市场的巨大进入障碍。例如，2011 年 6 月，谷歌推出了个人社交网络服务 Google+。Google+进入美国个人社交网络市场最初引起了脸书的强烈反应，让人们看到了非垄断相关市场的潜在好处。脸书的高管们急于对 Google+作出反应，动员各方努力提高 Facebook Blue 的用户满意度，包括推出让用户更好地控制自己个人信息的功能。

然而，尽管脸书一开始就很担心，但 Google+在推出后并没有获得显著的关注。由于 Google+与脸书没有明显的区别，再加上脸书用户的转换成本很高，脸书最初对 Google+的关注和反应在 Google+推出后的几个月内就消失了。Google+在继续运营几年后，最终于 2019 年被谷歌关闭。

（二）包括历史事件和市场现实在内的直接证据

包括历史事件和市场现实在内的直接证据证实，脸书在美国提供个人社交网络服务方面拥有显著的市场力量。首先，历史事件表明，即使脸书的行为引起了严重的用户不满，脸书也不会因为竞争对手而失去大量用户或用户黏性。这是市场力量的一个指标。其次，尽管引起了大量的客户不满，脸书却在很长一段时间内获得了巨大的利润，这既表明它拥有垄断力量，也表明脸书的竞争对手无法克服进入壁垒和挑战它的支配地位。自2011 年以来，脸书一直保持着较高的利润和市值。例如，在 2020 年，脸书是世界上市值第六大的上市公司，在全球范围内创造了 290 亿美元的利润，约 850 亿美元的收入。

（三）脸书的支配地位受到进入壁垒的保护

脸书的支配地位受到进入壁垒的保护。脸书在美国个人社交网络市场的支配地位是持久的，因为它存在巨大的进入壁垒，包括直接的网络效应和高昂的转换成本。直接网络效应指的是用户对用户的效应，即随着越来越多的用户加入该服务，个人社交网络变得更有价值。直接的网络效应是进入个人社交网络的重要障碍。具体来说，因为个人社交网络的核心目的是连接和维护个人关系，所以新进入者很难取代用户的朋友和家人已经参与其中的既定个人社交网络。

除了面对这些网络效应，个人社交网络服务的潜在进入者还必须克服用户所面临的高昂转换成本。随着时间的推移，脸书和其他个人社交网络的用户建立了更多的联系，并形成了帖子和分享经历的历史记录，他们无法轻易地将这些信息转移到另一个个人社交网络提供商。此外，这些转换成本可能会随着时间的推移而增加，即"棘轮效应"（Ratchet Effect），因为每个用户的内容和连接的集合以及构建这些集合进行的投资，都会随着服务的使用而不断增加。

五、网络零售平台的市场力量评估

网络零售平台服务与网络餐饮外卖平台服务都属于广义的电子商务范畴，但两者也有所不同。网络零售平台服务垄断的典型案例为我国的"阿里巴巴垄断案"[1]。在该案中，国家市场监督管理总局将相关市场界定为中国境内网络零售平台服务市场，并从七个方面评估当事人的市场力量。

（一）市场份额

2015—2019 年，无论是从平台服务收入情况看，还是从平台商品交易

---

[1] 国家市场监督管理总局国市监处〔2021〕28 号。

额看，当事人的市场份额超过 50%。其实，在计算市场份额的多元化指标中，除平台服务收入和平台商品交易额外，还包括活跃用户数、入驻商家数、成交订单量等指标。

（二）相关市场的竞争状况

根据平台服务收入市场份额，2015—2019 年，中国境内网络零售平台服务市场的 HHI 指数（赫芬达尔—赫希曼指数）和 CR4 指数（市场集中度指数）均显示相关市场高度集中，竞争者数量较少。在 2015—2019 年期间，当事人市场份额较为稳定，长期保持较强竞争优势，其他竞争性平台对当事人的竞争约束有限。

（三）市场控制能力

国家市场监督管理总局认为，当事人具有很强的市场控制能力。具体表现在：首先，当事人具有控制服务价格的能力。其次，当事人具有控制平台内经营者获得流量的能力。当事人通过制定平台规则、设定算法等方式，决定平台内经营者和商品的搜索排名及其平台展示位置，从而控制平台内经营者可获得的流量，对其经营具有决定性影响。此外，当事人还具有控制平台内经营者销售渠道的能力。

（四）财力和技术条件

国家市场监督管理总局认为，当事人具有雄厚的财力和先进的技术条件。当事人除具有雄厚的财力外，还具有先进的技术条件。在技术条件方面，当事人凭借进入网络零售平台服务市场的先发优势，拥有海量的交易、物流、支付等数据；当事人具有先进的算法，能够通过数据处理技术实现个性化搜索排序策略；当事人是中国境内最大的公有云服务提供商，具有强大的算力；当事人还具有先进的人工智能技术，并建立了可靠的安全系统。

（五）其他经营者在交易上对当事人的依赖程度

国家市场监督管理总局认为，其他经营者在交易上高度依赖当事人。一是当事人平台对平台内经营者具有很强的网络效应和锁定效应，平台内经营者难以放弃当事人平台上的庞大消费者群体和巨大流量。二是当事人平台是品牌形象展示的重要渠道。三是平台内经营者从当事人平台转换到其他平台的成本很高。众多固定用户和高价值的数据是重要资源和无形资产，难以迁移到其他竞争性平台，平台内经营者转换至其他竞争性平台面临较高成本。

（六）相关市场进入难度

进入网络零售平台服务市场不仅需要投入大量资金建设平台，建立物流体系、支付系统、数据系统等设施，还需要在品牌信用、营销推广等方面持续投入，进入相关市场成本较高。同时，网络零售平台须在平台一边获得足够多的用户，才能实现有效的市场进入，目前相关市场的潜在进入者达到临界规模的难度不断增大。

（七）其他因素

当事人在关联市场具有显著优势。当事人在物流、支付、云计算等领域进行了生态化布局，为当事人网络零售平台服务提供了强大的物流服务支撑、支付保障和数据处理能力，进一步巩固和增强了当事人的市场力量。

六、网络餐饮外卖平台的市场力量评估

"美团垄断案"[1]和"食派士垄断案"[2]都是发生在网络餐饮外卖平台服务市场上的案件，两个案件中相关市场认定和市场力量认定具有共同之处，但也存在一定差异。例如在相关市场界定方面，在"美团垄断案"中反垄断执法机构将相关地域市场界定为中国境内，而在"食派士垄断案"中反垄断执法机构将相关地域市场界定为上海市。在市场力量评估方面，在"美团垄断案"中反垄断执法机构运用平台服务收入、平台订单量作为计算市场份额的指标，而在"食派士垄断案"中反垄断执法机构计算市场份额的指标则表现为平台用户数、日订单量、合作餐厅商户数量和销

---

[1] 国家市场监督管理总局国市监处罚〔2021〕74号。
[2] 上海市市场监督管理局沪市监反垄处〔2020〕06201901001号。

售额等。本部分以"美团垄断案"为例，梳理网络餐饮外卖服务平台的市场力量评估

（一）市场份额

国家市场监督管理总局选择平台服务收入和平台餐饮外卖订单量作为计算市场份额的指标。2018—2020 年，当事人的网络餐饮外卖平台服务收入和外卖订单量在相关市场上均超过 50%，因此可以推定当事人具有市场支配地位。

（二）相关市场的竞争状况

根据平台服务收入市场份额，2018—2020 年，中国境内网络餐饮外卖平台服务市场的 HHI 指数（赫芬达尔—赫希曼指数）和 CR2 指数（市场集中度指数）均显示相关市场高度集中。2018 年以来，当事人市场份额较为稳定，长期保持较强竞争优势。

（三）市场控制能力

从事人具有控制服务价格的能力、当事人具有控制平台内经营者获得流量的能力和当事人具有控制平台内经营者销售渠道的能力来看，当事人具有较强的市场控制能力。尤其是在控制平台内经营者获得流量的能力上，当事人通过制定平台规则、设定算法、人工干预等方式，可以决定平台内经营者及其餐饮外卖商品的搜索排名及平台展示位置，从而控制平台内经营者可获得的流量，对其经营具有决定性影响。

（四）财力和技术条件

当事人具有较强的财力和先进的技术条件。一是当事人具有较强的财力，可以实现在相关市场及关联市场的业务扩张。二是当事人具有先进的技术条件。当事人拥有海量的交易、支付、用户评价等数据，基于数据建立了较为高效的配送安排和调度系统，并通过为用户精准"画像"来提供个性化、针对性服务。上述财力和技术条件巩固和增强了当事人的市场力量。

（五）其他经营者在交易上对当事人的依赖程度

由于当事人网络餐饮外卖平台对平台内经营者具有很强的网络效应和

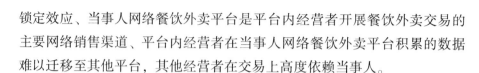

锁定效应、当事人网络餐饮外卖平台是平台内经营者开展餐饮外卖交易的主要网络销售渠道、平台内经营者在当事人网络餐饮外卖平台积累的数据难以迁移至其他平台，其他经营者在交易上高度依赖当事人。

（六）相关市场进入难度

网络餐饮外卖平台服务市场进入成本高；新进入者达到临界规模难度大。目前，中国境内网络餐饮外卖平台获客成本逐年升高，潜在竞争者进入相关市场的难度逐年增加。

（七）其他因素

当事人关联市场布局巩固和增强了市场力量。当事人在到店餐饮消费、生活服务、酒店旅游、出行等多个领域和餐饮外卖上下游进行生态化布局，为网络餐饮外卖平台带来更多交易机会，加深了平台内经营者对当事人的依赖，进一步巩固和增强了当事人的市场力量。

第四章
数据驱动型垄断协议

不同国家和地区对垄断协议有不同的称谓，例如，欧盟和德国称其为"限制竞争协议"，法国称其为"非法联合行为"，日本称其为"不当交易限制"，等等。从我国《反垄断法》第十六条的规定看，垄断协议是指经营者排除、限制竞争的协议、决定或者其他协同行为。可见，垄断协议中的"协议"一词是从广义上来理解的，除了一般意义上的"协议"，还包括"协议"以外的其他行为（决定或者其他协同行为）。[1]数据驱动型垄断协议也被称为数字垄断协议，是借由数据和算法实施的垄断协议或者为维持数据优势的垄断协议，前者如算法共谋，后者如平台最惠待遇条款。数据和算法在改变传统商业模式的同时，也为企业间垄断协议的达成提供了新的手段，进而为传统的反垄断规则带来挑战。[2]

第一节　数据驱动型垄断协议的一般原理

一、数据驱动型垄断协议的特殊性

在数据驱动型竞争中，经营者越来越多地利用数据和算法来达成和实

---

〔1〕《反垄断法》第十六条规定："本法所称垄断协议，是指排除、限制竞争的协议、决定或者其他协同行为。"

〔2〕 孙晋、蓝澜："数字垄断协议的反垄断法甄别及其规制"，载《科技与法律（中英文）》2023年第1期。

施垄断协议，或者凭借新型垄断协议来维持、强化自己的数据竞争优势。数据、算法、技术等因素的引入，使得数据驱动型垄断协议呈现出新的特点，为垄断协议的反垄断监管带来了新的挑战。

（一）数据驱动型垄断协议更加隐蔽化

垄断协议要求当事人之间有某种形式的共谋，具体表现为协议、决定或者其他协同一致行为。其中，协议或者决定可以是书面、口头等形式；其他协同行为，是指经营者之间虽未明确订立协议或作出决定，但实质上存在协调一致的行为。垄断协议的认定必须有协议各方的意思联络，[1]即经营者之间的合谋。合谋在反垄断法上可以分为明示合谋和模式合谋，前者是指经营者之间通过协议、决定或者其他明确的意思联络所达成的协同行为；后者是指经营者之间在没有明确沟通的情况下所达成的协同行为。在数据驱动型经济中，由于数据和算法的作用使得市场透明度增加，垄断协议中的合谋以默示合谋为主要形式，垄断协议呈现出更加隐蔽化的特征。

在数据驱动型经济中，海量数据的积累和信息交流技术的发展大大促进了市场透明度的提升。市场透明度的增加无疑将促进市场竞争和整个行业发展，但一定程度上也增加了默示合谋的发生风险。一方面，由于数据收集成本的降低，经营者可以通过大数据手段对竞争对手实施实时监测，而经营者的任何定价等方面的策略变动都会及时、准确地被市场上其他竞争者观测到；另一方面，在数据和算法的双重作用下，经营者可以对其他竞争者的降价行为快速作出反应，并可以在短时间采取适应竞争（Meeting Competition）的策略，即为了匹配竞争对手的报价而同样采取降价措施。[2]更加透明的市场信息使得经营者之间的共谋不再需要明确的意思联络或形成任何书面协议、决定，经营者依据现有的数据以及自身的算法技术就能进行更为隐秘的协商，无须交流即可达成合意并作出一致性的商业反应，

〔1〕 叶卫平：“价格垄断协议的认定及其疑难问题”，载《价格理论与实践》2011年第4期。

〔2〕 参见周围：“价格差别待遇的抗辩事由探析：以‘适应竞争’抗辩为中心”，载《法律适用》2013年第4期。

进而实现默示合谋的效果。[1]

（二）数据驱动型垄断协议更加智能化

随着以互联网、大数据和人工智能为代表的数字技术的蓬勃发展，垄断协议的表现形式也发生了变化，除了传统的垄断协议外，还产生了通过数据、算法等方式实施的协调一致的行为。[2]

首先，算法合谋是利用算法实施的新型垄断协议，使垄断协议更加智能化。数据的核心技术之一是算法，公司通过各种算法进行数据的收集、整理和分析，并通过这些数据分析消费者偏好和竞争对手的策略，从而研发新产品、设计新流程和开展新业务。[3]而市场中的竞争者们为了维持市场稳定并增强市场透明度，也非常愿意开发、设计或者直接引入算法。[4]但是算法的应用也为达成和实施垄断协议创造了条件。在通过算法达成的垄断协议中，一种情形是算法仅仅作为达成垄断协议的工具，这种垄断协议以"信使"类合谋为典型形式，在这种和某种算法更多只是充当了信使（Messenger）的角色。[5]也就是说，算法尽管直接参与垄断协议的达成和实施，但事实上，它在该案中更多只是被当作一种工具来使用，该垄断协议仍是幕后设计者所为。另一情形是具有自主学习能力的算法自主达成和实施的垄断协议，这种垄断协议以"自主"类合谋（Autonomous Machine）[6]为典型形式。随着人工智能技术的发展，算法开始拥有自主学习和自主执行的

---

　〔1〕　参见钟原："大数据时代垄断协议规制的法律困境及其类型化解决思路"，载《天府新论》2018年第2期。

　〔2〕　《平台经济领域的反垄断指南》第五条规定："平台经济领域垄断协议是指经营者排除、限制竞争的协议、决定或者其他协同行为。协议、决定可以是书面、口头等形式。其他协同行为是指经营者虽未明确订立协议或者决定，但通过数据、算法、平台规则或者其他方式实质上存在协调一致的行为，有关经营者基于独立意思表示所作出的价格跟随等平行行为除外。"

　〔3〕　See D. D. Sokol and R. Comerford, "Antitrust and Regulating Big Data", *George Mason Law Review*, Vol. 119, No. 23, 2016, pp. 1129, 1134.

　〔4〕　See Salil K. Mehra, Antitrust and the Robo-Seller, " Competition in the Time of Algorithms", *Minnesota Law Review*, Vol. 100, No. 4, 2016.

　〔5〕　See Ariel Ezrachi and Maurice E. Stucke, "Artificial Intelligence & Collusion: When Computers Inhibit Competition", *University of Illinois Law Review*, Vol. 1, No. 5, 2017, pp. 1775-1809.

　〔6〕　See Ariel Ezrachi and Maurice E. Stucke, "Artificial Intelligence & Collusion: When Computers Inhibit Competition", *University of Illinois Law Review*, Vol. 1, No. 5, 2017, pp. 1775-1809.

能力，如许多在线交易平台早已开始使用具有自动定价功能的算法，[1]算法的智能化使得垄断协议的达成和实施可由算法自主实现。

其次，平台最惠待遇条款是依赖海量数据和数据分析技术达成的垄断协议，使垄断协议的执行更加智能化。技术与数据的发展为消费者提供了更多的选择，使得消费者可以在不同平台之间进行价格比较，消费市场更加透明。但是从另一方面看，数据驱动型企业获取大量数据为其分析竞争对手的定价策略提供了基础，平台企业能够借助大数据与上游供应商或竞争性平台达成共谋。而且，在垄断协议的实施过程中，数据驱动型平台企业能够根据上游供应商或竞争性平台的定价及价格变动数据，监测甚至惩罚垄断协议参与方的背叛行为，监督垄断协议的实施情况，从而使垄断协议更具稳定性。

（三）数据驱动型垄断协议产生于特定的市场条件

数据驱动型垄断协议以默示共谋的为主要形式，这种共谋形式产生于特定的市场条件下。首先，就平台竞争而言，经营者维持共谋的难度较低，主要原因如下：各经营者的市场结构通常较为集中，当然在非寡头垄断结构下也可能出现算法共谋；平台所提供的产品或服务同质性较强；平台所处的整个多边市场中角色较为单一，多环节、多角色的平台会降低卡特尔的稳定性；平台之间主要就价格竞争（多边市场的收费边）达成合谋，非价格竞争难以使经营者之间判断彼此之间的商业动向。其次，参与共谋的经营者所面对的市场压力较小。主要原因为：竞争者较少，便于通过共谋消除竞争；进入壁垒较高，新进入者很难在短时间内参与竞争，社会总产出大幅变动的概率小；平台多边的客户较为分散，买方力量较小。最后，平台之间可能基于合作、交易等关系，曾就相关商品或服务的交易条件进行过意思联络或发生过共谋。

正因为数据驱动型垄断协议的产生条件具有特殊性，反垄断执法机构对这种默示共谋进行识别时，应对其所需的市场条件、行为表现进行确认：先行识别默示共谋可能出现的市场条件，进而判断市场中哪些表现能

---

[1] See L. M. Minga, Yu-Qiang Feng, Yi-Jun Li, "Dynamic Pricing: Ecommerce-oriented Price Setting Algorithm", https://ieeexplore.ieee.org/document/1259606, last visited on May 25, 2023.

证明默示共谋行为的存在。在确认可能出现默示共谋行为的市场条件的基础上，基于该行为无意思联络与信息交流的特点，往往需要以间接证据来证明共谋存在。[1] 波斯纳认为，相关市场中大企业的市场份额一直稳定，整个市场中存在广泛的价格歧视，卡特尔形成时会带来相关市场商品或服务的价格、产出以及生产能力发生显著变化等，这些能构成经济学上证明共谋存在的间接证据。[2]

二、数据驱动型垄断协议的主要形式

垄断协议的法律规制，受到数据驱动型经营者商业模式演化以及数据、算法技术发展的影响。数据驱动型垄断协议的典型形式有算法合谋和平台最惠待遇条款。

(一) 算法合谋

算法在现代社会中运用非常广泛，几乎在生活的各个方面影响着人们的行为。随着数字经济的发展和数据驱动型经济的转向，越来越多的企业利用算法进行个性化定价、完善客户服务，甚至利用算法达成合谋或实施排斥行为。在这种背景下，近年来算法垄断问题逐渐引起了全球主要反垄断司法辖区的关注。算法具有促进竞争的效果，但算法的利用也可能引起限制竞争问题。

算法可能被用于实施传统的各类反竞争行为，但从目前的文献来看，理论界最为关注的相关反竞争行为是将算法作为合谋促进因素，导致出现以前没有出现过的或者以前不可能出现的新式合谋，这类合谋被称为"算法合谋"。算法合谋可以区分为两种类型，一类是落入现行反垄断规则的行为，另一类是超出现行反垄断规则的行为。对于第一类行为，算法只是

---

〔1〕《平台经济领域的反垄断指南》第九条规定："认定平台经济领域协同行为，可以通过直接证据判定是否存在协同行为的事实。如果直接证据较难获取，可以根据《禁止垄断协议暂行规定》第六条规定，按照逻辑一致的间接证据，认定经营者对相关信息的知悉状况，判定经营者之间是否存在协同行为。经营者可以提供相反证据证明其不存在协同行为。"

〔2〕 [美] 理查德·A. 波斯纳：《反托拉斯法》，孙秋宁译，中国政法大学出版社 2003 年版，第 81-108 页。

经营者实施垄断协议的一种工具，对这种垄断协议的法律规制与对一般垄断协议的规制并无二致。对于第二类行为，其竞争效果分析更为复杂，由于机器深度学习能力的作用。垄断协议的达成和实施无须经营者进行任何意思联络和便利行为。相比较而言，第二类行为为反垄断法实施带来了真正的挑战。[1]

（二）平台最惠待遇条款

最惠待遇（Most Favored Nation，MFN）条款是广泛适用于国际贸易领域的条款，在商业合同领域一般指缔约一方给予交易相对人的交易条件，现在或将来不低于其给予任何第三方的交易条件。数据驱动型经济中最惠待遇条款表现为平台最惠待遇条款，即经营者与平台经营者之间的协议，经营者承诺在平台上收取的价格，不会高于其在其他平台上的价格。在实践中，经营者往往将平台最惠待遇条款大面积"重叠"，使得该条款间接波及行业中所有具有竞争关系的竞争者，造成行业内的交易条件趋同，进而引发了横向垄断协议的问题。[2]

平台最惠待遇条款的典型案例包括美国的苹果电子书案和德国的"HSR案""Booking 案"等。平台最惠待遇条款的反垄断法规制存在一定困境。第一，平台最惠待遇条款形式上属于纵向限制行为。互联网平台经营者大多提供的是网络经营场所、交易撮合、信息发布等服务。以 OTA 平台[3]为例，由于商品的所有权属于酒店，未出售的风险由酒店承担，酒店还须承担相应的违约责任和侵权责任，因而它不属于固定向第三人转售商品的价格和固定向第三人转售商品的最低价格的行为，难以适用《反垄断法》第十八条进行规制。第二，通过平台最惠待遇条款达到横向价格一致，因为具有竞争关系的经营者之间不存在意思联络而难以认定为横向垄断协议

---

〔1〕 韩伟：《迈向智能时代的反垄断法演化》，法律出版社 2019 年版，第 77 页。

〔2〕 黄勇、田辰："网络分销模式中最惠国待遇条款的反垄断法分析"，载《法律适用》2014年第 9 期。

〔3〕 OTA，全称 Online Travel Agency，在线旅游服务代理商，是随着互联网时代的到来，兴起的一种旅游电子商务行业。和传统的线下旅行社不同，其将销售模式放在网上，指"旅游消费者通过网络向旅游服务提供商预订旅游产品或服务，并通过网上支付或者线下付费，即各旅游主体可以通过网络进行产品营销或产品销售"。

行为。显然，在平台最惠待遇条款下这种意思联络往往无法证明，因而难以适用禁止垄断协议制度对其进行规制。[1]

三、数据驱动型垄断协议的规制困境

（一）增加价格透明度使反竞争效果评估标准不明确

在数据驱动型经济中，数据处理效率的提高、复杂算法的发展和数据分析技术的变革，导致数据驱动型平台收费侧的价格透明度增加。尽管增加价格透明通常会促进竞争，而对消费者有利。但在特定情况下，增加价格透明度会产生相反的效果。特别是在一个已经存在反竞争协调行为倾向的市场中，增加价格透明度更可能产生负面影响。在这种市场中，竞争执法机构应该怀疑竞争者之间有可能存在相互交流价格数据或者从事任何其他有助于达成反竞争协议或有助于竞争者而非消费者的应对价格变化的行为。竞争执法机构应该提防竞争者之间对不具约束力的未来价格信息进行交流的行为。

目前，竞争执法机构对增加价格透明的反竞争效果评估的标准尚不明确，需要考量的因素也有待确定。在我国《反垄断法》中，由于存在竞争关系的经营者之间的横向价格垄断协议具有严重危害性，反垄断执法机构往往适用本身违法原则对其进行反垄断监管；对纵向的涉及价格的垄断协议，《反垄断法》虽然规定了经营者的"竞争效果抗辩"和"安全港抗辩"权利，但纵向价格垄断协议也是反垄断法规制的重点之一。在数据驱动型经济中，对增加价格透明度带来的价格协调行为进行审查时，应考虑这种行为的利弊互现特点。在评估增加价格透明度是否会提高反竞争协调行为产生的可能性时，需要考虑大量重要的因素，包括审查迎合竞争条款和平台最惠待遇条款，以及按照基准点定价的行为。因此，竞争执法机构应该特别谨慎地制定和公布他们在处理具有反竞争目的或效果的增加价格透明度的指控时将予以考虑的标准。[2]

---

〔1〕　袁嘉：《互联网平台竞争的反垄断规制》，中国政法大学出版社 2021 年版，第 73-74 页。

〔2〕　参见韩伟主编：《OECD 竞争政策圆桌论坛报告选译》，法律出版社 2015 年版，第 74-80 页。

（二） 信息交换使安全港规则的适用面临挑战

竞争者之间的信息交换使市场的透明度增加，这一方面可能提高效率和福利，另一方面也会产生违反竞争法的风险。竞争执法者面临的挑战是如何将信息交换行为纳入传统的竞争法规制框架之中，因为世界上主要的司法辖区都没有针对信息交换的具体规定。对信息交换行为适用反垄断法的一个重要问题是安全港规则的适用，例如，安全港规则的设置，除了要考虑市场份额因素，还要考虑是否需要引入被交换信息的种类等其他因素。由于安全港规则的功能在于增加法律的确定性和增强经营者的可预见性，安全港规则的设置应基于特定的条件，如信息交换当事人所在的市场结构、被交换信息的特点以及被影响行业的特点等。

一些司法辖区使用或考虑使用参与信息交换的竞争者的市场份额来建立安全港。我国《反垄断法》第十八条第三款对安全港规则的规定也采取这种模式。[1]这种方法反映了被一些竞争执法机构在认定竞争者之间协议危害性时使用的所谓"微量允许标准"。另外，由于数据驱动型经济中的默示共谋可能发生于寡头垄断市场结构和非寡头垄断市场结构，也有一种观点认为，将被交换信息的种类作为建立安全港的基础更为合适。例如，为了设定成本基准而对高度聚合的成本信息进行交换有一定正面效应，因为其具有提高效率的较大可能性，交换这种信息可能将被安全港豁免。其他可能被认为是无害的被交换的信息类型包括传输数据时的信息或包含在产品互换协议中的成本信息的交换。[2]

（三） 查处数据垄断协议的直接证据缺失或者不足

数据驱动型垄断协议法律规制中的一个重要问题是经营者是否需要承担法律责任以及法律责任的分担。受机器学习和自主算法的影响，经营者的主观意图难以判断，反垄断执法机构运用传统反垄断规则很难证明经营者之间存在"意思联络"，进而无法将利用数据和算法达成的默示共谋认定

---

〔1〕 《反垄断法》第十八条第三款规定："经营者能够证明其在相关市场的市场份额低于国务院反垄断执法机构规定的标准，并符合国务院反垄断执法机构规定的其他条件的，不予禁止。"

〔2〕 参见韩伟主编：《OECD 竞争政策圆桌论坛报告选译》，法律出版社 2015 年版，第 49-54 页。

为协同行为。[1]数据驱动型垄断协议的规制难点之一就是查处垄断协议的直接证据严重缺失或不足，因此，间接证据将发挥越来越重要的作用。但是，间接证据的使用需遵循一定的规则，间接证据的采信要符合特定的标准。

间接证据一般分为沟通证据和经济证据。其中，沟通证据是指垄断协议的实施者进行会见或者以其他形式交流的证据，但是这些证据并不包括他们交流的实质内容。经济证据又可以分为行为证据和结构证据。在行为证据中，最重要的是疑似垄断协议成员之间一致行为的证据；结构证据包括高市场集中度、产品同质化等方面的证据。在数据驱动型垄断协议的法律规制中，间接证据的使用需要注意以下两个方面：其一，相比较而言，由于数据驱动型竞争是数据竞争、算法竞争和平台间竞争，与这种竞争相关的经济证据都是模糊的，难以直接证明经营者行为是协同行为还是独立行为，因此有必要谨慎分析。其二，间接证据的使用应立足于整体效力评估，以发挥其整体效应，而不是进行逐个评估。[2]

第二节　算法共谋

算法在促进社会经济发展的同时，也为经营者实施涉及算法的垄断行为提供了便利。有的学者认为，平台经营者利用算法实现信息共享利弊互现。算法时代"利用平台收集或者交换价格、销量等敏感信息"是常规操作，这也是平台经济常常比传统经济更有效率的重要原因。尽管基于算法的生产经营信息共享增加了经营者达成垄断协议的风险，但是也具有提升竞争效率的作用，总体上还是利大于弊。[3]但也有学者主张，对算法的定性和评价取决于经营者在竞争中如何使用算法。尽管算法本身并不会产生法律意义上的价值判断，但这并不代表算法对竞争的影响始终是中性的。算法的竞争法属性表现在算法拥有者利用算法优势排斥竞争者，或者利用

---

〔1〕　参见谭书卿："算法共谋法律规制的理论证成和路径探索"，载《中国价格监管与反垄断》2020年第3期。

〔2〕　参见韩伟主编：《OECD竞争政策圆桌论坛报告选译》，法律出版社2015年版，第55-58页。

〔3〕　丁国峰："大数据时代下算法共谋行为的法律规制"，载《社会学辑刊》2021年第3期。

算法达成具有排除、限制竞争效果的垄断协议。一旦算法被经营者用于达成、实施共谋，就可能破坏市场竞争秩序，从而受到反垄断法的规制。[1] 我国《平台经济领域的反垄断指南》分别将"利用算法实现协调一致行为"和"利用算法对价格进行直接或者间接限定"归入横向垄断协议和纵向垄断协议中。

一、算法的界定及竞争影响

（一）算法的界定

算法是一种机械、精准、系统地应用于特定标记（Tokens）或对象（Objects）的操作流程。[2]作为一种明确、精确的简单操作列表，它们机械地、系统地应用于一套令牌（Tokens）或对象中（例如，棋子、数字、蛋糕成分的配置等）。令牌最初的状态是输入，最终的状态是输出。在数字驱动型市场环境下，算法对于经济的影响日益加深。算法能够提高企业的运行效率，不仅仅表现为算法对互联网市场的直接影响，还表现为其他高科技行业都越来越多地将算法运算产生的结果运用到其生产经营中。算法在商业中的应用有多种形式，算法预测（动态价格算法）为重要代表。动态价格算法在商业中的应用表现为经营者可以根据自身的成本、产能或需求情况调整价格，也可以根据竞争对手的价格调整价格，可以使用另一种算法对竞争对手的价格进行监控。[3]

（二）算法对竞争的影响

1. 算法具有促进竞争的效果

在数据驱动型市场中，一般在供给与需求方面都存在显著的效率改进，算法的运用会带来促进竞争的效果。在供给方面，一方面，算法有助于提高市场透明度，改善现存产品或者推动新产品的开发，能够使得企业

---

[1] 周围："算法共谋的反垄断法规制"，载《法学》2020年第1期。

[2] 周围："算法共谋的反垄断法规制"，载《法学》2020年第1期。

[3] OECD, *Algorithms and Collusion: Competition Policy in the Digital Age*, 2017, https://www.oecd.org/competition/algorithms-collusion-competition-policy-in-the-digital-age.htm, PP. 9-12, last visited on May 20, 2023.

持续面临创新的压力，促进动态效率，进而形成良性循环；另一方面，算法在供给侧运用降低了生产成本，提高了资源利用效率，优化了产品流程，也能够促进静态效率。在需求方面，算法能够协助消费者作出更合理的购买决策，从而左右市场的动态格局。算法能够帮助消费者进行价格与质量比较，预测市场发展趋势，提升决策速度，进而降低搜索与交易成本，帮助消费者克服对卖方的偏见，作出更为理性的选择，强化买方力量。因此，算法有潜力对消费者福利和社会福利创造积极效果。[1]

2. 算法运用增大合谋的风险

算法可能被用于实施各类传统的反竞争行为，其中受关注度较高的反竞争行为是将算法作为合谋促进因素，导致出现了以前没有出现过的或者以前不可能出现的新式合谋，这类合谋被称为"算法合谋"。传统反垄断法中规制的共谋行为通常发生于企业数量少、市场透明度高、市场进入壁垒大的寡头垄断市场。但数据的收集和使用将进一步增加在线市场的透明度。这种透明度一方面在需求侧能够帮助消费者进行价格与质量比较，强化买方势力；另一方面在供给侧增大了企业共谋的风险。首先，算法使得企业数量少不再是合谋的必要条件。在传统市场中，如果竞争者的数量较少，则会使达成合谋的条件更容易被发现，监督背离行为以及实施有效惩戒机制也更为容易，因此合谋更容易维系。但是，囿于算法收集与分析数据的能力与速度，有效监督与达成协议的企业的数量的相关性降低，因此算法使得合谋、监督与惩戒机制可以在集中度更低的市场中发生。也就是说，算法可能改变共谋形成所需要的寡头垄断这一市场结构，经合组织的报告指出，算法可能会影响数字市场中的某些特征，甚至可能将寡头垄断中的共谋行为扩大到非寡头垄断的市场结构中。[2]其次，算法的规模化应

---

〔1〕　OECD, *Algorithms and Collusion*: *Competition Policy in the Digital Age*, 2017, https://www.oecd.org/competition/algorithms-collusion-competition-policy-in-the-digital-age.htm, PP.9-12, last visited on May 20, 2023.

〔2〕　OECD, *Algorithms and Collusion*: *Competition Policy in the Digital Age*, 2017, https://www.oecd.org/competition/algorithms-collusion-competition-policy-in-the-digital-age.htm, PP.9-12, last visited on May 20, 2023.

用破除了市场信息的壁垒，算法带来的市场透明度为达成算法共谋创造了市场环境。企业为了从算法的强大预测能力以及有效决策规则中获益，企业不仅有各种动力去聚集市场信息，而且有动机去开发可以让企业收集、存储、处理数据的算法。在获得这种"算法竞争优势"过程中，某行业中所有的参与者都可以持续不间断地收集与观察竞争的行为、消费者的选择以及市场环境的变化，因此创造了一个有利于合谋的透明化环境。最后，企业基于算法形成的高互动频率和无须沟通即可协同行动的"互信机制"，[1]让特定行业的市场主体之间更趋于达成合谋。由于共谋者本身具有竞争关系，共谋者会出现秘密降价等背叛共谋的行为，但算法可以降低这种不稳定性。实际上，基于市场数据的机器学习，能够使算法精确预测竞争对手的反应，以及在行为发生前预测合谋背叛行为。而且，算法基于底层互信的建构逻辑形成了"监督—惩罚"机制，如果我们定价自动化算法提升自动化水平，价格就能够实时更新，使得可以对合谋背叛行为立刻予以报复。

此外，经合组织及英国、法国、德国的反垄断机构都先后就算法共谋问题发布了专门的研究报告，普遍认为算法的出现至少可以为卡特尔提供以下便利或帮助：（1）企业可以利用实时数据和算法监控一项卡特尔的实施，提高卡特尔的稳定性；（2）企业可以通过分享特定的定价算法协调定价；（3）算法有助于提高市场透明度或增进企业的相互依赖性，这有利于卡特尔行为的发生；（4）企业可能设计、利用利润最大化的定价算法，通过对算法的深度学习，实现企业之间的默契共谋。[2]

二、算法共谋的类型化分析

所谓算法共谋，是指经营者利用算法促进或协助实施明示或默示的共

---

〔1〕 "互信机制"即通过奖励维持超竞争价格的竞争者，以及惩罚偏离超竞争结果的竞争者来达成并维持共谋。参见 Harrington, J., "Developing Competition Law for Collusion by Autonomous Artificial Agents", *Journal of Competition Law & Economics*, Vol. 14, No. 3, 2018, pp. 331–363.

〔2〕 OECD, *Big Data: Bringing Competition Policy To The Digital Era*, 2016, https://one.oecd.org/document/DAF/COMP/M（2016）2/ANN4/FINAL/en/pdf, last visited on December 20, 2022.

谋行为（卡特尔）。[1]算法共谋可以根据不同标准进行分类，并在分类基础上实行不同的规制思路。

（一）根据算法的应用场景进行分类

2017年，扎拉奇（Ezrachi）和斯图克（Stuck）首次将算法共谋划分为四种类型：信使场景（Messenger Scenario）下的算法共谋、中心辐射式场景（Hub and Spoke Scenario）下的算法共谋、预测型代理人场景（Predictable Agent Scenario）下的算法共谋以及电子眼（Digital Eye）下的算法共谋，并提出了算法的默示共谋的概念。[2]上述四种类型的共谋可分别简称为信使类共谋、轴辐类共谋、预测类共谋、自主类共谋。

1. 信使类共谋

在这种共谋中，算法是被经营者用来执行共谋行为的一种工具，其身份类似经营者的"信使"。经营者自愿达成垄断协议，并用算法去实施、监督和管理垄断协议。从反垄断法实施的角度看，对信使类共谋可直接认定为垄断协议。如果证据足够，指控经营者利用算法来实施协调行为并无困难。所以，认定这类共谋时，有关意图的证据的作用不大。

2. 轴辐类共谋

这种情形是指多家企业使用同一种算法来协调和决定市场价格。在这种情形下，如果仅仅是单一的纵向垄断协议，通常不会产生排除、限制竞争的效果，也无法显示出经营者扭曲市场价格竞争的主观意图。但是，如果多个经营者在算法开发者的帮助下达成多个纵向协议，且多个纵向协议具有类似功能，这种协议就可能被认定为轴辐类垄断协议，即我国《反垄断法》中的组织帮助型垄断协议。轴辐类垄断协议可能导致整个行业的共谋并带来市场价格的上涨。

---

〔1〕　万江：《数字经济与反垄断法：基于理论、实践与国际比较的视角》，法律出版社2022年版，第131页。

〔2〕　Ariel Ezrachi and Maurice E. Stucke, "Artificial Intelligence & Collusion: When Computers Inhibit Competition", *University of Illinois Law Review*, Vol. 1, No. 5, 2017, p. 1781.

3. 预测类共谋

这种情形下，各个企业分别设计算法，但算法结果具有可预测性，算法也以既定方式来调整交易条件。这时，很难有证据证明协议的存在。每个经营者独立开发算法，但都知道竞争对手也在做类似的开发。由于全行业采用相似算法，企业行为产生相互依赖性，这可能产生限制竞争效果。尽管企业之间并未达成协议，但市场上存在默示共谋或有意识的平行行为的形成条件。默示共谋不属于本身违法，所以在这类案件中，证明存在共同改变市场条件的意图就十分重要。

4. 自主类共谋

在这种情形下，算法由竞争者各自独立开发，并被用于实现经营者的既定目标，比如市场推广、利润最大化等。通过自主学习与试验，算法独立决定优化利润的方式。在这类共谋中，协议与意图都难以适用。算法执行其认为最优的任何策略，都基于自学习和对市场作出的不断反馈。[1]

（二）从便利共谋实现的角度进行分类

2017 年，经合组织专门举办了以算法与共谋对数字时代竞争政策的影响为主题的论坛，其《算法与合谋》调研报告根据算法在促进合谋行为中的功能和角色，将算法在共谋中的角色划分为监督算法（Monitoring Algorithms）共谋、平行算法（Parallel Algorithms）共谋、信号算法（Signalling Algorithms）共谋和自主学习算法（Self-learning Algorithms）共谋四种。[2]

1. 监督算法合谋

算法作为合谋便利工具最为直接的角色，为了确保合谋协议的实施而监督竞争对手的行为。监督算法主要用于搜集竞争对手的决策信息、观察竞争对手的背离行为并及时设计出报复措施。监督算法共谋通过避免不必要价格战的方式为共谋的达成提供了便利，但在这种共谋的达成和实施过程中都需要明确的交流。尽管监督算法合谋具有一些新特点，但只要对价

---

〔1〕 韩伟主编：《数字市场竞争政策研究》，法律出版社 2017 年版，第 344-345 页。

〔2〕 OECD, *Algorithms and Collusion: Competition Policy in the Digital Age*, 2017, https://www. oecd. org/competition/algorithms-collusion-competition-policy-in-the-digital-age. htm, last visited on May 20, 2023.

格等交易条件的协调有人类的参与，就可以利用传统的禁止垄断协议制度予以规范。

2. 平行算法共谋

在高度动态化的市场中实施垄断协议，参与合谋的主体必须通过会议、微信、电话、短信、邮件或者通过第三方进行频繁的交流与协调，上述交流方式尽管相对隐蔽，但也存在被发现的风险。这些交流与协调方式的替代方案是将决策过程自动化，以算法为工具，及时跟踪、自动反馈市场条件的变化，从而使"有意识的平行行为"（Conscious Parallelism）得以达成。

其中，较为清晰的反竞争行为是与竞争对手分享定价算法，如果经营者与竞争对手实时分享同一定价算法，则可能引起反垄断执法机构的关注，因为经营者在设计动态定价算法时会预设不与其他经营者相竞争的指令。更为微妙的方式是通过"将算法的创建外包给一家 IT 公司或一个程序员以建立平行算法"；行业中大部分经营者使用定价算法时实时跟踪某个具有优势地位的在位企业，而后者负责设计将价格固定在竞争水平之上的动态定价算法。

3. 信号算法共谋

由于经营者之间的明示沟通存在合谋证据被发现的风险，一些经营者转而采取更加隐蔽的方式达成合谋，如通过传递特定的信号或单边价格宣示行为，尤其是通过算法自动设置竞争者可以察觉而消费者无法发现的合谋信号，实施更加复杂、更加隐蔽的合谋行为，即信号算法共谋。

4. 自主学习算法共谋

利用机器学习和深度学习技术（自主学习算法）达成合谋，是最为复杂的算法合谋形式。相较于人类，自主学习算法学习能力和纠错能力，在特定的市场条件下，自主学习算法凭借反复试错机制助力经营者之间达成合作性均衡。自主学习算法的持续学习和反复试错，使得合谋者更容易确定利润最大化的价格。由于机器学习导致的合谋并不存在合谋的外在形式，因此也被称为"虚拟合谋"（Virtual Collusion），自主学习算法共谋的结果只能通过效果来观察和判断。

（三）根据算法的自主化程度进行分类

根据算法是否具有自主学习能力，算法可以分为非自主学习算法和自主学习算法。相应地，算法共谋也分为两种类型，即非自主学习型算法共谋和自主型学习算法共谋。

1. 非自主学习型算法共谋

非自主学习型算法是指算法上不具备自主学习和深度学习能力，其往往根据算法设计者、使用者的指令输出运算结果。非自主学习型算法共谋是指由算法设计者、使用者等主体事先就如何达成共谋制定出策略机制，使得算法能够在一定条件下执行的共谋形式。这种共谋尽管在手段和形式上有了新的表现，但其本质上并未改变共谋行为的性质。在非自主学习型算法的协助下，经营者之间达成共谋协议的行为更加隐蔽，一定程度上增加了反垄断执法机构发现线索、搜集证据和竞争分析的难度。但是，无论是违法行为的判定标准还是共谋法律责任的承担，仍未突破反垄断法"人类中心主义"的规制框架，其核心始终聚焦于设计、使用算法的经营者的垄断行为。[1]

2. 自主学习型算法共谋

自主学习型算法（Self-Learning Algorithms），是指由于机器学习等人工智能算法的输出过程并不会有明确的行为依据（即代码指令），其输出过程即便对于设计者、使用者而言都如同"黑箱"一般不可获知。[2]在利用自主学习算法达成的共谋中，甚至连意图都不复存在。在这类共谋中，默示协调行为的实现，并非基于经营者之间的意思联络或信息交流，而是算法自主学习、反复纠错和自主执行的结果。其带来的争论是，经营者在基于深度学习算法而达成合谋是否具有可责性、是否需要承担相应法律责任。

---

〔1〕 周围："算法共谋的反垄断法规制"，载《法学》2020年第1期。
〔2〕 王健、吴宗泽："自主学习型算法共谋的事前预防与监管"，载《深圳社会科学》2020年第2期。

三、算法共谋的分类规制思路

如前所述，基于算法的技术的运用，可将算法共谋分为信使类算法共谋、轴辐类算法共谋、预测类算法共谋和自主类算法共谋四种类型。[1]由于不同算法在共谋的达成和实施中所发挥的作用不同，反垄断法面临的规制难题也有所区别。在信使类和轴辐类算法共谋中，由于算法只是竞争者实施共谋行为的一种工具，这种共谋与传统的垄断协议并无本质上的差异，因此应落入现行反垄断法的规制范围。对算法共谋的反垄断法规制，应重点关注预测类算法共谋和自主类算法共谋。

（一）不同算法共谋的差异化考量

虽然算法本身具有工具中立性，但是算法为经营者之间进行价格协调提供了便利，而且经营者凭借算法能够及时检测竞争对手的价格偏差行为并施加相应的惩戒反制措施。因此，在数据驱动型经济下，算法不仅使得经营者更容易达成、实施共谋，也使得这种共谋更加稳固。但是，由于不同类型的算法在共谋中所起到的作用不尽相同，故应对不同的算法共谋进行差异化考量。

具体而言，第一，关于信使类算法共谋。在这类共谋中，算法在具有竞争关系的经营者之间充当"信使"角色，算法在促进经营者意思联络过程中仅仅发挥辅助性作用，对信使类算法共谋的规制思路与对一般横向共谋的规制无异。第二，关于轴辐类算法共谋。在这种算法共谋中，经营者共谋的意思联络明显，具有显性违法性，也可直接适用现有垄断协议制度进行规制。[2]我国《反垄断法》第十九条也对"组织、帮助型垄断协议"作了明确规定，即"经营者不得组织其他经营者达成垄断协议或者为其他经营者达成垄断协议提供实质性帮助"。第三，关于预测类算法共谋和自主类算法共谋。这两类算法共谋表现为默示共谋，在数据驱动型经济中，

---

〔1〕 Ariel Ezrachi and Maurice E. Stucke, "Artificial Intelligence & Collusion: When Computers Inhibit Competition", *University of Illinois Law Review*, Vol. 1, No. 5, 2017, p. 1781.

〔2〕 时建中："共同市场支配地位制度拓展适用于算法默示共谋研究"，载《中国法学》2020 年第 2 期。

其危害较大，引发了主要反垄断司法辖区的关注，同时，对这两种算法共谋的法律规制也需要对反垄断理论及制度规则进行相应调整。

（二）预测类和自主类合谋属于默示共谋

数据驱动型经济的特殊性增大了经营者默示合谋的风险。在数据和算法的作用下，数字市场呈现一些传统市场所不具有的特殊性，如市场透明度增加，经营者作出决策的速度加快，经营者回应竞争对手的能力得以提升，经营者之间不需要明确的沟通或互动也能实现相互依赖。尤其是算法成为经营者之间达成默示共谋的媒介，正如有的学者指出，算法实际上在控制合谋性结构方面，可能比人类做得更好，因为它们在发现价格变化方面更为明确，消除了非理性因素，降低了合谋策略被错误行为所削弱的可能性。[1]

首先，默示共谋主要发生于寡头企业之中，但也拓展于非寡头垄断的市场结构。一般而言，市场集中度越高、市场透明度越明显，经营者行为对竞争对手的影响就会越显著。在寡头垄断市场结构中，由于市场上仅存在为数不多的经营者，无论是经营者作为经济人所做出的正当跟随行为，还是经营者基于相互依赖理论所进行的默示协调，都无须经营者实际联络或沟通。在非寡头垄断市场结构中，借助算法进行反复互动、多次博弈，经营者同样可以在无意思联络或信息交流的情况下，通过相互配合来设置一个高于竞争水平的价格。而且，算法应用带来的更高市场透明度，使得经营者的背叛行为更容易被发现并招致惩戒，在算法作用下，经营者之间的默示共谋更加稳定和可持续。

其次，默示共谋并不等同于无意识平行行为。默示共谋是指竞争者在相互之间缺乏明确意思联络或信息交流的情况下所实现的行为协调一致，其与无意识平行行为的本质区别在于默示共谋的企业间存在共谋的意思表达，而无意识平行行为只是企业为了吸引消费者而作出调整价格的行为，故仅存在并行行为并非默示共谋。我国《平台经济领域的反垄断指南》的

---

[1] Salil K. Mehra, Antitrust & the Robo-Seller, "Competition in the Time of Algorithms", *Minnesota Law Review*, Vol. 100, 2016, No. 4.

第五条也表明"经营者基于独立意思表示所作出的价格跟随等平行行为"在协同行为范围之外。[1]

四、算法共谋的法律责任

(一) 算法共谋的法律责任主体

算法共谋的法律责任与其说是机器人与经营者之间的责任分担问题，不如说是经营者是否应当承担责任以及如何承担责任的问题。经合组织发布的《算法与合谋》调研报告对算法的法律责任进行了讨论，[2]为算法共谋法律责任的厘定提供了一个思考方向。按照梅拉（Mehra）的观点，在处理针对机器人卖家实施的反竞争行为如何施加责任时，有三种选择，即机器人承担责任、部署机器人的人类承担责任或者没有责任方。[3]鉴于此，当定价决定由机器人利用算法而非由人类达成时，反垄断责任如何体现，可以从以下四个方面进行分析：其一，算法本身是否承担法律责任。目前我国算法共谋还处于初级阶段，机器人算法还是在经营者的控制之下，来实施或者辅助实施经营者的意图。[4]在这种背景下，不宜将算法共谋行为的法律责任配置给运行算法的机器人，将法律责任配置给运行算法的机器人，可能会严重阻碍技术的进步和推广，[5]还将对现行法律的责任体系构成冲击，有待对现行的法律责任制度进行重构。其二，算法共谋行

〔1〕《平台经济领域的反垄断指南》第五条规定："平台经济领域垄断协议是指经营者排除、限制竞争的协议、决定或者其他协同行为。协议、决定可以是书面、口头等形式。其他协同行为是指经营者虽未明确订立协议或者决定，但通过数据、算法、平台规则或者其他方式实质上存在协调一致的行为，有关经营者基于独立意思表示所作出的价格跟随等平行行为除外。"

〔2〕OECD, *Algorithms and Collusion: Competition Policy in the Digital Age*, 2017, https://www.oecd.org/competition/algorithms-collusion-competition-policy-in-the-digital-age.htm, last visited on May 20, 2023.

〔3〕See Salil K. Mehra, Antitrust and the Robo-Seller, "Competition in the Time of Algorithms", *Minnesota Law Review*, Vol. 100, 2016, No. 4.

〔4〕See Ariel Ezrachi and Maurice E. Stucke, "Artificial Intelligence & Collusion: When Computers Inhibit Competition", *University of Illinois Law Review*, Vol. 1, No. 5, 2017, pp. 1775-1809.

〔5〕See ACM US Public Policy Council and ACM Europe Policy Council, Statement on Algorithmic Transparency and Accountability, 2017.

为的法律责任应由控制算法的经营者承担。当前大部分算法基于经营者设计的指令运行，在多数案件中，经营者仍需要就算法决策承担责任，基于现行法律体系，计算机程序与算法仅仅被视为工具，这意味着它们的决定可以直接归责到操作算法的经营者。正如欧盟竞争委员维斯塔格（Vestager）指出，自动化系统带来的挑战是非常现实的。如果它们帮助企业固定价格，这将让我们的经济变糟。作为竞争执法部门，我们需要确保企业不能通过躲在计算机程序后面而逃脱合谋的法律责任。其三，没有责任方的局面带来挑战。随着深度自主学习算法的应用，也可能导致没有责任方的局面。经营者以深度自主学习算法为媒介作出的反竞争行为，可能不需要负法律责任。也就是说，当商业决策由算法作出，而人类对相关决策的作出完全没有发挥作用时，针对经营者的反垄断责任规则将面临挑战。这一挑战需要我们在不久的将来予以回应。其四，算法共谋法律责任的配置宜结合个案进行。随着人工智能技术的进一步发展，算法与人类之间的联系将不断变弱，算法作出决定以及自动定价的能力与受益于算法自动化决策的个人及企业的责任问题将日益突出。在这类案件中，如何确定责任将主要基于个案的事实进行判断。扎拉奇和斯图克指出，非法的基准受到挑战，是因为这要求评估非法行为是否能够被那些受益于算法决策的个人及企业所预测或预先决定。这类评估包括考虑算法的程序指令、保障措施、奖励机制、决策范围等。此外，执法部门需要考虑经营者所能控制的算法行为的范围，尽管算法是由经营者设计的，但经营者是否有意创造算法去损害消费者利益？法律责任能否自动共同或分别地附加于设计算法的经营者、利用算法的经营者以及受益于算法决策的经营者？这些问题目前还没有清晰的答案，但随着日后涉及独立算法行为的案件日益增多，这类问题将更加突出。[1]

（二）算法共谋可能的救济措施

在数据驱动型经济中，由于竞争者之间倾向于借助特定算法去实现共

---

〔1〕　韩伟："算法合谋反垄断初探——OECD《算法与合谋》报告介评（下）"，载《竞争政策研究》2017年第6期。

谋或便利共谋，反垄断执法机构可以对经营者采取行为性救济措施。这种救济措施的目的是使经营者的默示合谋难以维系，阻止经营者预先设计便利共谋而损及竞争过程的算法指令。反垄断执法机构也可能让当事企业作出"承诺"，这类救济措施可以预防或控制经营者滥用算法损害市场竞争的行为。尽管针对算法共谋行为设计救济措施会面临一定困难，但其必要性显而易见、可行性逐步显现。其中，一种可行的救济措施是为算法控制者设置特定的遵循程序，如"通知—下架"程序就是可对算法共谋行为予以救济的程序之一，在这种程序中，控制算法的经营者在接到法院的命令后，应当在发出通知后删除算法程序或修改算法程序。如果利用算法实施的反竞争行为被发现，通过这种方式可以立刻进行处理。

其他可能的救济措施包括对算法设置监督机制，该机制的目的是在算法的设计阶段就要避开任何可能导致竞争关注的指令。我国《互联网信息服务算法推荐管理规定》对算法的透明度和可解释性作出原则性规定，并要求算法推荐服务提供者不得利用算法实施垄断和不正当竞争行为。[1]但是，也有专家认为，这种思路可能不具有可行性，原因如下：首先，算法并不必然包括合谋的指令，而可能是利润最大化的指令；其次，算法监督不可能与产业发展同步，在算法具备具有自我学习能力时更是如此；最后，很难阻止算法去关注那些能公开获取的信息。[2]

五、算法共谋的典型案例

美国"优步案"是由平台算法确定价格，进而被认定为垄断协议的典型案件。2015 年居住于美国康涅狄格州的优步乘客斯宾塞·梅耶（Spencer Meyer）代表自己及面临类似遭遇的乘客向美国纽约南区联邦地区法院提

---

〔1〕《互联网信息服务算法推荐管理规定》第十二条规定："鼓励算法推荐服务提供者综合运用内容去重、打散干预等策略，并优化检索、排序、选择、推送、展示等规则的透明度和可解释性，避免对用户产生不良影响，预防和减少争议纠纷。"第十五条规定："算法推荐服务提供者不得利用算法对其他互联网信息服务提供者进行不合理限制，或者妨碍、破坏其合法提供的互联网信息服务正常运行，实施垄断和不正当竞争行为。"

〔2〕韩伟："算法合谋反垄断初探——OECD《算法与合谋》报告介评（下）"，载《竞争政策研究》2017 年第 6 期。

起了反垄断民事集团诉讼，指控优步的前 CEO 特拉维斯·卡兰尼克（Travis Kalanick）与优步司机利用算法达成共谋。

原告认为，优步利用动态定价算法，表现为车主并不与乘客议价，由算法确定乘车资费，优步平台收取车费后抽取其中的 20%—25% 作为软件使用费。具体运作方式为：首先，优步利用动态定价算法确定基础车费价格；其次，优步平台根据实时的用车需求量与可接订单车辆的供给量变化作出溢价调整。例如，在暴风雪等极端天气条件下，纽约的优步价格是正常天气下同时段的 8.25 倍。[1] 综上，优步平台实际操控的是基础车费，何时何地上调价格、上调幅度等，正是由于这一算法使得司机之间不会展开价格竞争，乘客也无法与司机就乘车资费进行自主协商。此外，优步与司机还存在"一致的合谋动机"，司机与优步就车费达成协议时能够认识到其他优步司机与该平台达成了同样的价格协议进而限制了司机之间的价格竞争，进而导致司机之间不再展开竞争。优步的这一动态价格算法被乘客质疑涉嫌垄断，纽约南区联邦地区法院在判决中认可了优步的行为对相关市场造成的负面影响，认定其行为构成垄断，"根据优步公司的合同条件和应用程序，其间有可能存在横向的共谋。优步公司的算法系统事实上会遏制司机进行降价竞争，这一行为在使得优步公司稳定化获得超额利润的可能性提高的同时，以人工智能算法为工具的优步和使用它的出租车司机共谋出租车费用，形成卡特尔垄断"。[2]

第三节　平台最惠待遇条款

最惠待遇条款也称最惠国待遇，条款是广泛应用于国际贸易领域的一种条款，在数据驱动型经济中，最惠待遇条款转变为平台最惠待遇条款。

---

〔1〕　James Surowiecki, In Praise of Efficient Price Gouging, *MIT Technology Review*, http://www.technologyreview.com/s/529961/in-praise-of-efficient-price-gouging/, last visited on October 10, 2022.

〔2〕　U. S. District Court Southern District of New York (2016), Meyer v. Kalanick, Opinion and Order.

平台最惠待遇条款可以带来阻止"搭便车"、克服信息不对称等促进竞争的效果，但是该条款中包含对价格限制的约定，可能会引发竞争关切。具体而言，该条款可以阻止竞争性平台进入市场、削弱平台之间的竞争，另外还可能通过透明的价格机制促进平台间或销售者之间的共谋，这种共谋最有可能的损害后果是排斥或威慑潜在的折扣商。

一、平台最惠待遇条款界定

（一）普通商业实践中的最惠待遇条款

最惠待遇条款源起于 12 世纪国家、城邦或港口之间签订的特定协议，依据该协议，授予国应将给予第三国的贸易特权拓展适用于协议的相对方。[1]随着经济的发展，起源于国际贸易中的最惠待遇条款，越来越多地被用于普通商业实践中。最惠待遇条款是指买卖双方签订的协议中，卖方向特定买方承诺，不会向其他买方提供更优惠的交易条件，或者如果给了其他买方优惠的交易条件，则这种优惠的交易条件也会适用于前述特定买方。从结果看，最惠待遇条款会使作为受益人的当前买方获得的优惠条件不低于其他买方，即得到与其他买方一样的优惠条件（MFN-equal），甚至更优于其他买方的优惠条件（MFN-plus）。[2]

商业实践中的最惠待遇条款，更准确地说，应该是最惠客户待遇条款（Most-Favoured-Customer Clauses），因为获得最惠待遇的买方并非国家，而只是卖方的交易相对人或客户。从内容看，最惠待遇条款虽可能涉及价格、折扣、配送等各种优惠条件，但最主要是卖方向买方作出的价格承诺。这在结果上容易导致同一卖方的不同买方获得相同的交易价格，事实上达到了价格协调的效果，可能引起竞争关注。从受益人角度看，大多最惠待遇条款都是卖方对买方的价格承诺，少数情况下也存在买方以最惠条件购买卖方产品或服务的情形，但是第二种最惠待遇条款在实践中并不常

---

〔1〕 谭晨："互联网平台经济下最惠国条款的反垄断法规制"，载《上海财经大学学报》2020年第 2 期。

〔2〕 Smith W.，"When Most-Favored Is Disfavored：A Counselor's Guide to MFNs"，*Antitrust*，Vol. 27，No. 2，2013，pp. 10-14.

见。[1]

(二) 平台经济领域的平台最惠待遇条款

平台最惠待遇条款是供应商与平台经营者之间达成的协议,供应商承诺其在该平台上收取的价格不高于在其他竞争性平台上收取的价格,或者供应商给予该平台的交易条件不会低于其他竞争性平台,比如某一供应商承诺其天猫平台的售价不会高于京东平台等竞争性平台。

平台的运营模式有批发模式与代理模式之分。以京东平台为例,"京东自营"属于批发模式,即由京东负责采购,然后再向消费者销售。在批发模式下,京东平台和上游供应商之间是买卖关系,平台获得了商品的定价权,可以直接降价,无须使用最惠待遇条款来控制商品价格,当然在批发模式下,平台也可以要求上游经营者以最优价格向其提供商品,但这已经无涉平台身份。"京东超市"属于代理模式,即京东平台只是提供一个销售渠道,直接销售商品的是入驻平台的第三方商家。在代理模式下,上游卖方保留了定价权,京东平台无法直接确定商品价格,所以才需要使用最惠待遇条款来控制商品价格,进而产生了平台最惠待遇条款。因此,由于平台经营者在批发模式下本身就有定价权,平台最惠待遇条款基本上被运用于代理模式。严格来讲,将平台最惠待遇条款的适用区分为批发模式和代理模式是没有意义的。[2]就代理模式下的平台最惠待遇条款而言,可以分为广义的平台最惠待遇条款和狭义的平台最惠待遇条款。

1. 广义平台最惠待遇条款

广义平台最惠待遇条款,是指平台经营者要求平台内经营者在该平台上提供与其他平台和自建交易渠道相同或者更优惠的交易条件。也就是说,平台经营者要求卖方既不能在其他平台也不能在自建渠道(如卖方自己的网站)以更低价格销售商品。一般而言,广义平台最惠待遇条款的限

---

[1] 焦海涛:"互联网平台最惠国条款的反垄断法适用",载《商业经济与管理》2021年第5期。

[2] 焦海涛:"互联网平台最惠国条款的反垄断法适用",载《商业经济与管理》2021年第5期。

制范围更广，限制竞争效果较为明显，卖方的竞争自由受到更大限制。例如，在线酒店预订的分销模式（OTA）中，OTA平台有时会要求酒店给予其广义平台最惠待遇条款。在德国"HRS案"中，德国联邦卡特尔局曾于2013年12月作出广义平台最惠待遇条款违法的决定。

2. 狭义平台最惠待遇条款

狭义平台最惠待遇条款，是指平台经营者仅要求平台内经营者在该平台上提供与自建交易渠道相同或者更优惠交易条件。也就是说，平台经营者要求卖方不能在自建渠道以更低价格销售商品，而在其他平台上的售价不受限制。例如，在线酒店预订的分销模式（OTA）中，OTA平台有时会要求酒店给予其狭义平台最惠待遇条款。[1]在德国"HRS案"中，德国联邦卡特尔局曾于2015年12月作出狭义平台最惠待遇条款违法的决定。但德国杜塞尔多夫上诉法院撤销了联邦卡特尔局关于狭义平台最惠待遇违法的裁决，上诉法院认为，狭义平台最惠待遇条款有利于防止上游供应商实施"搭便车"行为，并不构成对竞争的限制。

因此，实践中之所以对平台最惠待遇条款作广义和狭义之分，就是因为两者的限制竞争效果不同。广义平台最惠待遇的限制竞争效果较为明显，一般应予禁止；狭义平台最惠待遇条款的限制竞争效果不明显，平台间的竞争仍然存在。如果平台之间竞争不足，狭义平台最惠待遇条款也会因限制平台内经营者的竞争自由而被禁止。即反垄断法要不要禁止狭义平台最惠待遇条款的一个重要考虑因素为平台之间的竞争是否充分。如果平台间的竞争激烈，那么狭义平台最惠待遇条款一般不被禁止，因为维持平台间竞争已经足够；如果平台间的竞争不足（如平台的数量不足或不同平台的价格一致），则平台渠道与商家自建渠道之间的竞争就很重要，这时

---

〔1〕　狭义平台最惠待遇条款是指，一家OTA平台要求酒店给予其不低于酒店自身网站上所公布的最优惠的线上交易条件（主要是价格）的条款，即该OTA平台所获得的交易条件不得低于酒店自身网站上所公布的线上交易条件，但是酒店可以给予其他线上预订平台、所有线下销售渠道更具吸引力的交易条件。

狭义平台最惠待遇条款也可能被禁止。[1]

(三) 最惠待遇条款与平台最惠待遇条款的比较

随着数字经济的迅速发展,最惠待遇条款开始与互联网平台结合,产生了卖方或平台内经营者作出赋予平台经营者最优惠交易条件的承诺,即平台最惠待遇条款。平台最惠待遇条款与普通最惠待遇条款相比,在以下方面存在明显差异,这要求反垄断法给予不同关注。

第一,比较的对象不同。商业实践中的最惠待遇条款发生在普通卖方和买方之间,比较的是不同买方从同一卖方获得的购买价格;平台最惠待遇条款则是随着企业平台化趋势的发展而出现的一种条款,其发生在卖方与平台经营者之间,在代理模式下,平台最惠待遇条款对比的不是卖方给予不同平台的价格,而是卖方在不同平台上销售商品的价格。

第二,限制的价格类型不同。最惠待遇条款主要限制卖方给予中间买方的批发价,中间买方只有获得更优惠的批发价格,才能在零售环节拥有更大的定价空间;平台最惠待遇条款则直接限制零售价格,除自营产品以外,平台经营者变成了纯粹的中介组织,平台最惠待遇条款就是限制卖方在平台上的零售定价权。

第三,受益主体不同。尽管最惠待遇条款主要是买方对卖方的限制,但也存在相反的情形,这种条款是交易双方对交易价格的限制,受益人既可能是买方,也可能是卖方;平台最惠待遇条款的受益人一般是卖方和平台之外第三人(如消费者),当然平台本身也会成为受益人,因为平台实施平台最惠待遇条款的目的通常是获得用户安装基础和用户的注意力。平台最惠待遇条款将消费者从不同平台上的购买价格联系起来,一定程度上能从某一平台获得不低于其他平台的购买价格。

第四,被限制方不同。在最惠待遇条款中,买方是受益人时,限制的是卖方,而卖方是受益人时,限制的是买方;在平台最惠待遇条款中,由于平台往往拥有较大的市场力量,被限制方通常是依赖平台进行商品销售

---

[1] 焦海涛:"互联网平台最惠国条款的反垄断法适用",载《商业经济与管理》2021年第5期。

的卖方。[1]当然，平台最惠待遇条款有时也会限制新进入平台和小型平台参与市场竞争的机会。

二、平台最惠待遇条款构成的垄断行为类型

关于互联网平台经营者与平台内经营者之间签订的最惠待遇条款，可以分不同情形进行认定。在现行《反垄断法》下，平台最惠待遇条款可能构成的垄断行为包括纵向垄断协议、横向垄断协议和滥用市场支配地位。平台最惠待遇条款的法律规制可能同时涉及禁止垄断协议制度和禁止滥用市场支配地位行为制度。首先，如果互联网平台经营者具有市场支配地位，实施平台最惠待遇条款则可能构成滥用市场支配地位的行为，滥用市场支配地位制度也是规制平台最惠待遇条款的必要手段。[2]其次，如果互联网平台经营者与平台内经营者之间具有竞争关系，无论是关于销售数量，还是针对销售价格的最惠待遇条款，均可能被认定为横向垄断协议，这种垄断协议涵摄于《反垄断法》具体列举的垄断协议类型中，不存在适用兜底条款的困难。[3]最后，如果平台经营者与平台内经营者之间不具有竞争关系，则应认定为纵向垄断协议或者组织帮助型垄断协议。

（一）平台最惠待遇条款可能构成滥用市场支配地位行为

平台最惠待遇条款既具有协同效应，又会产生排他效果，因此平台最惠待遇条款的运用既可能构成垄断协议行为，也可能构成滥用市场支配地位行为。但为何反垄断执法机构更加青睐垄断协议的分析路径？为何学者们也多基于垄断协议的规制框架进行讨论？一是因为法律适用的便利性。在垄断协议的法律规制中，横向垄断协议适用本身违法原则，通常不需要结合相关市场、认定市场支配地位和进行效果分析；纵向垄断协议虽然可以适用安全港抗辩和竞争效果抗辩，但形式抗辩权的举证义务在被调查者

---

[1] 焦海涛："互联网平台最惠国条款的反垄断法适用"，载《商业经济与管理》2021年第5期。

[2] 焦海涛："互联网平台最惠国条款的反垄断法适用"，载《商业经济与管理》2021年第5期。

[3] 邰庆："垄断协议视角下的最惠国待遇条款"，载《人民论坛》2020年第15期。

或被告。二是因为最惠待遇条款法律规制的传统。早期最惠待遇条款的排除、限制竞争效果主要表现为共谋效应，竞争执法机构一般将其认定为垄断协议。从最惠待遇条款到平台最惠待遇条款的演变来看，平台最惠待遇条款不仅为竞争对手之间达成价格合谋提供了便利或工具，并开始成为大型平台经营者用来排斥竞争性平台的方式，但基于法律适用的惯性，一些反垄断执法机构仍然依循垄断协议的分析路径来分析平台最惠待遇条款的限制竞争问题。[1]

平台最惠待遇条款中的平台经营者占有市场支配地位时，可能构成滥用市场支配地位行为。由于卖方与平台经营者双方地位的差异，上游卖方往往不倾向于主动使用平台最惠待遇条款，但当作为交易方的平台经营者具有市场支配地位的情况下，上游卖方缺乏足够的替代性平台可供选择，不得不接受平台最惠待遇条款。拥有较大市场力量的平台经营者通过设置平台最惠待遇条款达到了排挤竞争性平台的效果。尤其是在数据驱动型经济中，平台经营者占据市场支配地位的情况比较常见，因而平台最惠待遇条款更容易被认定为滥用市场支配地位。[2]例如，欧盟"亚马逊电子书案"以亚马逊承诺放弃平台最惠待遇条款而结案。在承诺决定书中，欧盟委员会认为，亚马逊的平台最惠待遇条款主要涉嫌违反《欧盟运行条约》第一百零二条，即滥用市场支配地位规定，并且认定亚马逊具有市场支配地位。[3]在我国的"伊士曼案"中，伊士曼公司就因为联合使用照付不议条款和最惠待遇条款，而被认定为滥用市场支配地位的行为受到处罚。[4]就我国《反垄断法》的适用而言，具有市场支配地位的平台经营者实施平台最惠待遇条款的行为，可构成《反垄断法》第二十二条第一款第七项"国务院反垄断执法机构认定的其他滥用市场支配地位的行为"。

---

〔1〕 参见焦海涛："互联网平台最惠国条款的反垄断法适用"，载《商业经济与管理》2021年第 5 期。

〔2〕 谭晨："互联网平台经济下最惠国条款的反垄断法规制"，载《上海财经大学学报》2020年第 2 期。

〔3〕 Case AT. 40153 E-book MFNs and related matters（Amazon）.

〔4〕 参见《上海市市场监督管理局行政处罚决定书》〔2019〕（沪市监案处字第 000201710047 号）。

　　可见，在平台最惠待遇条款的反垄断法规制上，禁止滥用市场支配地位制度是其规制体系的一个重要组成部分，有学者曾批评欧盟热衷于运用《欧盟运行条约》第一百零一条（禁止共谋条款）来分析的平台最惠待遇条款的做法，认为这可能导致法律适用的不确定，在事实认定上则会造成错误的认定结论，与此同时，也会影响人们对商业行为合法与否的预期判断，因此，更应当依据《欧盟运行条约》第一百零二条（禁止滥用行为条款）来对平台最惠待遇条款进行评估。[1]至于适用禁止滥用市场支配地位制度时可能面临诸如相关市场的界定、市场支配地位的认定等方面挑战，这些挑战借助经济学手段、专家辅助人等并非不能克服，其不应成为选择法律适用依据的主要考虑因素，更何况实施平台最惠待遇条款的大型平台企业的市场支配地位更容易认定。[2]

　　（二）平台最惠待遇条款可能涉嫌构成横向价格协议

　　代理分销模式下的平台最惠待遇条款更可能构成横向垄断协议。一旦卖方与作为代理人的平台经营者之间存在竞争关系，平台最惠待遇条款便不可能构成纵向协议。当代理人和本人之间的代理关系和竞争关系交织在一起时，揭开这种代理关系的"面纱"后就会发现，两者之间的代理关系可能会演变为横向共谋。在平台经济领域，一方面，作为卖方的代理人，平台经营者与卖方之间具有纵向关系，另一方面，平台经营者也积极发展"自营"业务，参与卖方所在市场的竞争，这时平台经营者又与卖方构成竞争关系。在这种情况下，通过平台最惠待遇条款，平台经营者和卖方很容易协调各自商品的销售价格，在海量数据和先进算法的加持下，共谋者具有监督垄断协议实施的便利条件，并能及时对垄断协议中的背叛者给予惩戒。这显然会限制开展自营业务的平台经营者与卖方之间的价格竞争。

　　平台最惠待遇条款不仅限制了平台自营商品和卖方商品的价格竞争，而且也限制了不同平台上的价格竞争。在数据驱动型经济中，平台上某种

──────────

〔1〕 AKMAN P, "A Competition Law Assessment of Platform Most-Favored-CustomerC clauses", *Journal of Competition Law and Economics*, Vol. 12 , 2016, No. 4, pp. 781-833.

〔2〕 焦海涛："互联网平台最惠国条款的反垄断法适用"，载《商业经济与管理》2021年第5期。

商品的价格信息高度透明，当不同的平台经营者均与上游卖方订立平台最惠待遇条款时，出于经济人的本性，上游卖方同样不愿降低在某一平台的售价，其结果就是上游卖方在不同平台上提供商品采取了相同的价格，事实上使平台经营者之间达成了横向垄断协议。这种垄断协议限制了上游卖方的自主定价权，可以适用《禁止垄断协议规定》第八条第一款的规定进行评估。[1]

（三）平台最惠待遇条款有助于促成卖方达成轴辐协议

在平台分销模式中，平台经营者同时担任具有竞争关系的多个卖方的代理人，这些卖方可以借助平台最惠待遇条款很容易实现价格的一致。在就平台最惠待遇条款进行谈判时，平台经营者处于"轴心"地位，不同的上游卖方则处于"辐条"之上。一方面，由于处在"辐条"之上的上游卖方之间直接联络往往会留下共谋行为的证据，他们转而借助平台经营者进行间接联络；上游卖方都明白，平台经营者会将其与其他上游卖方的谈判情况（尤其是价格）透露给当前正在参与谈判的上游卖方。在上游卖方与平台经营者一对一的谈判中，平台最惠待遇条款起到传递价格信号的作用。如果每一个上游卖方都接受了平台最惠待遇条款，则意味着不同上游卖方在平台上实施了统一定价。上游卖方有时还会接受追溯性平台最惠待遇条款，即上游卖方不仅承诺在不同平台上统一定价，而且承诺将来一定时期内也不会降价。这种垄断协议中，上游卖方之间垄断协议的成立应以它们之间存在意思联络为前提，只是在平台经济领域中这种意思联络更加间接、更加隐蔽。[2]如果上游卖方没有任何合谋的合意，也未借助平台最惠待遇条款进行价格协调行为，平台最惠待遇条款是平台经营者单方要求或者威胁的结果，上游卖方本意上也不愿意接受这种限制，这时就不应将该行为认定为垄断协议，而更适宜的做法是将其认定为滥用市场支配地位行为。

---

〔1〕《禁止垄断协议规定》第八条第一款规定："禁止具有竞争关系的经营者就固定或者变更商品价格达成下列垄断协议：……（二）约定采用据以计算价格的标准公式、算法、平台规则等；（三）限制参与协议的经营者的自主定价权；……"

〔2〕焦海涛："反垄断法上轴辐协议的法律性质"，载《中国社会科学院研究生院学报》2020年第1期。

我国 2022 年修正的《反垄断法》并没有直接规定轴辐协议，而是命名为"组织、帮助型垄断协议"并明确了充当"轴心"角色的经营者的责任。[1]

（四）平台最惠待遇条款限制因超出代理范围而构成独立的纵向垄断协议

从上游卖方与平台经营者之间的代理关系来看，上游卖方是本人（被代理人），平台经营者则是代理人。如果代理协议限制了代理关系本身或者属于代理人对本人的限制，都将与代理关系无关，也就可能被认定为独立的纵向垄断协议。

首先，平台最惠待遇条款限制代理关系本身的情形。如平台经营者要求上游卖方只能在自己的平台上销售，平台获得了独家代理的地位，这就构成了限制代理关系本身。平台"二选一"就是这种行为的典型表现。只是在我国"阿里巴巴垄断案""美团垄断案"都适用了滥用市场支配地位规则，就是因为上游卖方都是被动接受了平台最惠待遇条款，且平台经营具有明显的市场支配地位。

其次，平台最惠待遇条款涉及对本人的限制。从代理关系的本质来看，本人（上游卖方）有权对代理人（平台经营者）的代理行为施加一定的限制。但在平台经济领域，平台经营者具有数据、算法和资本等方面的优势，平台最惠待遇条款显然是平台经营者对作为本人的上游卖方进行的限制，尤其是限制了上游卖方的定价权，这就超出了代理协议的范围，可能被认定为垄断协议。[2]

三、平台最惠待遇条款的竞争效果分析

（一）平台最惠待遇条款的双重效果

平台最惠待遇条款本身是中性的，从平台最惠待遇条款对竞争的影响

---

〔1〕《反垄断法》第十九条规定："经营者不得组织其他经营者达成垄断协议或者为其他经营者达成垄断协议提供实质性帮助。"第五十六条第二款规定："经营者组织其他经营者达成垄断协议或者为其他经营者达成垄断协议提供实质性帮助的，适用前款规定。"

〔2〕焦海涛："互联网平台最惠国条款的反垄断法适用"，载《商业经济与管理》2021 年第 5 期。

来看，既有正向影响也有负面影响。有的学者认为，平台最惠待遇条款同时具有促进竞争和限制竞争的双重效果，平台最惠待遇条款的促进竞争效果表现为：防止价格歧视，减少平台上的搭便车问题，预防套牢和拖延，减少交易成本。平台最惠待遇条款限制竞争的效果表现在：减少折扣动力，降低价格不确定性；致使价格一致，促进横向共谋；封锁市场；软化竞争。[1]也有学者持类似观点，即平台最惠待遇条款同时具有积极效果和消极效果，平台最惠待遇条款的积极效果为：防止"搭便车"行为，降低交易成本，减少交易风险。平台最惠待遇条款的消极效果为：建立市场进入壁垒，促进共谋。[2]因此，尽管实施平台最惠待遇条款可能构成不同的垄断行为类型，但除单独构成横向垄断协议的情形以外，都要进行利弊衡量。综上，平台最惠待遇条款促进竞争的积极效果主要为：防止价格歧视，减少搭便车行为，降低交易成本，减少交易风险；平台最惠待遇条款促进竞争的积极效果主要为：减少折扣动力，建立市场进入壁垒，促进共谋，软化竞争。

（二）平台最惠待遇条款的分析原则

从一般意义上的垄断行为的分析原则看，达成、实施垄断协议行为与滥用市场支配地位行为依循不同的分析原则。首先，针对垄断协议，美国在一系列判例中确立了合理原则和本身违法原则，合理原则也被称为弊害禁止原则，其基本要义是：对利弊兼具的垄断行为要进行利弊衡量，根据利弊衡量的结果来决定是否予以规制；本身违法原则是指对法律规定或判例法确定的行为类型，应直接认定为违法而无须考虑行为的意图、效果。欧盟对竞争分析的原则作了类似区分，即"依目的限制"和"依效果限制"，"依目的限制"相当于核心限制，是指具有损害竞争目的的合谋行为应被判定为违法，而没有必要分析其实际或潜在的竞争影响；"依效果限制"是指对非核心的限制竞争行为的法律规制要在分析其实际或潜在竞争影响的基础上进行。欧盟委员会认为最主要的三种依目的的限制行为是价

---

〔1〕 谭晨："互联网平台经济下最惠国条款的反垄断法规制"，载《上海财经大学学报》2020年第2期。

〔2〕 袁嘉：《互联网平台竞争的反垄断规制》，中国政法大学出版社2021年版，第72-73页。

格固定、产量限制和分割市场协议，这类限制行为无法适用安全港和豁免规定。[1]其次，针对滥用市场支配地位行为，由于各反垄断司法辖区仅反对市场支配地位的滥用，并不反对市场支配地位本身，滥用市场支配地位的分析原则应为合理原则或"以效果限制"原则。

由于平台经营者实施平台最惠待遇条款可能构成不同的垄断行为类型，对平台最惠待遇条款竞争效果的评估应适用不同的分析原则。如前所述，平台经营者实施平台最惠待遇条款可能构成滥用市场支配地位行为、横向垄断协议行为和纵向垄断协议行为，对于平台最惠待遇条款的分析应分为三种情形：一是实施平台最惠待遇条款可能构成滥用市场支配地位行为时，由于平台最惠待遇条款无法归类于我国反垄断法中的典型滥用市场支配地位行为中，在认定时可以运用《反垄断法》中"兜底条款"，适用合理原则或"以效果限制"原则进行分析。二是实施平台最惠待遇条款可能构成横向垄断协议时，2022 年《反垄断法》明确了对横向垄断协议仍然适用"禁止+豁免"原则。三是实施平台最惠待遇条款可能构成横向垄断协议时，2022 年《反垄断法》明确了对纵向垄断协议除了适用"禁止+豁免"原则，经营者还可以进行竞争效果抗辩和安全港抗辩。[2]

（三）平台最惠待遇条款的分析重点

在实施平台最惠待遇条款的行为中，除了可能构成横向垄断协议的行为适用本身违法原则或"依目的限制"原则外，对可能构成纵向垄断协议的行为和可能构成滥用市场支配地位的行为则需要进行竞争效果分析。由于平台最惠待遇条款具有积极效果和消极效果的双重效应，在决定是否对实施平台最惠待遇条款的行为予以豁免或者是否作出违法性认定时，需要

---

〔1〕 See Commission Staff Working Document, Guidance on Restriction of Competition "by Object" for the Purpose of Defining which Agreements may Benefit from the De Minimis Notice, June 3, 2015, European Commission, https://ec. europa. eu/competition/antitrust/legislation/de_ minimis_ notice_ annex_ en. pdf, last visited on August 22, 2021.

〔2〕《反垄断法》第十八条第二款和第三款规定："对前款第一项和第二项规定的协议，经营者能够证明其不具有排除、限制竞争效果的，不予禁止。经营者能够证明其在相关市场的市场份额低于国务院反垄断执法机构规定的标准，并符合国务院反垄断执法机构规定的其他条件的，不予禁止。"

考察多种因素，如相关市场竞争是否充分，相关市场上的平台经营者之间是否存在有效竞争；实施平台最惠待遇条款的平台经营者是否通过平台最惠待遇条款巩固或强化了市场力量；平台经营者通过实施平台最惠待遇条款是否事实上造成了不同平台经营者之间的价格共谋；平台经营者实施平台最惠待遇条款的行为是否形成或提高了市场进入壁垒；平台经营者的防止搭便车、保护前期投资等抗辩理由是否成立；等等。[1]

因此，对平台平台最惠待遇条款正负效果的权衡，竞争执法机构或法院在考察平台经营者实施平台最惠待遇条款的抗辩理由的同时，应重点评估平台最惠待遇条款是否减少了价格竞争和制造了进入壁垒。[2]平台最惠待遇条款对价格竞争的影响包括实施平台最惠待遇条款的行为可能限制上游供应商的定价权、不同平台经营者之间事实上的价格共谋排除了平台经济领域本应存在的价格竞争。处于领导地位的平台经营者借助平台最惠待遇条款，使得现实市场的竞争性平台经营者和潜在市场的新兴平台经营者难以获得有利的交易条件，进而可能限制竞争性平台经营者的市场扩张以及新平台经营者的市场进入。

四、平台最惠待遇条款的典型案例

关于平台最惠待遇条款的典型案例有美国的"苹果电子书案"和德国的"HSR 案"等。

（一）美国的苹果电子书案

"苹果电子书案"的背景为，亚马逊平台的电子书销售采用批发模式，售价被亚马逊平台固定为 9.99 美元，出版商对此表示不满。苹果公司为了抢夺亚马逊公司的电子书市场，设计了"代理模式"和平台最惠待遇条款。首先，代理模式使得电子书的零售价定价权掌握在出版商手中，并且苹果公司为出版商设定的价格上限分为两个档位，最高价格不得超过 12.99

---

〔1〕 孙晋、徐则林："平台经济中最惠待遇条款的反垄断法规制"，载《当代法学》2019 年第 5 期。

〔2〕 谭晨："互联网平台经济下最惠国条款的反垄断法规制"，载《上海财经大学学报》2020 年第 2 期。

美元和 14.99 美元，即"分层式最高价格"机制（Tiered Maximum Price/ Pricing Tiers with Caps），苹果公司的利润来源于抽取电子书零售价的 30% 作为佣金。其次，苹果公司设计平台最惠待遇条款要求出版商给予苹果公司最优惠的价格，如果出版商的电子书在第三方平台的售价低于在苹果公司 iBook 上的售价，则苹果公司有权将 iBook 中同类电子书的售价下调为市场内最低价。后来的事实表明，为了避免低价竞争，几大出版商对电子书都直接实行了顶格定价，由此导致电子书价格的普遍涨价。

在苹果电子书案中，上诉法院认为，苹果公司与出版商之间的行为属于"轴辐式"（Hub-and-Spoke）的横向定价，苹果公司处在"轴"的位置，各大出版商则处在"辐"的位置，表面上看是苹果公司分别与出版商签订了纵向垄断协议，但实质上是在出版商苹果公司的组织下达成了横向的固定价格协议，最终苹果公司在该案中被判令赔偿 4.5 亿美元。根据苹果电子书案可以总结借鉴，平台最惠待遇条款本身完全合法，但是其与其他商业模式的结合可能导致限制竞争的消极效果，这样就违反了反垄断法相关规定。虽然平台最惠待遇条款形式上表现为有着纵向竞争关系的经营者之间签订的纵向协议，但是如果采用了前述代理模式，利用该条款固定或抬高商品价格，实质则构成了轴辐协议，即我国《反垄断法》中的组织帮助型垄断协议，进而产生了横向共谋问题。当然，对平台最惠待遇条款带来的横向共谋进行违法性认定时，也有学者持相对谨慎的观点，认为美国法对核心卡特尔依据本身违法原则直接认定为行为违法的做法，是司法经验主义的产物，面对经济效果十分复杂的数字竞争行为，这种方法显得过于武断，容易导致误判。[1]

（二）德国的"HSR 案""Booking 案"

HRS、Booking 都是 OTA 行业的代表性经营者。[2]酒店预订的分销模

---

〔1〕　吴韬、何晴："美国'苹果电子书价格垄断案'争点释疑"，载《法学》2017 年第 2 期。

〔2〕　OTA，全称 Online Travel Agency，在线旅游服务代理商，是随着互联网时代的到来，兴起的一种旅游电子商务行业。和传统的线下旅行社不同，其将销售模式放在网上，指"旅游消费者通过网络向旅游服务提供商预订旅游产品或服务，并通过网上支付或者线下付费，即各旅游主体可以通过网络进行产品营销或产品销售"。

式分为批发模式和代理模式，其中，批发模式为传统分销模式，在这种模式下，酒店预订中介服务平台先自行购买酒店房间，然后再在自己的渠道上加价销售给最终消费者，由于酒店预订中介服务平台自身就拥有酒店房间的定价权，平台最惠待遇条款没有存在的空间。在 OTA 行业，酒店房间的分销实行代理模式，在这一模式下，酒店预订中介服务平台本身并没有酒店房间库存，也没有酒店房间定价权，其盈利来源于消费者所支付酒店房间价格乘以一定比例的交易佣金，酒店预订中介服务平台为了维持或强化竞争优势，倾向于实施平台最惠待遇条款对酒店的房间定价权进行限制。

在线酒店预订的代理分销模式引入的平台最惠待遇条款，同样存在广义平台最惠待遇条款和狭义平台最惠待遇条款之分，广义平台最惠待遇条款是指酒店在线预订平台要求酒店给予的交易条件既不低于第三方平台也不低于酒店自建的平台；狭义平台最惠待遇条款是指酒店在线预订平台要求酒店给予的交易条件不低于酒店自建的平台。德国联邦卡特尔局（Bundeskartellamt）在 2013 年 12 月就已经在"HRS 案"中作出广义平台最惠待遇条款违法的决定。2013 年 12 月 20 日，德国联邦卡特尔局认定德国在线预订服务平台 HRS 在与合作酒店签订合同中设定的平台最惠待遇条款构成垄断协议，违反了《德国反限制竞争法》第一条和《欧盟运行条约》第一百零一条，因此要求 HRS 于 2014 年 3 月 1 日前在所有影响德国酒店的合同和一般交易条件中删除了该等条款。[1]此外，2015 年 12 月 23 日，联邦卡特尔局在"Booking 案"中作出 Booking 的狭义平台最惠待遇条款违反《欧盟运行条约》第一百零一条和《德国反限制竞争法》的决定。[2]这一决定的整体分析思路和框架，与联邦卡特尔局在"HRS 案中"对广义平台最惠待遇条款的分析一脉相承，首先，联邦卡特尔局认为，狭义平台最惠待遇条款限制了酒店的自主定价，其本身就违反了德国相关法律；其次，在狭

---

〔1〕 Bundeskartellamt, HRS-Hotel Reservation Service, 9th Decision Division, B9-66 /10, 20 December 2013.

〔2〕 Bundeskartellamt, Booking. com B. V, 9th Decision Division, B9 - 121 /13, 22 December 2015.

义平台最惠待遇条款下，酒店可以给予 HRS 的竞争性平台更优惠的交易条件，表面上看能够促进 HRS 与其他平台或销售渠道之间的竞争，但由于酒店不愿意使自己处于竞争劣势，其未必愿意给予 HRS 较竞争性平台更优惠的交易条件，事实上未能带来 HRS 与其他平台或销售渠道之间的竞争。再次，尽管联邦卡特尔局在某种程度上也承认竞争性平台搭便车问题的存在，但其始终未能接受搭便车的抗辩。[1]

　　值得注意的是，在 HRS 案中，杜塞尔多夫（Düsseldorf）上诉法院驳回了 HRS 的上诉，否认了 HRS 主张的平台最惠待遇条款为持续投资下游在线平台的质量创造了激励措施。关于平台最惠待遇条款对下游在线平台的投资激励，法院经调查发现，OTA 平台在任何情况下都具有相当大的动机来提高其门户的质量，因为基于双边市场的特点，用户越多，平台在供需市场上的吸引力就越大。但在 2019 年 6 月，杜塞尔多夫上诉法院的态度出现了转折，撤销了联邦卡特尔局禁止 Booking 对位于德国的酒店实行狭义平台最惠待遇条款的裁决。该法院认为涉案条款对于确保"门户网站和酒店经营者之间签订公平的服务合同"是必要的，即有利于防止酒店对预订平台实施"搭便车"行为，因此并不构成对竞争的限制。至此，德国与其他欧盟成员国一样，在不同平台经营者之间存在竞争的条件下，承认了狭义平台最惠待遇条款的合法性。[2]

---

　　〔1〕　周丽霞："在线酒店预订平台运营模式引发的限制竞争问题研究——基于欧盟各国对酒店预订行业最惠待遇条款（MFN）存在争议的分析"，载《价格理论与实践》2016 年第 7 期。
　　〔2〕　如果不同平台之间缺乏竞争，狭义的平台最惠待遇条款也将被禁止。

第五章
数据驱动型滥用市场支配地位行为

数据驱动型滥用市场支配地位行为的法律规制，依然遵循界定相关市场、认定在市场支配地位、评估市场竞争影响的分析框架。在界定数据驱动型企业相关市场时，应注重多种方法的综合运用并改良假定垄断者测试法；在进行市场支配地位认定时，更应侧重考虑新的可竞争性的相关指标，考虑数据获取的稀缺性和数据搜集的规模与范围问题；在认定数据驱动型企业的行为是否构成滥用行为时，结合算法价格歧视、平台自我优待、拒绝适用必需设施等典型的滥用行为进行探讨。

第一节　数据驱动型滥用市场支配地位行为的一般原理

数据驱动型滥用市场支配地位行为的一般原理主要涉及数据驱动型滥用行为的构成要件、主要类型、规制理念。数据驱动型滥用市场支配地位行为的构成要件与一般滥用市场支配地位行为具有共同性，但也表现出一定特殊性；数据驱动型滥用市场支配地位行为是一般滥用市场支配地位行为的数字化表达；对于数据驱动型滥用市场支配地位行为应坚持积极审慎的监管理念。

一、数据驱动型滥用市场支配地位行为的构成要件

经营者滥用市场支配地位行为的构成要件有三要件说和四要件说，具体而言，《反垄断法》对明确列举的滥用市场支配地位行为和未明确列举

的滥用市场支配地位行为，规定了不同的构成要件。其一，关于《反垄断法》明确列举的滥用市场支配地位行为。根据《反垄断法》第二十二条的规定，滥用市场支配地位行为的认定要符合三个要件，即经营者具有市场支配地位；经营者实施了特定行为；经营者实施特定行为缺乏正当理由。[1]其二，关于《反垄断法》未明确列举的其他滥用市场支配地位行为。根据《禁止滥用市场支配地位行为规定》第二十条规定，认定其他滥用市场支配地位行为应符合四个要件，即经营者具有市场支配地位；经营者实施了排除、限制竞争行为；经营者实施相关行为不具有正当理由；经营者相关行为对市场竞争具有排除、限制影响。上述两大类滥用市场支配地位行为的区别在于是否需要"排除、限制竞争"要件，对两大类滥用市场支配地位行为的认定适用不同的构成要件，还是适用统一的构成要件，是我们有必要回应的问题。无论是从反垄断法"保护市场公平竞争"的立法宗旨来看，还是从反垄断法的实施实践（如"奇虎公司诉腾讯公司垄断案""阿里巴巴垄断案"等）来看，经营者特定行为对市场竞争的影响都应成为认定滥用市场支配地位行为的必不可少要件。另外，需要注意的是，上述四要件说中的要件二（经营者实施了排除、限制竞争行为）已经表明经营者行为的竞争影响，与要件四（经营者相关行为对市场竞争具有排除、限制影响）存在一定交叉关系，建议删去要件二中的"排除、限制竞争"表述。综上，认定滥用市场支配地位行为需要符合以下四个要件：经营者具有市场支配地位，经营者实施了特定行为，经营者实施特定行为缺乏正当理由，经营者行为排除、限制了市场竞争。

（一）经营者在相关市场具有市场支配地位

严格意义上讲，经营者的市场支配地位不同于市场力量，市场支配地位要求经营者的市场主导地位达到一定水平、可持续一段时间并有限制范围。经营者具有市场支配地位是认定滥用行为的前提，如果某经营者不具有控制、主导市场的能力，即使其实施了反竞争行为，也不会对相关市场造成排除、限制竞争的后果。认定企业是否具有市场支配地位主要依据三

---

[1]　丁茂中："自我优待的反垄断规制问题"，载《法学论坛》2022年第4期。

种标准，即市场结果标准、市场行为标准、市场结构标准。[1]我国《反垄断法》从经营者在相关市场的控制地位以及排除、限制竞争的能力两方面来认定市场支配地位。[2]

数据驱动型企业的市场支配地位认定，依然应考虑市场份额的作用，只是计算市场份额的指标更加多元，如活跃用户数、订单数、包裹数、点击量等等。除了市场份额，还要关注由网络效应导致的市场进入壁垒，用户单栖性和多栖性，平台锁定效应及用户转移成本，平台经营者的数据和算法控制力，对创新的影响，平台经营者在关联市场的优势地位，等等。针对数据驱动型经济带来的市场支配地位认定问题，欧洲监管中心（Centre on Regulation in Europe，CERRE）提出的数字市场支配地位"三项原则"对我国的市场支配地位有较强的借鉴意义。三项原则是指：第一，数据虽然是程序和算法开发所需的重要投入品，但并非独特投入品。其他投入品也很重要，比如技能、创造性劳动力（特别是计算机科学家与工程师）、资本以及分销渠道。劳动力的技能与创造力对于应用程序的成功非常关键。第二，以数据收集、存储和分析为主的大数据价值链具有直接/间接网络效应，在反垄断法的市场支配地位认定中需要予以考虑。这一原则不仅要求理解价值链的每个部分并对之进行分析，同时也要求理解价值链不同部分相互之间的互动以及可能的反馈循环（Feedback Loops），而非对价值链的每个部分进行孤立的分析。第三，由于每一种应用程序和算法都存在差异，因此在个案执法中应当具体问题具体分析。鉴于不同案件差异较大，无法提出具有普适性的具体方法，而确立较为灵活的分析框架更为合适。

（二）经营者实施了特定类型的行为

经营者具有市场支配地位本身并不违法，《反垄断法》规制的是滥用市场支配地位以排除、限制竞争的行为。滥用行为表现形式多样且不断演

---

〔1〕 袁嘉：《互联网平台竞争的反垄断规制》，中国政法大学出版社2021年版，第97—98页。

〔2〕 市场支配地位，是指经营者在相关市场具有能够控制商品价格、数量或其他交易条件，或者能够阻碍、影响其他经营者进入相关市场能力的市场地位。

变，因此各国往往采用原则性禁止加列举的方式来规定滥用行为的类型。我国《反垄断法》也采取这种体例，在第七条作出原则性规定，[1]在第二十二条列举了滥用行为包括不公平定价、掠夺性定价、拒绝交易、限定交易、搭售或附加不合理的交易条件、差别待遇等。

数据驱动型经济中典型的滥用市场支配地位行为有算法价格歧视和平台自我优待。首先，算法价格歧视也被称为算法个性化定价，是指经营者利用数据、算法和技术优势，在大数据分析的基础上对用户进行画像，并对不同用户实施不同价格的差别待遇行为。算法价格歧视目的在于实现"一人一价"或"千人千价"，应定性为一级价格歧视。算法价格歧视尽管可能排除、限制市场竞争，但也存在明显的合理性，对算法价格歧视的法律规制应避免采取"一刀切"禁止的方式。其次，自我优待是指具有市场支配地位的经营者利用其在上游（或下游）的市场力量支持其下游（或上游）业务参与市场竞争甚至排挤其他竞争对手的行为。经合组织在2020年发布的《滥用数字市场支配地位》的研究报告中，将自我优待行为归为平台滥用杠杆力量的行为，可以表现为拒绝交易、搭售或捆绑交易或者基于歧视待遇的利润挤压等。[2]

（三）经营者实施特定行为缺乏正当理由

经营者实施特定行为缺乏正当理由，并不当然意味着经营者的行为排除、限制了市场竞争，关于是否具有正当理由与是否产生排除、限制竞争效果的关系，最高人民法院在"奇虎公司诉腾讯公司垄断案"中指出，"被诉垄断行为是否具有正当性与其是否具有排除、限制竞争的效果并不完全一致，两者既有联系，又存在区别"。[3]两者最突出的区别体现在举证责任或证明责任上，对于是否具有正当理由，由反垄断民事诉讼中的被

---

[1]　《反垄断法》第七条规定："具有市场支配地位的经营者，不得滥用市场支配地位，排除、限制竞争。"

[2]　OCED, Abuse of Dominance in Digital Markets, 2020, p. 54, https://www.semanticscholar.org/paper/Abuse-of-Dominance-in-Digital-Markets%3A-OECD-Paper-Mancini/5624209071ee47e65ffede0ae8ccaace8e6529aa, last visited on March 23, 2022.

[3]　最高人民法院民事判决书（2013）民三终字第4号。

告或行政执法案件中被调查经营者承担举证责任；对于是否具有排除、限制竞争的效果，由反垄断民事诉讼中的原告承担举证责任或行政执法案件中反垄断执法机构进行证明。在反垄断实践中，经营者提出的抗辩理由形式多样，如隐私保护的抗辩、网络安全的抗辩、数据安全的抗辩、保障平台核心功能运行的抗辩，等等。以"阿里巴巴垄断案"为例，阿里巴巴提出了两项正当理由的抗辩，一是签订合作协议为平台内经营者自愿，会给予平台内经营者独特资源作为对价，属于激励性措施；二是所采取限制性措施是针对平台内经营者没有按照约定执行的情况，实施有关行为是保护针对交易的特定投入所必需。对于阿里巴巴的抗辩，国家市场监督管理总局认为，大部分含有"二选一"内容的合作协议并非平台内经营者自愿签订；部分平台内经营者并未因执行当事人口头要求而获得对价，取消对价只是当事人对平台内经营者进行处罚的手段之一；排他性交易并非保护特定投入所必需。因此，阿里巴巴提出的理由不能成立，实施有关行为没有正当理由。[1]

（四）经营者行为排除、限制了市场竞争

反垄断法禁止滥用市场支配地位制度遵循"合理原则"，其并不反对市场支配地位本身，而反对滥用市场支配地位并产生排除、限制竞争影响的行为。反竞争效果分析可以从多方面进行，如经营者行为是否排除、限制了相关市场的现实竞争和潜在竞争，平台经营者是否损害了平台内经营者的利益，是否限制了平台经济的创新发展，是否损害了用户尤其是消费者用户的利益，等等。在反垄断民事诉讼中，针对原告提出的被告行为排除、限制竞争的举证，被告可以提出反证；在反垄断行政执法案件，当事人可以在案件调查过程中提出其行为不具有排除、限制竞争影响的抗辩。我们可以称之为"关于市场竞争的抗辩"，也就是由经营者提出市场竞争并未因被诉行为而受损的理由和证据，如果市场竞争并未受到影响，反而更加激烈，自然不存在所谓的竞争损害。例如，在欧盟"谷歌比较购物案"中，谷歌声称，熊猫算法并没有导致竞争性比较购物服务的通用搜索

---

[1] 国家市场监督管理总局国市监处〔2021〕28号。

流量的任何下降，因为在该行为发生的十三个欧洲经济区国家中，通用搜索流量没有以一致的方式减少。相反，在特定国家，竞争性比较购物服务的商业模式和商家平台的存在，尤其是亚马逊，是竞争性比较购物服务的通用搜索流量下降的"更合理"原因。欧盟委员会认为，谷歌的上述主张缺乏根据。因为熊猫算法减少了从谷歌的通用搜索结果页面到竞争性比较购物服务的通用搜索流量。相比之下，谷歌的比较购物服务从未被熊猫算法降级。[1]

二、数据驱动型滥用市场支配地位行为的主要类型

（一）对滥用市场支配地位行为类型的不同认识

根据我国《反垄断法》的规定，滥用市场支配地位行为的类型主要有：不公平的高价销售或低价购买行为、没有正当理由的低于成本的销售行为、没有正当理由的拒绝交易行为、没有正当理由限定交易行为、没有正当理由的搭售行为或附条件交易行为、没有正当理由的差别待遇行为、其他滥用市场支配地位的行为。在数据驱动型经济中，多数滥用市场支配地位的行为都可以归入传统的滥用行为类型；无法归入传统的滥用行为类型的，则可以依据《反垄断法》第二十二条第一款第七项的兜底条款，纳入"其他滥用市场支配地位的行为"。

数据驱动型滥用市场支配地位行为是指经营者利用数据、算法等优势从事的滥用市场支配地位行为，对其行为类型，理论界还存在不同认为。有的学者重点讨论了拒绝数据开放行为、算法歧视行为、隐私维度的滥用市场支配地位等。[2]有的学者主要对大数据杀熟行为、自营优待行为进行分析。[3]还有的学者认为，数据驱动型滥用市场支配地位的行为主要类型为：利用数据实施价格歧视（Price Discrimination）、签订排他性协议（Exclusive Contracts）、拒绝数据开放（Refusal to Access）、差别性数据开放

〔1〕　CASE AT. 39740 Google Search（Shopping）.

〔2〕　韩伟：《迈向智能时代的反垄断法演化》，法律出版社 2019 年版，第 94 页。

〔3〕　万江：《数字经济与反垄断法：基于理论、实践与国际比较的视角》，法律出版社 2022年版，第 48 页、第 154 页。

（Discriminatory Access to Data）。[1] 需要说明的是，上述数据驱动型滥用市场支配地位行为类型中，有些行为只是命名方式不同，其实质上属于同一类滥用市场支配地位行为，如大数据杀熟行为与算法价格歧视行为等。

（二）上述行为在《反垄断法》框架下的归类

上述数据驱动型滥用行为，基本上可以归入我国《反垄断法》明示的滥用市场支配地位行为中。第一，剥削性滥用行为。隐私维度的滥用市场支配地位行为可能构成剥削性滥用行为。剥削性滥用不仅体现为不公平的价格，还涉及附加不公平的交易条件。由于用户数据是一种有价值的商品，这里的不公平条款往往涉及过度以及剥削性地收集和处理用户的个人数据。这种滥用造成的消费者损害主要表现为三种具体形式：较差的质量、较少的选择以及创新减少。2019 年 2 月，德国联邦卡特尔局发布最终决定，认定脸书利用不公平交易条款收集与使用用户数据的行为构成剥削性滥用。[2] 第二，拒绝交易行为。当数据被认定为一种必需设施的情况下，拒绝数据开放行为可能构成反垄断法中没有正当理由的拒绝交易行为。从自我优待的本质来看，其很难构成搭售行为和差别待遇行为，自我优待只能从拒绝交易的角度进行处理。[3] 第三，限定交易行为。具有数据优势地位的经营者，滥用优势地位签订排他性协议，限定交易相对人只与其进行交易或只与其制定的经营者进行交易，可能构成反垄断法中没有正当理由的限定交易行为。隐私维度的滥用市场支配地位行为可能构成排他性滥用行为中的限定交易行为，如 2018 年谷歌与 MasterCard 达成一项协议，MasterCard 允许谷歌访问其交易信息，从而提升了谷歌在数字广告领域的市场力量，如果这种协议是排他性的，无疑会抑制谷歌竞争对手的市场进入。第四，差别待遇行为。差别待遇行为是指平台经营者对条件相同的交易相对人在交易价格等交易条件上予以区别对待，且没有合理理由，

---

〔1〕 金逸权："数据驱动型企业滥用市场支配地位之反垄断法规制"，浙江理工大学 2018 年硕士学位论文。

〔2〕 韩伟：《迈向智能时代的反垄断法演化》，法律出版社 2019 年版，第 148—150 页。

〔3〕 侯利阳："《反垄断法》语境中自我优待的分类规制方案"，载《社会科学辑刊》2023 年第 3 期。

既包括交易价格上的差别待遇，如利用数据实施价格歧视、算法价格歧视，也包括其他交易条件上的差别待遇，如差别性数据开放等。

（三）本章重点讨论的滥用市场支配地位行为

根据对数据驱动型滥用市场支配地位行为的归类，本章将重点分析算法价格歧视行为、平台自我优待行为、拒绝使用必需设施行为。其一，算法价格歧视行为。大数据杀熟行为是算法价格歧视的通俗化表达，并非学术化用语。由于算法价格歧视具有正负两方面的双重效果，对算法价格歧视的违法性认定不应采取"一刀切"的做法。其二，平台自我优待行为。平台自我优待行为既可能构成无正当理由的拒绝交易行为，也可能构成《反垄断法》兜底条款中的"其他滥用市场支配地位的行为"。如果交易相对人向平台经营者提出给予平等待遇的请求而遭后者拒绝，平台经营者的拒绝行为可能被认定为拒绝交易行为。但是，如果平台经营者遭遇反垄断调查或交易相对人对平台经营者提起反垄断民事诉讼时，交易相对人并未向平台经营者提出给予平等待遇的请求，这时难以将平台经营者的行为认定为拒绝交易行为，反垄断执法机构可将平台经营者的行为认定为"其他滥用市场支配地位的行为"，人民法院在尊重反垄断法执法机构认定结论的基础上进行裁判，或通过行使自由裁量权进行认定，或根据修改后的司法解释进行认定。其三，拒绝使用必需设施行为。在数据驱动型经济中，操作系统、算法、数据等均可能被认定为必需设施，尤其是数据被认定为必需设施的情形下，必需设施的控制者是否有开放设施的义务，必需设施控制者的利益如何保障，有必要对这些问题在权衡各方权益的基础上予以回应。

三、滥用市场支配地位行为的规制理念

（一）具有市场支配地位并不必然滥用市场支配地位

数据和算法的应用通常会带来规模效应（Scale Effect），[1]具有数据优势地位的经营者通过数据分析提供个性化服务，吸引更多的用户使用其

---

〔1〕 See Nils-Peter Schepp and Achim Wambach, "On Big Data and Its Relevance for Market Power Assessment", *Journal of European Competition Law & Practice*, Vol. 7, 2016.

服务并获得更多数据。而且，数据驱动型经济具有明显的双边或多边市场特征，数据驱动型平台的不同边之间存在显著的交叉网络效应，受网络效应和平台生态化的影响，市场竞争的结局往往是赢者通吃（Winner Takes All），强者越强，弱者越弱，直至退出市场。网络市场的"721 法则"在一定程度上也适用于数据驱动型竞争，即排名第一的企业往往占据 70%的市场份额，排名第二的企业占据 20%，其余的竞争者则争夺剩下 10%的市场份额。而且，数据驱动型经济的相关市场还可能存在较高的进入壁垒，使得潜在进入者难以进入市场，新进入企业也无法与拥有海量数据和先进算法的在位企业进行竞争。

但是，数据驱动型企业拥有市场支配地位并不必然意味着会滥用该支配地位，更不代表企业的行为构成非法垄断行为。优胜劣汰是竞争的必然结果，经营者之间的竞争可以"你死我活"，但是不能超越底线，也就是经营者竞争时只要没有违反法律的禁止性规定，即使造成竞争对手退出市场，国家一般也不应主动干预。同时，在位领导企业的成功，既有企业创始人商业模式创新的原因，也是前期大量人力、财力投资的结果，作为经济人，企业天生有动机去追求回报，而对市场的不当介入则可能抑制市场主体投资和创新的积极性，反而不利于经济的发展。可以说，双边市场特性、规模效应及网络效应并不必然意味着在位领导企业会排除、限制竞争，反垄断法并不反对企业做大做强，而反对企业滥用其市场力量，实践中只需要重点关注具有市场支配地位的数据驱动型企业是否滥用数据竞争优势去排除、限制市场竞争。

（二）对数据驱动型企业滥用行为监管原则的思考

对互联网企业滥用市场支配地位行为进行反垄断执法时，应选择执法谦抑的执法策略、执法态度和执法原则。[1]反垄断执法机构对市场经济的干预应坚持"审慎原则"，防止"泛干预主义"，反垄断法应以一种克制和

----

〔1〕 焦海涛："论互联网行业反垄断执法的谦抑性——以市场支配地位滥用行为规制为中心"，载《交大法学》2013 年第 2 期。

谦逊的品格嵌入市场失灵的边界之中。[1]随着大数据时代的到来，互联网企业的竞争在一定程度上已经转变为数据驱动型竞争，那么学者主张的"执法谦抑""审慎原则"等还能否适用，是我们需要思考的问题。特别是在国家明确要求"强化反垄断和防止资本无序扩张"的背景下，从 2020 年开始，反垄断执法机构积极推进平台经济领域的反垄断监管，查处一些具有较大市场力量的数据驱动型企业，如"阿里巴巴垄断案""美团垄断案""知网垄断案"等。因此，在这种情况下，如果再主张过去的"审慎原则"就显得不合时宜了。正如有学者指出，要改变过去消极的包容审慎监管状态，这种所谓监管往往是"不监管、弱监管"，而追求一种积极有效的包容审慎监管。[2]

　　积极有效的包容审慎监管原则，既体现在已经生效的反垄断行政处罚决定中，也内嵌于 2022 年修正的《反垄断法》之中。首先，在针对部分数据驱动型企业的行政处罚决定书中，反垄断执法机构力求平衡促进平台经济发展与反垄断的关系，既给予滥用市场支配地位的企业一定惩戒，维护反垄断法的权威，也对被调查者提出相应的合规指导，实现了处罚与教育的相互结合。例如，在"阿里巴巴垄断案"行政处罚决定书中，反垄断执法机构一方面对阿里巴巴处以上一年度销售额 4% 的罚款，即 182.28 亿元，另一方面又另行制作《行政指导书》，指导阿里巴巴依法合规经营。其次，2022 年修正的《反垄断法》也体现出积极有效的包容审慎监管原则。一方面，《反垄断法》在总则中强调"国家坚持市场化、法治化原则"，突出竞争规则要"与社会主义市场经济相适应"。[3]该规定要求反垄断执法机构在执法过程中要尊重市场的决定性作用，在市场调节失灵或市场自我修复的成本较大时，反垄断执法机构才可介入市场。另一方面，《反垄断法》在总则中也规定"不得利用数据和算法、技术、资本优势以及平台

---

〔1〕　汪改丽："论反垄断法的谦抑性"，载《经济法论丛》2015 年第 1 期。
〔2〕　孙晋："数字平台的反垄断监管"，载《中国社会科学》2021 年第 5 期。
〔3〕　《反垄断法》第四条第二款规定："国家坚持市场化、法治化原则，强化竞争政策基础地位，制定和实施与社会主义市场经济相适应的竞争规则，完善宏观调控，健全统一、开放、竞争、有序的市场体系。"

规则等"从事垄断行为;[1]在滥用市场支配地位制度中,禁止经营者"利用数据和算法、技术以及平台规则等"从事法律规定的滥用行为。[2]这些规定无疑成为悬在大型数据驱动型平台企业头上的达摩克利斯之剑,为反垄断执法机构的主动出击提供了有效工具。

第二节 算法价格歧视

算法价格歧视(Algorithmic Price Discrimination)也称算法个性化定价(Algorithmic Personalized Pricing),其在我国是自 2018 年年初以大数据"杀熟"之名被媒体曝光的。[3]所谓大数据"杀熟",是指经营者借助数据优势和算法技术而实施的对具有购买经历的消费者(熟客)设定更高价格的一种差异化定价行为。[4]但是,大数据"杀熟"只是算法价格歧视的一种俗称,其并非学术用语,且主观色彩较为浓厚。[5]因此,我们主要使用算法价格歧视或算法个性化定价这一叫法。算法价格歧视的监管手段,除了反垄断法外,还包括反不正当竞争法、价格法、消费者权益保护法、数据保护法等。例如,从消费者保护法角度看,监管机构应重点关注消费者知悉真情权和自由选择权的保护,在救济措施方面,经合组织曾经对其15 个成员国做过一个调查,发现最常见的救济措施是直接禁止,大部分国家还会使用罚款以及名誉罚等,也有少数国家采取给予消费者赔偿。[6]从数据保护法角度看,鉴于算法价格歧视的实施需要大量采集和使用消费者

---

[1] 《反垄断法》第九条规定:"经营者不得利用数据和算法、技术、资本优势以及平台规则等从事本法禁止的垄断行为。"

[2] 《反垄断法》第二十二条第二款规定:"具有市场支配地位的经营者不得利用数据和算法、技术以及平台规则等从事前款规定的滥用市场支配地位的行为。"

[3] 张璁:"'大数据杀熟'带来监管挑战",载《人民日报》2018 年 3 月 28 日,第 19 版;陈静:"滴滴、携程等公司被曝存在'杀熟'情况,侵犯消费者知情权",载 https://finance. china. com/consume/11173302/20180330/32250645_ all. html,最后访问日期:2023 年 11 月 18 日。

[4] 喻玲:"算法消费者价格歧视反垄断法属性的误读及辨明",载《法学》2020 年第 9 期。

[5] 雷希:"论算法个性化定价的解构与规制——祛魅大数据杀熟",载《财经法学》2022 年第 2 期。

[6] OECD, Personalized Pricing in the Digital Era-Background Note by the Secretariat, 2018, p. 37.

的数据，数据保护法在监管手段上显得越来越重要，数据驱动型经营者利用消费者数据进行用户个人画像、自动化决策定价等都属于个人隐私和数据保护的范畴，从限制数据滥采滥用的途径限制个性化定价的无序蔓延，也不失为一种监管路径的选择。[1]

在反垄断法视域下，算法价格歧视可能构成滥用市场支配地位行为中的差别待遇行为。价格歧视对市场竞争的影响大致有两方面：一方面是对行为人所处市场竞争的损害（一线竞争或横向竞争损害）；另一方面是对交易对象所处市场竞争的损害（二线竞争或纵向竞争损害）。算法价格歧视是在数据驱动型经济发展中出现的新现象，这一新现象对反垄断法的实施提出了挑战，如何在现行反垄断法框架下对算法价格歧视行为进行有效监管，是各反垄断司法辖区必须面对的问题之一。

一、算法价格歧视的基本界定

（一）算法价格歧视的含义

算法价格歧视是指数据驱动型经营者利用数据、算法，针对不同用户或消费者收取不同价格以获得最大化生产者剩余的行为。算法价格歧视本质上仍属于一种价格歧视，但在实施手段、对象、效果等方面与传统的价格歧视有所区别，在实施手段上，算法价格歧视通过数据和算法达到价格歧视的目的；在实施对象上，算法价格歧视的对象为接受数字服务的用户或终端消费者；在实施效果上，大数据分析技术的应用能够实现"千人千价"，达到一级价格歧视的效果。对于算法价格歧视，学术界从不同视角进行了界定：（1）有的强调对不同交易对象的个性化定价无关成本差别，认为算法价格歧视是指平台经营者在挖掘、收集、分析消费者个人消费偏好数据的基础上，根据用户对平台信赖程度的高低而收取高低不等的不反映成本差别的价格。[2]（2）有的突出消费者对价格的承受力和敏感度，认

---

〔1〕 万江：《数字经济与反垄断法：基于理论、实践与国际比较的视角》，法律出版社 2022 年版，第 153-154 页。

〔2〕 邹开亮、刘佳明："大数据'杀熟'的法律规制困境与出路——仅从《消费者权益保护法》的角度考量"，载《价格理论与实践》2018 年第 8 期。

为算法价格歧视（算法个性化定价或算法差异化定价），是指经营者通过收集、清洗、处理和分析消费者行为数据，并利用数据和算法对消费者进行画像，预测不同消费者最高保留价格，以此为基准就相同商品对不同消费者设定高低不同的价格。[1](3) 有的将实施主体限定为具有市场支配地位的经营者，认为算法价格歧视是指具有市场支配地位的经营者，利用数据优势和先进算法对用户进行大数据分析和大数据画像，并在此基础上对不同用户实施差异化定价的行为。[2]上述定义有以下共性：一是经营者都利用了数据和算法对用户进行画像；二是对不同用户设定的不同价格并不反映成本差别；三是算法价格歧视是否违反反垄断法要在个案中进行分析。

（二）算法价格歧视的表现形式

从算法价格歧视的实施手段看，算法价格歧视的实施手段具有多样性，算法价格歧视因实施手段差异而呈现出不同表现形式。具体包括：利用消费者数据进行价格歧视，是指经营者利用算法在对消费者的预订信息、支付信息、评价信息等进行大数据分析的基础上，根据消费者的不同购买意愿和价格承受能力进行差异化定价；利用消费地点进行价格歧视，是指经营者通过分析消费者的消费场所和经营者分布信息，并利用算法技术在竞争者分布较少的消费场所设置高价；利用消费者使用的终端进行价格歧视是指经营者根据消费者所使用终端设备的价格，推测不同消费者价格承受能力和支付意愿的高低，进而对消费者进行个性化定价。[3]

从算法价格歧视的应用场景看，算法价格歧视可以应用于不同场景，不同场景的算法价格歧视的表现形式也有所不同。具体表现形式有：有大量产品需要定价的领域，如在线零售等，在这种场景下，经营者通过算法对消费者进行大数据画像，对有购买竞争对手商品意愿的消费者实施低价

---

〔1〕 雷希："论算法个性化定价的解构与规制——祛魅大数据杀熟"，载《财经法学》2022年第2期。

〔2〕 参见靳昊："反垄断法，离你的生活并不远"，载《光明日报》2018年7月29日，第7版。

〔3〕 黄伟川："大数据杀熟的定性及违法性分析"，载《中国价格监管与反垄断》2022年第8期。

策略，而对具有较高价格承受能力的消费者设置高价；需求波动比供给波动显著更快的领域，如网约车、酒店和机票，在这种场景下，经营者利用算法分析供求关系变化，通过差异化定价实现经营者整体利润最大化，以网约车平台为例，其会在网约车供给较少的时段和地段提高网约车价格；服务成本因人而异的领域（如信贷、保险），在这种场景下，经营者通常在科学评估消费者风险的基础上，对不同消费者设计差异化定价。[1]

（三）算法价格歧视的分析视角

对算法价格歧视可以从不同视角进行分析，如行为定性视角、损害法益视角、透明度视角等，不同的分析视角可能会产生算法价格歧视违法性认定的不同结论。具体可以从五个角度对算法价格歧视进行分析：第一，歧视定价与歧视杠杆。分析特定行为属于"歧视性定价"还是"歧视性杠杆"，目前针对算法歧视，各界主要关注歧视性定价行为，2017年欧盟对"谷歌比较购物案"的处理重点关注了歧视性杠杆，这两类算法歧视在具体的违法性认定上，会有一定的差异。第二，排他性滥用与剥削性滥用，在市场支配地位滥用规则体系中，美欧反垄断执法部门往往优先关注排他性滥用行为，在数字经济环境下，反垄断执法部门还需要思考如何对待具有剥削性滥用属性的算法歧视行为。第三，损害自由与损害公平。分析算法歧视行为是"损害竞争的自由"还是"损害竞争的公平"，这一问题涉及数字经济环境下反垄断法宗旨的演化。歧视行为往往与不公平产生直接的联系，而在美国和欧盟反垄断执法框架下，传统上不会重点关注公平问题，但近年来针对包括算法歧视在内的数字经济领域的很多新现象，国际竞争法理论与实务界已经开始出现了一定程度的松动。[2]基于我国《反垄断法》确定的多元目标，如何更好地应对数字经济的发展，值得我们思考。第四，基于偏好与基于感知。分析算法歧视行为是"基于客户的偏好"还是"基于客户的感知"，一般而言，"基于客户的偏好"有助于资

---

〔1〕　喻玲："算法消费者价格歧视反垄断法属性的误读及辨明"，载《法学》2020年第9期。

〔2〕　How can competition contribute to fairer societies? http://www.oecd.org/daf/competition/how-can-competition-contribute-to-fairer-societies.htm, last visited on May 20, 2022.

源优化配置；"基于客户的感知"则可能破坏市场竞争秩序。[1]第五，透明与不透明。分析算法歧视的市场环境是"透明"还是"不透明"。目前国际上很多文献都认为，在不透明的市场环境下（包括消费者不知晓或者不容易知晓自己被歧视）实施的算法歧视，更容易被认定为违法行为。[2]

二、算法价格歧视为一级价格歧视

算法价格歧视本质上仍属于价格歧视，价格歧视是指经营者销售同一种商品或提供同一种服务时，对不同消费者收取不同价格的行为。在经济学中，价格歧视包括三种类型：一是"一级价格歧视"，即根据不同消费者的支付意愿和承受能力对不同消费者进行个性化定价，经营者为不同消费者设置的价格是消费者最愿意支付的价格；二是"二级价格歧视"，即根据不同消费者的购买量或消费量的不同对不同消费者设置不同的价格，实践中"薄利多销"就属于典型的二级价格歧视；三是"三级价格歧视"，即根据消费者的年龄、身份、身高、身体状况等，对不同消费者进行差异化定价，如实践中的老年票、学生票等。数据驱动型经营者利用数据优势和算法技术，根据不同消费者的消费偏好、支付意愿、价格承受能力等对消费者进行精准画像，进而实施"一人一价"的个性化定价行为，这种算法价格歧视更接近于一级价格歧视。[3]

（一）算法价格歧视具备一级价格歧视的经济学条件

算法价格歧视应归类为一级价格歧视，经营者实施一级价格歧视应符合一定的经济学条件：第一，经营者具有一定的市场力量，甚至具有市场

---

[1] 如果算法歧视基于客户的不同偏好而设置差异化条件，那么歧视在很多情况下是有助于资源优化配置的。但如果歧视基于经营者以虚假宣传等方式，导致消费者错误感知（包括对自身需求的错误感知），则这种情形下的算法歧视很可能不会导致资源优化配置，也更容易破坏市场竞争秩序，损害消费者利益。

[2] 韩伟：《迈向智能时代的反垄断法演化》，法律出版社 2019 年版，第 142 页。

[3] 黄伟川："大数据杀熟的定性及违法性分析"，载《中国价格监管与反垄断》2022 年第 8 期。

支配地位，这种市场力量使得经营者能够将价格提高到边际成本或竞争性价格水平之上。第二，经营者能够测算出不同消费者群体的需求强度，并根据需求强度不同对消费者群体进行准确区分。第三，经营者具有识别消费者消费意愿的能力，并根据不同消费意愿对消费者设置不同价格。第四，如果消费者之间信息畅通，就可能出现转售套利的情况，客观上会使一级价格歧视无法实现，因此还要求消费者之间信息不对称且不存在转售套利的条件。[1]在数字经济时代，数据驱动型经营者在收集海量用户数据的基础上，利用数据分析技术和先进算法对数据进行深度挖掘，并对消费者进行精准画像，进而对不同消费者设计不同的价格，实现了"一人一价""千人千价"。因此，算法价格歧视实质上符合上述一级价格歧视的四个条件。

（二）　算法价格歧视具有一级价格歧视的技术条件

在传统经济中，经营者实施一级价格歧视往往不具有技术条件，但是随着数据分析技术的发展和先进算法的应用，对消费者实现"一人一价"已经成为一种常态，数据驱动型经营者俨然具备了实现一级价格歧视的技术条件。在数据驱动型经济中，平台尤其是交易型平台的双边市场属性，使得平台一边的经营者能够通过数据和算法来匹配交易对象、降低交易成本，并依据消费者的消费偏好、忠诚度、价格承受力等因素对消费者用户设定不同价格或给予不同价格优惠，让平台两边的主体都能从交易中获益。[2]不同于传统实体商店的交易，数据驱动型经济中的算法价格歧视难以被发现，或者被察觉后其不合理性难以识破。在过去的线下交易模式中，消费者主要在实体店铺完成交易，实体店面统一"明码标价"并面向所有消费者公开，消费者较容易发现同一商品不同实体店铺或同一实体店铺的不同时段所销售价格的差异，但是，算法价格歧视往往依托特定的网络交易平台，每个消费者都是通过平台独立完成每一笔交易，消费者难以

---

〔1〕　邹开亮、刘佳明："大数据'杀熟'的法律规制困境与出路——仅从《消费者权益保护法》的角度考量"，载《价格理论与实践》2018 年第 8 期。

〔2〕　黄伟川："大数据杀熟的定性及违法性分析"，载《中国价格监管与反垄断》2022 年第 8 期。

觉察其他消费者支付价格的差异，而且，经营者也会引导消费者认同价格差异的合理性，如打车软件平台通常会以交通高峰时段车辆少或恶劣天气打车难来诱导消费者加价。

三、算法价格歧视行为违法性分析

由于算法价格歧视的经济效果变动不居，只有结合市场结构进行分析才能得出科学结论，以"大数据杀熟"为代表的算法消费者价格歧视不能一禁了之。[1]对算法价格歧视的反垄断监管不宜采用一刀切禁止的思路。我国《个人信息保护法》《互联网信息服务算法推荐管理规定》《浙江省电子商务条例》等仅禁止"不合理"的算法价格歧视，这些规定正在尝试从"一刀切"禁止的监管策略转变为合理分析路径。[2]

（一）算法价格歧视行为的分析步骤

我国《反垄断法》第二十二条禁止具有市场支配地位的经营者没有正当理由，对条件相同的交易相对人在交易价格等交易条件上实行差别待遇。构成反垄断法上的差别待遇行为需要满足以下条件：经营者在相关市场具有市场支配地位；经营者实施了特定行为；经营者没有正当理由；经营者的特定行为产生了排除、限制竞争的效果。差别待遇条款适用的前提条件是平台经营者在相关市场具有市场支配地位，如果在网络效应和用户锁定效应的作用下，消费者无法在不同平台上比较价格并基于价格进行转换，实施算法价格歧视行为可能违反反垄断法。

在反垄断法中，价格歧视的违法性认定需要严格的条件，一般应包括以下分析步骤：第一，确认差别定价不是基于（边际）成本的不同。如果经营者面对不同消费者的边际成本不同，将相同商品出售给不同消费者的价格也会有所差异，这种差异化定价具有合理性，否则，就需要接受严格检视。第二，认定经营者尤其是平台经营者具有市场支配地位。在反垄断

---

〔1〕 喻玲："算法消费者价格歧视反垄断法属性的误读及辨明"，载《法学》2020年第9期。

〔2〕 雷希："论算法个性化定价的解构与规制——祛魅大数据杀熟"，载《财经法学》2022年第2期。

法的框架下，讨论算法价格歧视是否构成滥用市场支配地位行为，需要确认经营者或平台经营者是否具有市场支配地位。一般而言，经营者的市场力量越大，其实施剥削性行为的风险也就越高。第三，分析算法价格歧视对消费者福利和经济效率的影响。由于算法价格歧视行为的经济效果具有模糊性，有必要运用足够的证据证明该行为造成了社会损害和经济损害，进行这种分析需要平衡消费者个人福利和社会整体福利。第四，评估影响的持续性。如果算法价格歧视只是提高了市场整体的平均价格，由于市场本身具有自我修复功能，这种暂时的价格变化不需要反垄断法的介入；相反，当市场进入壁垒明显或转换成本较高而使得算法价格歧视的负面效果难以消解时，反垄断法就有必要及时干预。第五，明确算法价格歧视的源头。引发算法价格歧视的因素有很多，如企业实施渗透市场的战略、回应消费者的偏好、价格缺乏透明度、数据采集和分析的结果等，只有明确找到价格歧视的源头，才能采取适当的监管手段和救济措施。[1]

（二）竞争损害和消费者损害评估

算法价格歧视的竞争分析结果决定了该行为在反垄断法框架下合法与否，而竞争分析最为关键的是对算法价格歧视的经济效率和竞争损害的评估。我们既要看到算法价格歧视可能造成竞争损害和消费者损害的一面，也要看到其促进和提升社会效率的可能。

1. 对静态效率的影响

算法价格歧视可能增加静态效率（分配效率），算法价格歧视通常对高收入者施以高价，对低收入者给予低价，这样就可以推动企业对低收入消费者降低价格，同时从高收入者那里获得利润。

如果商品的定价维持在与高端消费者相同的利润水平，则低端消费者无法承受这一价格水平。如果经营者能够以更低的价格提供给低端消费者，就可以在一定程度上增加低端消费者的需求，从而实现商品供给和需

---

〔1〕　参见曾雄："'大数据杀熟'的竞争法规制——以个性化定价的概念展开"，载《互联网天地》2019 年第 9 期。OECD Secretariat. Personalised Pricing in the Digital Era, 2018, p. 30, http://www.oecd.org/daf/competition/personalised-pricing-in-the-digit al-era.htm, last visited on May 30, 2021.

求的匹配，提升社会整体的静态效率（Static Efficiency）。也就是说，算法价格歧视可以提高社会整体产出和消费需求。当然，有另一种意见认为，算法价格歧视将消费者对其他商品的需求转移到实施个性化定价的商品上来，因此这种所谓效率是以牺牲其他商品的消费为代价的。而且，在数字经济时代，一方面很多商品的边际成本为零，商品产出原本就是无限的，因此所谓的提高商品产出和消费的效应在数字经济时代要大打折扣；另一方面在某些情况下（如在线贷款或租车服务中），低端消费者反而被收取更高的价格，因为他们的违约率可能更高。[1]

2. 对分配结果的影响

算法价格歧视有助于实现社会剩余在高支付意愿的消费者和低支付意愿消费者之间、消费者和经营者之间的转移，这意味着算法价格歧视能够促进低端消费者福利甚至整体消费者的福利的提升。其中，算法价格歧视对消费者与经营者之间剩余分配的影响，可能会引起以提升消费者福利为执法标准的反垄断执法机构的关注。因为算法价格歧视所产生的重新分配效果既可能让消费者获益也可能让消费者受损，而不是必然会促进社会剩余朝着有利于消费者或低端消费者的方向转移。如果经营者在相关市场占有市场支配地位，其利用算法定价实施一级价格歧视的风险就会更高。在理论上，在一级价格歧视下，每个消费者都支付了其愿意支付的价格，经济剩余将完全地被经营者"捕获"，而使消费者福利可能降低至零；相反，如果个性化程度较小，经营者设定的价格接近成本，则几乎所有剩余都将向消费者转移。

3. 对动态效率的影响

借助算法价格歧视，经营者能够在不牺牲销量的情况下提高收入，这有助于激励经营者进一步创新和开展差异化竞争。但需要注意的是，算法价格歧视对动态效率的影响取决于特定市场条件。在动态和高度创新的市场中，特别是在数据驱动型经济中，算法价格歧视可能带来动态效率的提

---

[1] OECD Secretariat. Personalised Pricing in the Digital Era, 2018, pp. 5–6, http://www.oecd. org/daf/competition/personalised-pricing-in-the-digit al-era. htm, last visited on May 30, 2021.

升，激励经营者通过创新和差异化的方式形成市场势力。而且，只要经营者不是通过反竞争的方式维持其市场势力，这种市场势力只是暂时的，市场进入壁垒并不高，新的市场进入意味着动态效率的获得可以传导至消费者身上。当然，在高度管制的市场或垄断市场上，经营者具有稳固的市场势力，算法价格歧视则可能会促进寻租行为，经营者企业利用算法价格歧视进行寻租将降低社会福利，导致负面效果产生。[1]

（三）妨碍性滥用和剥削性滥用

1. 滥用市场支配地位的实践

根据滥用市场支配地位行为损害的对象，一般可将其分为妨碍性滥用和剥削性滥用，前者是指一个具有市场支配地位的经营者，利用市场支配地位妨碍公平竞争，排挤竞争对手，或者阻止潜在竞争者进入市场；后者是指经营者以损害不同层次的供应商、客户或消费者的方式（如对消费者收取过高的价格等），来滥用其市场支配地位。妨碍性滥用包括支配地位企业的垂直或者水平合并、拒绝供应、忠诚折扣以及独家或者有选择的销售制度等手段；剥削性滥用主要是指平台经营者向交易相对人提出不合理的交易条件，特别是采用不合理的垄断价格、在不同客户之间进行歧视或差别待遇、强制交易等行为。[2]在大部分反垄断司法辖区中，剥削性滥用较少受到监管。

一般而言，经营者的市场力量越大，其实施算法价格歧视并损害消费者福利的可能性越高，而如果同时有两个以上的竞争性企业实施算法价格歧视，由于两家企业存在明显的价格竞争，这种情形下的算法价格歧视通常不会对消费者有害，反而可能有利。更重要的是，那些容易引发价格歧视对市场竞争造成损害的因素在在线市场会被放大。[3]

---

〔1〕 曾雄："'大数据杀熟'的竞争法规制——以个性化定价的概念展开"，载《互联网天地》2019 年第 9 期。

〔2〕 尚明：《对企业滥用市场支配地位的反垄断法规制》，法律出版社 2007 年版，第 162 页。

〔3〕 OFT, The Economics of Online Personalised Pricing, 2013, p. 5, https://webarchive. nationalarchives. gov. uk/20140402154756/http：//oft. gov. uk/shared_ oft/research/oft1488. pdf, last visited on Jan. 5, 2022.

2. 妨碍性滥用还是剥削性滥用

（1）妨碍性滥用。在一些情况下，算法价格歧视作为一种排他性滥用行为，特别是企业利用价格策略将目标定位于竞争对手的客户，以更低的价格销售，试图封锁市场，妨碍现有竞争者扩张、阻止潜在竞争者进入市场。价格歧视是掠夺性定价、忠诚折扣、边际挤压等排他性滥用行为的常用手段。这种策略被称为选择性定价（Selective Pricing），欧盟委员会已经就多起选择性定价的案件发起调查。但整体而言，算法价格歧视不应一概被认定为违法，其对市场竞争的影响应基于个案分析。例如，在"英特尔（Intel）诉欧盟委员会案"中，欧洲法院（ECJ）认为欧盟委员会应对英特尔提供的支持其使用忠诚折扣的经济效果予以考虑，并撤销了欧盟委员会对英特尔的巨额罚款。[1]

（2）剥削性滥用。由于数据驱动型经营者向交易相对人提出了不合理的交易条件，算法价格歧视更可能构成滥用市场支配地位行为中的剥削性滥用。对算法价格歧视的反竞争效果分析可能取决于特定司法辖区的反垄断法的立法宗旨。根据国际竞争网络（ICN）的调查，将消费者福利视为反垄断法的主要目标或目标之一的司法辖区占比高达89%。当然，也存在一些国家将整体福利作为反垄断法的目标，代表性国家有：加拿大、澳大利亚、新西兰、挪威和南非等。[2]在那些将消费者福利作为反垄断法目标之一的国家中，促进效率提升（不必然传导至消费者）在其反垄断法的目标中具有重要地位，这就要求反垄断执法机构在执法中要对经济效率与消费者福利进行权衡。当然，美国芝加哥学派甚至将经济效率与消费者福利等同起来，并提出反垄断法的唯一宗旨就是实现消费者福利最大化。[3]

一般而言，在消费者福利作为反垄断法首要目标的国家中，反垄断执法机构在执法中也会积极推动消费者福利保护，更容易找到算法价格歧视

---

〔1〕 Case C-413/14 P, Intel v Commission, 06/09/2017.

〔2〕 阳雪雅："网络差别定价的类型与规制"，载《东岳论丛》2022年第8期。

〔3〕 时建中主编：《反垄断法——法典释评与学理探源》，中国人民大学出版社2008年版，第7-8页。

存在竞争损害的证据，进而认定其构成剥削性滥用、违反了反垄断法。因为个性化定价总是对一些消费者有益，同时对另一部分消费者有害，对算法价格歧视的反竞争效果分析应该基于整体消费者福利，而不是基于对部分消费者的损害。[1]

（四）算法价格歧视的抗辩理由

基于对平台企业经营自主权和商业模式的尊重，我国《禁止滥用市场支配地位行为规定》第十九条第三款[2]和《平台经济领域的反垄断指南》第十七条第三款[3]规定了平台经营者实施差别待遇的"正当理由"，平台经营者可以基于上述"正当理由"对其算法价格歧视行为进行抗辩，抗辩理由成立的，则不构成滥用市场支配地位行为。根据上述法律规定，平台经营者面对有关算法价格歧视的反垄断调查或反垄断民事诉讼时，可以从以下方面提出正当理由的抗辩：一是根据交易相对人实际需求且符合正当的交易习惯和行业惯例，实行不同交易条件；二是针对新用户在合理期限内开展的优惠活动；三是基于平台公平、合理、无歧视的规则实施的随机性交易；四是能够证明行为具有正当性的其他理由。在反垄断行政执法案件中，基于人工智能的自动化决策作出的算法差别定价行为是否存在法定的正当理由，反垄断执法机构需要依据个案情形予以判定。[4]

关于算法价格歧视的反垄断规制，有学者提出了负面清单（黑名单）、正面清单（白名单）、存疑清单（黄名单）的设想，其中，列入正面清单

---

〔1〕曾雄："'大数据杀熟'的竞争法规制——以个性化定价的概念展开"，载《互联网天地》2019年第9期。

〔2〕《禁止滥用市场支配地位行为规定》第十九条第三款规定："本条所称'正当理由'包括：（一）根据交易相对人实际需求且符合正当的交易习惯和行业惯例，实行不同交易条件；（二）针对新用户的首次交易在合理期限内开展的优惠活动；（三）基于公平、合理、无歧视的平台规则实施的随机性交易；（四）能够证明行为具有正当性的其他理由。"

〔3〕《平台经济领域的反垄断指南》第十七条第三款规定："平台经济领域经营者实施差别待遇行为可能具有以下正当理由：（一）根据交易相对人实际需求且符合正当的交易习惯和行业惯例，实行不同交易条件；（二）针对新用户在合理期限内开展的优惠活动；（三）基于平台公平、合理、无歧视的规则实施的随机性交易；（四）能够证明行为具有正当性的其他理由。"

〔4〕参见Oxera Economics Counci："当算法设定价格：谁输谁赢"，喻玲等译，载《竞争政策研究》2019年第5期。

（白名单）的行为可以构成正当理由的抗辩。根据《反垄断法》《禁止滥用市场支配地位行为规定》《平台经济领域的反垄断指南》的相关规定以及域内外反垄断法的实施实践，几种特定类型的算法价格歧视行为应被列入垄断行为的正面清单（白名单），它们通常不构成滥用市场支配地位行为中的差别待遇行为。[1]（1）基于"公平、合理、无歧视"规则实行的随机性差别定价行为。所谓基于"公平、合理、无歧视"规则实行的随机性差别定价行为，是指经营者主要基于成本因素、季节不同、数量差异等客观理由而实施的差别定价行为。（2）基于交易相对人的差异化需求而实行的合理差别定价行为。所谓基于交易相对人的差异化需求而实行的合理差别定价行为，是指具有市场支配地位的经营者按照消费者的个性化需求，为其提供个性化的商品或服务，并向消费者收取差异化的商品价格或服务费用。（3）符合商业道德与商业惯例的合理差别定价行为。所谓符合商业道德与商业惯例的合理差别假定行为，是指具有市场支配地位的经营者根据公认商业道德与通行商业惯例，在收集、分析海量用户数据的基础上，利用算法技术对消费者进行准确画像，进而对不同标签的消费者实施差异化定价。对商业道德与商业惯例的认定，理论界和实务界还存在一定争论。最高人民法院曾在司法解释中对商业道德的认定作出了指引。[2]（4）契合法律、行政法规与国家政策要求的合理差别定价行为。所谓契合法律、行政法规与国家政策要求的合理差别定价行为，是指具有市场支配地位的经营者针对不同的消费者实行的差异化定价行为符合法律、行政法规的规定，与国家政策的倡导性、鼓励性要求相一致。

---

〔1〕 施耀恬、翟巍："平台经济领域'大数据杀熟'行为的反垄断规制路径"，载《竞争政策研究》2022年第1期。

〔2〕《最高人民法院关于适用〈中华人民共和国反不正当竞争法〉若干问题的解释》第三条规定："特定商业领域普遍遵循和认可的行为规范，人民法院可以认定为反不正当竞争法第二条规定的'商业道德'。人民法院应当结合案件具体情况，综合考虑行业规则或者商业惯例、经营者的主观状态、交易相对人的选择意愿、对消费者权益、市场竞争秩序、社会公共利益的影响等因素，依法判断经营者是否违反商业道德。人民法院认定经营者是否违反商业道德时，可以参考行业主管部门、行业协会或者自律组织制定的从业规范、技术规范、自律公约等。"

四、算法价格歧视行为的救济

(一) 行为性救济面临的规制障碍

如果数据驱动型企业实施的算法价格歧视行为构成滥用市场支配地位，如何通过我国《反垄断法》进行充分、有效的救济，将是我国反垄断执法机构面临的一大挑战。从我国《反垄断法》的规定看，除经营者集中审查环节存在事前的结构性救济与行为性救济机制设计之外，垄断协议与滥用市场支配地位的反垄断救济措施，都缺乏结构性救济与行为性救济的规则基础。我国《反垄断法》第五十七条规定了针对滥用市场支配地位行为的救济方式，主要包括停止违法行为、没收违法所得以及行政罚款。[1]尽管我国《反垄断法》第五十三条规定了导致行政执法"终止调查"的承诺制度，[2]但该条能否作为垄断协议与滥用市场支配地位案件中设置结构性救济与行为性救济的法律依据，也是不明确的。值得注意的是，依据美欧等反垄断司法辖区的经验，针对高科技行业滥用行为的反垄断救济大多涉及行为性救济，即涉案企业需要在特定期限内承担一定的作为义务。比如 2017 年欧盟委员会查处的"谷歌比较购物案"，谷歌便需要承担一系列持续的行为性义务。[3]

目前我国《反垄断法》针对滥用市场支配地位行为的"停止违法行为"，仅仅是"不作为义务"，并没有法条明确规定针对滥用行为反垄断救济的"作为义务"。这使得反垄断执法部门在针对算法歧视类滥用市场支

---

〔1〕《反垄断法》第五十七条规定："经营者违反本法规定，滥用市场支配地位的，由反垄断执法机构责令停止违法行为，没收违法所得，并处上一年度销售额百分之一以上百分之十以下的罚款。"

〔2〕《反垄断法》第五十三条第一款和第二款规定："对反垄断执法机构调查的涉嫌垄断行为，被调查的经营者承诺在反垄断执法机构认可的期限内采取具体措施消除该行为后果的，反垄断执法机构可以决定中止调查。中止调查的决定应当载明被调查的经营者承诺的具体内容。反垄断执法机构决定中止调查的，应当对经营者履行承诺的情况进行监督。经营者履行承诺的，反垄断执法机构可以决定终止调查。"

〔3〕 Case AT. 39740-Google Search（Shopping）, http://ec. europa. eu/competition/elojade/isef/case_ details. cfm? Proc_ code=1_ 39740, last visited on July 19, 2022.

配地位行为时，如果最终要附加行为性救济，可能面临一定程度的规则适用障碍。从目前我国反垄断执法部门查处的滥用市场支配地位案件来看，救济措施均体现为停止违法行为、没收违法所得以及罚款三大方面。在相关案件中，针对"停止违法行为"，往往设置的是不作为义务，措施表述为"不得"从事特定行为，并没有设置持续性的作为义务。比如，在国务院反垄断执法机构（原国家工商行政管理总局）查处的利乐案中，责令停止违法行为的要求具体包括：（1）不得在提供设备和技术服务时无正当理由搭售包材；（2）不得限制无正当理由限制包材原纸供应商向第三方供应牛底纸；（3）不得制定和实施排除、限制包材市场竞争的忠诚折扣。[1]因此，我国反垄断执法部门如果对在线平台的算法歧视展开执法调查，且最终认定构成滥用市场支配地位时，如何适用我国《反垄断法》的具体规则进行有效的反垄断救济，包括能否设置行为救济，即对涉案企业提出一定时期的作为义务要求，仍存在不确定性。

（二）警惕提升算法透明度带来的寒蝉效应

就我国而言，以"大数据杀熟"为代表的算法价格歧视问题，有观点便认为，这类行为侵犯了消费者对商品或服务价格的知情权，[2]因此，未来针对算法歧视的反垄断执法中，提升算法的透明度可能是公众的诉求之一。但是，通过反垄断执法部门直接处理算法的透明度问题，其执法依据无疑会受到质疑。此外，即使不考虑前述执法行为面临的法律障碍，通过反垄断执法对平台经营者设置提升算法透明度的行为性义务，这类行为性救济措施如何有效实施与监督，如何确保不会对市场带来抑制创新的寒蝉效应，这些都是很大的挑战。

（三）避免设置难以执行的 FRAND 义务

针对平台经营者的特定算法歧视行为，依据我国《反垄断法》规定的

---

〔1〕 参见国家工商行政管理总局工商竞争案字〔2016〕1号。

〔2〕 陈静："滴滴、携程等公司被曝存在'杀熟'情况，侵犯消费者知情权"，载 https://finance.china.com/consume/11173302/20180330/32250645_all.html，最后访问日期：2022年10月30日。

"停止违法行为"这一核心救济措施类型，"停止歧视"的逻辑结果就是"非歧视"，因此执法部门很可能会考虑对平台经营者的算法定价设置非歧视义务，甚至设置范围更广的 FRAND（公平、合理和非歧视）义务。尽管我国针对垄断协议以及滥用市场支配地位的反垄断案件中，还没有出现过非歧视或 FRAND 这类行为性义务，但是过去我国商务部审查的经营者集中案件中，已经在一些附条件批准的案件中设置了非歧视义务，甚至 FRAND 义务。比如，在 2018 年 3 月，商务部附条件批准的拜耳股份公司收购孟山都股权案中，商务部认为此项集中在全球数字农业市场可能具有排除、限制竞争效果。最终的救济措施便包括：在拜耳、孟山都及集中后实体的商业化数字农业产品进入中国市场之日起 5 年内，基于公平、合理、无歧视条款，允许中国所有农业软件应用程序开发者，将其数字农业软件应用程序连接到拜耳、孟山都及集中后实体在中国应用的数字农业平台上，允许中国所有用户注册使用拜耳、孟山都及集中后实体的数字农业产品或应用程序。[1]

2018 年年初，我国三家反垄断执法部门整合，统一隶属于新成立的国家市场监督管理总局，即经营者集中、垄断协议以及滥用市场支配地位反垄断审查的职能与执法人员都进行了整合。在这种环境下，过去经营者集中环节设置的非歧视条款以及 FRAND 义务的经验，势必会对涉及算法歧视的滥用案件中救济措施的选择与设计产生一定程度的影响。值得注意的是，在数字经济环境下，平台经营者实施的差别待遇，在很多情形下有利于资源配置，具有促进竞争的效果，也有利于消费者利益。未来针对平台经营者算法价格歧视的反垄断执法，即使执法部门认定特定行为构成滥用市场支配地位行为，由于数字市场发展迅速，歧视行为所处市场环境变化迅速，因此应避免像处理经营者集中案件那样，设置 FRAND 义务比较抽象、可操作性不强、难以监督且容易对市场干预过度的行为性救济措施。[2]

---

〔1〕　参见中华人民共和国商务部公告 2018 年第 31 号（网址为：http://www.mofcom.gov.cn/article/b/g/201804/20180402737974.shtml）。

〔2〕　韩伟：《迈向智能时代的反垄断法演化》，法律出版社 2019 年版，第 143-146 页。

五、对算法价格歧视的基本立场展望

算法歧视包括算法非价格歧视和算法价格歧视，从反垄断法滥用市场支配地位制度来看，两者都可能构成无正当理由的差别待遇行为，但也可能认定为独立的新型垄断行为。算法非价格歧视的典型案例为欧盟"谷歌比较购物案"，[1]算法价格歧视尚缺乏典型的反垄断案例。尽管实践中基本不存在以个性化定价为基础的完全价格歧视（一级价格歧视）案例，但这并不影响企业通过其他定价策略实现类似的目标，如根据搜索查询记录进行定价。因此，有必要借鉴各司法辖区研究报告的观点，为我国算法价格歧视的反垄断法规制做好理论准备。

近年来，域外主要反垄断司法辖区陆续发布了一系列研究报告，一些研究报告直接或间接涉及算法歧视定价问题。（1）2013年，英国公平贸易办公室（OFT）发布了《个性化定价：提升透明度去增进信任》调研报告。该报告指出，当存在下列情形时，则会导致执法方面的关注：消费者无法轻易地避免被个性化，例如因为交易方要求消费者登录，个性化可以被搜索引擎服务商实施，或者个性化基于IP地址、浏览器类型或消费者使用的设备；消费者不知道它正在发生；消费者不能轻易看到其他客户支付的价格，例如价格是动态的，或大多数消费者获得了某种形式的折扣。当竞争无效的市场（如缺乏消费者的转移使得公司的价格和服务没有受到竞争的有效约束）出现这些情况时，特别容易出现竞争问题。[2]（2）2017年，欧洲监管中心（CERRE）发布了《大数据与竞争政策：市场力量、个性化定价与广告》报告。该报告指出，个性化定价的福利效应并不清晰，价格歧视并不必然损害福利或消费者剩余，从经济学角度看，对个性化定价采取本身违法的禁止原则并不合理。价格歧视的竞争关注之一是其可以

---

〔1〕 Case AT. 39740-Google Search (Shopping)，http://ec. europa. eu/competition/elojade/isef/case_ details. cfm? Proc_ code=1_ 39740，last visited on July 19, 2022.

〔2〕 OFT, Personalised Pricing: Increasing Transparency to Improve Trust, 2013, https://webarchive. nationalarchives. gov. uk/ukgwa/20140402165101/http: /oft. gov. uk/shared _ oft/markets - work/personalised-pricing/oft1489. pdf, last visited on June 20, 2022.

被用作一种垄断工具,比如,一家在位企业可能通过设定很低的价格,抢先进入或打入某消费群体,在位企业也可能通过忠诚折扣去阻碍竞争对手进入市场,如果价格歧视取决于详细的消费者数据,并且在位企业排他性地获得了这类消费者数据,则前述竞争关注会更为严重。这种潜在的排他性行为需要竞争执法部门予以规制,但并非需要对个性化定价本身予以禁止。因此,该报告的主要政策建议为,个性化定价策略应该是透明的,从而确保消费者对在线市场的信任,以给所有在线市场参与者带来积极影响。(3)2018 年,经合组织发布报告了《数字时代的个性化定价》报告。该报告的以下结论值得关注:首先,个性化定价是一种价格歧视行为,个性化定价的依据是终端消费者的个人特征和行为偏好。其次,个性化定价具有两面性,一方面,通常情况下个性化定价能够促进市场竞争,提升消费者福利水平;另一方面,个性化定价在特定情形下也可能损害竞争,剥削消费者。克服个性化定价的风险,需要综合适用包括竞争法、消费者保护法和数据保护法在内的多种政策工具。再次,在竞争法框架下,个性化定价主要适用滥用市场支配地位条款,因而需要一个前提,即相关企业具有显著的市场势力。最后,在不公平的理念下,消费者保护规则可以发挥重要作用。[1](4)2021 年,英国竞争与市场监管局(CMA)发布了《算法何以能减少竞争和损害消费者》研究报告。该研究报告指出,算法个性化定价尽管有时会损害消费者利益,甚至侵蚀整体经济效率,但有时也能够增加消费者福利。[2]

借鉴域外反垄断司法辖区发布的研究报告,并结合我国反垄断立法和实践,我们认为我国对算法价格歧视行为的反垄断规制需要注意以下几个方面:一是认定算法价格歧视行为违法的前提是实施算法价格歧视行为的经营者在相关市场具有市场支配地位。算法价格歧视可能构成反垄断法禁

---

〔1〕 OECD Secretariat. Personalised Pricing in the Digital Era, 2018, p. 30, https://www.oecd. org/daf/competition/personalised-pricing-in-the-digit al-era. htm, last visited on May 30, 2021.

〔2〕 CMA. Algorithms:How They Can Reduce Competition and Harm Consumers, https://www.gov. uk/government/publications/algorithms-how-they-can-reduce-competition-and-harm-consumers, last visited on Jan. 5, 2022.

止滥用市场支配地位行为制度中的差别待遇行为，差别待遇既包括交易价格的区别对待（如算法价格歧视），也包括其他交易条件的区别对待（如针对不同交易相对人给予不同流量支持的算法非价格歧视）。[1]无论是算法价格歧视，还是算法非价格歧视，其违法性认定都遵循相同的分析框架。二是算法价格歧视是一个中性概念，实施算法价格歧视行为并非当然违法。一方面，算法价格歧视并非当然合法，尽管算法作为一项技术可以适用"技术中立"的抗辩，但是算法作为一项应用通常体现了算法背后经营者的意志，可能内嵌限制竞争的指令。另一方面，算法价格歧视也并非当然违法，相比较价格歧视，算法个性化定价是一个更显中性的术语。正是考虑到差别待遇行为具有促进竞争和限制竞争的双重效果，我国《反垄断法》规制的是缺乏正当理由的差别待遇行为，《禁止滥用市场支配地位行为规定》《平台经济领域的反垄断指南》则进一步细化了《反垄断法》中的正当理由。三是算法价格歧视涉及反垄断法、消费者保护法等不同法律，其未必一定是反垄断法问题。如前所述，为了克服算法价格歧视的风险，需要使用反垄断规则、消费者保护规则、数据保护规则等不同政策工具，但是，具体适用何种政策工具要视情况而定。比如，当消费者依据消费者权益保护法对实施算法价格歧视行为的经营者提起诉讼，那么这一诉讼就是消费者保护纠纷，媒体上使用的"大数据杀熟"用词更多的是基于消费者保护角度。关于反垄断纠纷与消费者保护纠纷的关系，我国最高人民法院指出，反垄断法的立法目的主要在于维护市场竞争机制，有效配置资源，保护和促进竞争。其对消费者的保护着眼于竞争行为是否损害了保障消费者福利的竞争机制，既不以某一行为是否为消费者所满意作为判断标准，也不刻意保护某一具体消费者的利益。消费者认为因经营者销售相关商品违反价格法等相关规定，损害其消费者权益的，原则上应当依据消费者权益保护法等其他法律保护自己的权益。[2]

---

[1] 从我国《反垄断法》的规定来看，算法价格歧视还可能被认定为"以不公平的高价销售商品"的行为（剥削性滥用）、"以低于成本的价格销售商品"的行为（妨碍性滥用）。

[2] 最高人民法院（2021）最高法知民终1020号。

第三节　平台自我优待

自我优待（Self-preferencing）也称为自营优待，该行为普遍存在于既提供平台服务又兼营自营业务的各类平台中。一般而言，这种平台不仅包括互联网平台也涵盖传统线下平台，如沃尔玛等线下零售平台。平台经营者的自我优待行为催生了新的反垄断隐忧，引起了反垄断行政执法机构和司法机关的关注。2017年欧盟委员会经过近十年的调查，最终认定谷歌偏袒比较购物自营服务的行为违反了《欧盟运行条约》第一百零二条规定，并对该行为处以重罚。2021年11月，欧盟普通法院驳回了谷歌的上诉，支持欧盟委员会对谷歌的处罚结果。此外，欧盟委员会还调查了亚马逊的两项自我优待行为，即针对亚马逊利用平台上第三方独立卖家的数据助力和支持自身零售业务的行为进行调查和针对亚马逊利用购物黄金车（Buy Box）对自营零售业务或使用亚马逊物流服务的卖家的优待行为进行调查。

一、平台自我优待的基本界定

自我优待确实是数字经济反垄断执法中提出的新概念，尤其是2020年美国国会众议院《数字市场调查报告》中明确接受了这一概念并专门就数字企业的自我优待行为提出了针对性的反垄断执法改革建议，该行为已经被视为数字经济环境下可能引起竞争关注的问题之一。

（一）平台自我优待的缘起

从对平台经营者自我优待问题进行研究的文献来看，我国学界对该问题关注的时间相对较晚。但平台经营者的自我优待行为源起于行业竞争实践，其并非一个新问题，相关的纠纷也由来已久。平台自我优待行为产生于2009年3月谷歌的竞争对手提交给欧盟委员会的一封投诉信之中，参与投诉的先后有英国电商网站Foundem、法国搜索平台eJustice等十九家企业，这些企业认为谷歌通过算法操纵搜索结果，刻意排除竞争对手比较购物服务的搜索结果或将竞争对手的搜索结果降级，而优待自己运营的具有垂直搜索功能的比较购物网站，将自己的比较购物网站在谷歌通用搜索结果中优先展示。这些投诉人认为谷歌的行为违反了《欧盟运行条约》第一百零二条禁止滥用市场支配地位行为的规定。[1]

除谷歌公司外，苹果公司也因"苹果税"和自我优待引起了反垄断执法机构的关注。苹果公司的竞争问题主要表现在：（1）对通过苹果应用商店（App Store）销售的应用程序及 在 IOS 应用程序内进行的支付收取高达30%的佣金（也被戏称为"苹果税"）。（2）苹果通过预装应用程序、默认设置、控制应用程序编程接口（API）等方式，优待苹果自身开发的软件，损害竞争性软件的开发者。（3）苹果操纵算法在应用软件搜索排名中优待自家软件，将自家软件排在搜索结果更靠前的位置，进而排挤竞争对手的应用程序。（4）苹果凭借其应用商店的渠道功能，获取依赖这些渠道的第三方开发者的竞争性敏感信息（Competitively Sensitive Information），以此来辅助并优化自身应用程序开发，进而增强相对于第三方应用的竞争优势。（5）苹果还通过直接下架应用等方式对第三方应用进行排挤。例如，苹果在上线自己的家长控制应用时，同类第三方应用采用了移动设备管理（MDM）技术，苹果就曾以第三方应用具有安全隐患为名将其下架。[2]近年来，苹果公司的盈利增长点逐渐转向了基于存量设备的应用服务，在我国，苹果应用商店（App Store）也因为"苹果税"而被广大开发者提起反垄断投诉。在美国，消费者也针对高额的"苹果税"提起了反垄断诉讼。[3]

（二）平台自我优待的内涵厘定

一般而言，平台自我优待（Platform Self-preferencing），是指平台经营者与平台内经营者在同一市场竞争时，平台经营者通过制定平台规则或者利用自己独特的资源，对平台自己的产品或服务给予优惠待遇的行为。但

---

〔1〕 刘单单："国际视野下平台自我优待行为的反垄断规制"，载《价格理论与实践》2022年第 1 期。

〔2〕 陈永伟："美国众议院《数字市场竞争状况调查报告》介评"，载《竞争政策研究》2020年第 5 期。

〔3〕 张江莉：《反垄断法在互联网领域的实施》，中国法制出版社 2020 年版，第 231 页。

无论是理论界还是实务界，都未对自我优待的概念达成共识。理论界对平台自我优待的界定主要从以下角度进行：（1）考虑到平台经营者自我优待行为既可能源于平台制定的平台规则，也可能源于平台对自身拥有的其他资源的利用，有的学者认为，自我优待行为是指相对于平台内经营者而言，平台经营者通过制定平台规则或者利用自己独特的资源，对自身产品或服务给予优待的行为。[1]（2）有的学者则立足于人工智能、大数据、云计算等数字技术快速发展的背景，认为自我优待行为是平台企业与平台内企业在同一市场展开竞争时，平台企业会利用在其他市场获得的资源优势，夺取竞争优胜结果的行为。[2]（3）从"杠杆效应"来看，自我优待是将某平台的市场力量进行杠杆传导的方式，即当平台经营者与使用该平台的经营者所提供的产品和服务相竞争时，平台经营者优待自身产品或服务的行为。[3]（4）从纵向竞争关系来看，自营优待行为是指同时在上、下游是开展经营活动的平台经营者，利用其在上游（或下游）的市场力量支持下游（或上游）业务参与市场竞争，进而排斥其竞争对手的行为。[4]综上，自我优待的内涵涉及四个因素：背景、主体、行为、后果。首先，平台经营者自我优待以数据驱动型经济为大背景，不包括传统行业的自我优待行为；其次，自我优待行为的实施主体通常是具有市场支配地位的平台经营者；再次，平台经营者对自营业务和非自营业务进行了区别对待；最后，自我优待行为产生了排除、限制竞争效果。

（三）平台自我优待的表现形式

对自我优待行为可以按照不同的标准进行分类。其一，比较典型的是《美国创新与选择在线法案》的分类。《美国创新与选择在线法案》尚未生

---

[1]　孟雁北、赵泽宇："反垄断法下超级平台自我优待行为的合理规制"，载《中南大学学报（社会科学版）》2022 年第 1 期。

[2]　孙秀蕾："从亚马逊发展模式看数字经济平台的'自我优待'行为及规制"，载《南方金融》2021 年第 6 期。

[3]　韩伟、高雅洁："欧盟 2019 年《数字时代竞争政策报告》"，载《竞争政策研究》2019 年第 4 期。

[4]　万江：《数字经济与反垄断法：基于理论、实践与国际比较的视角》，法律出版社 2022 年版，第 155-156 页。

效，其拟从实施对象角度，禁止主导平台从事以下三类损害平台内竞争的自我优待行为：（1）优待自营产品或服务，相较平台内竞争者，给予自营产品或服务更加优惠的特殊优待；（2）劣待平台内经营者，相较自营产品或服务，对平台内经营者的产品、服务或竞争能力施加不公平的限制；（3）滥用平台规则，通过制定或更改平台规则的方式，使平台内经营者无法与平台经营者的自营业务进行公平竞争。[1]其二，按照自我优待行为是否涉及价格因素，可将自我优待分为价格自我优待和非价格自我优待。如有的学者将亚马逊公司的自我优待行为分为：对平台内经营者的价格限制、对平台内经营者的销售资质限制、对平台内经营者的其他交易条件限制。[2]其三，从自我优待行为的"封锁效果"来看，自我优待行为主要表现为：投入品封锁和客户封锁。（1）投入品封锁包括：平台服务降级、关键生产要素数据的垄断。前者如谷歌利用其在通用搜索引擎市场的支配地位，在通用搜索结果中优先展示自身的垂直搜索服务（如比较购物网站）；后者如亚马逊通过获取平台内零售商的数据资源，来制定和优化自营产品的销售策略，形成超越平台内零售商的竞争优势。（2）客户封锁，是指平台经营者通过阻止下游实际或潜在竞争者在上游市场接触到足够数量的客户，从而产生排除、限制下游市场竞争的效果。[3]其四，从实施自我优待的手段来看，可以分为利用数据实施的自我优待、利用算法实施的自我优待和利用平台市场力量实施的自我优待。[4]

（四）平台自我优待行为利弊互现

一方面，自我优待行为本身具有不可否认的合理性。平台经营者的自我优待行为的合理性具体体现在：首先，自我优待行为是企业开展正常市

---

〔1〕 刘单单："国际视野下平台自我优待行为的反垄断规制"，载《价格理论与实践》2022年第1期。

〔2〕 李强治、刘志鹏："平台经济反垄断的德国经验：'数字竞争法'的创新与借鉴"，载《新经济导刊》2021年第2期。

〔3〕 杨东、傅子悦："社交平台自我优待反垄断规制研究"，载《重庆邮电大学学报（社会科学版）》2021年第6期。

〔4〕 万江：《数字经济与反垄断法：基于理论、实践与国际比较的视角》，法律出版社2022年版，第155-156页。

场竞争的手段。经营者利用在市场竞争中形成的优势地位来优待自身的产品，是正常的市场竞争手段，符合理性人的经济逻辑。[1]其次，自我优待行为是平台经营者行使自治权力的体现。平台经营者通过协议与技术等方式进行内部治理，能够实现正向网络效应，从而吸引更多消费者。[2]对于平台经营者自营产品和服务的优待策略可视为对平台前期开发与管理的回报，具有正当性。[3]

另一方面，自我优待行为存在损害竞争的可能性。自我优待行为会造成一定的竞争损害，如构筑过高的市场进入壁垒，对竞争对手产生明显的排斥效果。伴随着数据的网络效应和规模效应，大型平台经营者更易控制数据的收集、处理、应用，以及相关行业规则的制定，形成显著的数据竞争优势。大型平台经营者利用数据竞争优势，优待自己及生态内市场主体，歧视非生态市场主体，可能损害市场公平竞争。[4]从反垄断法角度看，可将自我优待行为对竞争的损害总结为以下几点：（1）自我优待行为通过提高竞争者的成本或降低自营产品或服务的成本（或质量）达到排斥竞争者的效果。（2）自我优待行为通过排挤现实竞争者或阻碍潜在竞争者进入市场的方式来影响消费者自由选择权的实现，使消费者无法选择竞争对手，平台经营者在排挤竞争对手之后再设置高昂的产品价格以实现剥削性滥用。（3）在数字市场上，自我优待行为还可体现为平台依靠所获取的平台内经营者数据来制定或优化自营产品的销售策略，无论是平台经营者对自营产品进行个性化推荐，还是直接模仿其他经营者的创新产品，都排除、限制了市场公平竞争。[5]

---

〔1〕　张文魁："数字经济领域的反垄断与反不正当竞争"，载《新视野》2022年第2期。

〔2〕　时建中、马栋："双重身份视角下平台自治与反垄断监管的界限"，载《竞争政策研究》2020年第4期。

〔3〕　Case C-418/01 IMS Health GmbH & Co. OHG v. NDC Health GmbH & Co. KG, EU：C：2004：257, paras. 27-28.

〔4〕　黄尹旭、杨东："超越传统市场力量：超级平台何以垄断？——社交平台的垄断源泉"，载《社会科学》2021年第9期。

〔5〕　孟雁北、赵泽宇："反垄断法下超级平台自我优待行为的合理规制"，载《中南大学学报（社会科学版）》2022年第1期。

二、平台自我优待行为的类型化分析

对平台自我优待行为的反垄断法规制，需要明确该行为在反垄断法框架下可能构成的行为类型以及该行为的构成要件。关于平台自我优待行为可能构成的行为类型：一是将平台自我优待行为规定为一种独立的滥用市场支配地位行为类型，并重塑该行为的构成要件；二是传统垄断行为的数字化，即将自我优待行为归类于传统滥用市场支配地位行为中的一种或多种；三是在自我优待行为无法归类于传统滥用市场支配地位的情况下，将该行为视为《反垄断法》兜底条款中的"其他滥用市场支配地位的行为"。

（一）自我优待在我国尚未成为独立的垄断行为类型

2020 年 10 月 6 日，美国众议院司法委员会发布了《数字市场竞争状况调查报告》（Investigation of Competition in Digital Markets）。该报告指出，具有市场支配地位的平台会"通过自我优待、掠夺性定价、排他性交易等手段将市场力量进行传导"。[1]尽管将自我优待与排他性交易相并列存在一定逻辑问题，但该报告反映出美国反垄断领域有意将自我优待行为独立类型化的倾向，尚未生效成法的《美国创新与选择在线法案》也拟禁止拥有市场势力的平台经营者实施自我优待行为。[2]真正将自我优待行为引入反垄断法的是《德国反限制竞争法》第十修正案。2021 年正式生效的《德国反限制竞争法》新增了第十九 a 条第二款，该条款所禁止第一种滥用行为就是没有正当理由的自我优待；[3]关于自我优待行为反垄断法规制

---

［1］ Investigation of Competition in Digital Markets, Majority Staff Report and Recommendations, Subcomm. on Antitrust, Commerce and Administrative Law of the House Comm. on the Judiciary, 116th Cong. (2020), https://judiciary. house. gov/uploadedfiles/competition_ in_ digital_ markets. pdf, last visited on August 12, 2022. .

［2］ 陈兵、马贤茹："全球视阈下数字平台经济反垄断监管动态与中国方案"，载《统一战线学研究》2022 年第 2 期。

［3］《德国反限制竞争法》第十修正案第十九 a 条中的"具有显著跨市场竞争影响经营者"，与欧盟《数字市场法》和《数字服务法》的"守门人平台"类似。因此，第十九 a 条也被认为是专门针对互联网平台科技巨头的特别规制条款。参见袁嘉："数字背景下德国滥用市场力量行为反垄断规制的现代化——评《德国反限制竞争法》第十次修订"，载《德国研究》2021 年第 2 期。

的典型案例则为欧盟的"谷歌比较购物案"，在欧盟"谷歌比较购物案"中，谷歌曾主张，所谓自我优待行为应当按照传统的针对拒绝交易行为的分析思路进行处理，但欧盟普通法院认为自我优待可以构成单独的新型垄断行为，因此在该案中"无须分析其是否构成拒绝交易"。[1]当然，欧盟将自我优待作为新型垄断行为的做法可能只是平台反垄断的个案，而非常态执法。[2]至于将自我优待行为视为独立的新型垄断行为的欧盟《数字市场法》，则属于事前监管性质的行业监管法，已经超越了反垄断法的框架。

从我国反垄断的立法情况来看，《禁止滥用市场支配地位行为规定（征求意见稿）》曾规定了禁止平台经营者自我优待的条款，即具有市场支配地位的平台经营者，没有正当理由，不得对自身商品给予优先展示或者排序；不得利用平台内经营者的非公开数据，开发自身商品或者辅助自身决策。但正式公布的《禁止滥用市场支配地位行为规定》删除了上述条款。因此，目前我国反垄断法并未将平台自我优待规定为一种独立的滥用市场支配地位行为，在反垄断法适用中，要么将平台自我优待行为认定为传统的滥用市场支配地位行为，要么认定为反垄断法兜底条款中的"其他滥用市场支配地位的行为"。

（二）自我优待可能构成传统垄断行为中的拒绝交易

1. 平台自我优待难以构成差别待遇行为

虽然网络中立性原则在理论上有争议，在立法上有反复，但是具有市场支配地位的平台企业实施自我优待行为明显存在对于竞争者的歧视性，违反了反垄断法上具有市场支配地位经营者不得实施差别待遇行为的规则。[3]数字时代的差别待遇，不仅包含价格歧视，而且涉及非价格歧视，例如设置差异性的标准、规则、算法以及付款条件或付款方式。平台自我

---

〔1〕　Case T-612/17, Google and Alphabet vs. Commission, ECLI：EU：T：2021：763, para. 240.

〔2〕　侯利阳："《反垄断法》语境中自我优待的分类规制方案"，载《社会科学辑刊》2023年第3期。

〔3〕　王先林、方翔："平台经济领域反垄断的趋势、挑战与应对"，载《山东大学学报（哲学社会科学版）》2021年第2期。

优待行为明显地体现了非价格差别待遇的特征。[1]从表面上看，差别待遇是与自我优待具有明显的相似性，两者都是在没有正当理由的情况下，平台经营者对条件相同的交易相对人实行差异化的交易条件。但差别待遇与自我优待在构成要件上存在本质上的不同。自我优待的比较对象是自营产品与第三方产品；而差别待遇的比较对象是不同的第三方产品。[2]也就是说，差别待遇只是要求平台经营者必须同等对待不同的第三方，但并不要求平台经营者同等对待自己和第三方。

2. 平台自我优待难以构成搭售行为

通过平台的技术手段或自治规则搭售或捆绑销售产品，实现自我优待的行为并不鲜见。[3]因此，有学者认为自我优待可构成无正当理由的搭售行为。[4]但是，反垄断法中的搭售是指平台经营者将两种不同商品捆绑销售的行为。在搭售的场景中，平台经营者只是将自己的不同产品捆绑交易，不涉及与第三方的交易，如果第三方要求平台经营者搭售自己的产品而被拒绝，则平台经营者的行为可能构成拒绝交易行为，应按照拒绝交易行为的构成要件进行分析。而且，搭售与自我优待的救济方式也存在明显不同，搭售的救济方式是将捆绑的商品分开销售，自我优待的救济方式是要求平台经营者同等对待自营商品和第三方商品。

3. 平台自我优待可能构成拒绝交易行为

在数字市场上，拒绝交易行为体现为纵向一体化平台对作为竞争对手的平台内经营者设置更苛刻的交易条件，或者拒绝向作为竞争对手的平台内经营者开放数据，使平台内经营者无法充分利用平台经营者的数据资源。但是，由于《反垄断法》下拒绝交易行为的认定比较严格，以

---

〔1〕 孟雁北、赵泽宇："反垄断法下超级平台自我优待行为的合理规制"，载《中南大学学报（社会科学版）》2022年第1期。

〔2〕 刘晓春："数字平台自我优待的法律规制"，载《法律科学（西北政法大学学报）》2023年第1期。

〔3〕 孟雁北、赵泽宇："反垄断法下超级平台自我优待行为的合理规制"，载《中南大学学报（社会科学版）》2022年第1期。

〔4〕 邓辉："数字广告平台的自我优待：场景、行为与反垄断执法的约束性条件"，载《政法论坛》2022年第3期。

至于许多数字市场中的拒绝交易行为，包括平台自我优待行为，都难以适用《反垄断法》中的拒绝交易条款。[1]但是，也有学者认为自我优待可能构成无正当理由的拒绝交易行为。[2]自我优待的主要特征是平台经营者在销售商品或提供服务的过程中，给予自营商品或服务一些第三方经营者无法获得的交易条件。如果第三方经营者请求平台经营者给予平等的交易条件而遭到拒绝，这时自我优待往往涉及拒绝交易的问题。[3]

（三）　自我优待行为可能构成"其他滥用市场支配地位的行为"

在平台经营者对自身或关联方与平台内经营者实施不同交易条件的情况下，如果竞争对手未提出平台经营者给予自身平等待遇的请求，反垄断执法机构便对平台经营者启动了反垄断调查，或者竞争对手向人民法院提起了反垄断民事诉讼，这时不宜将平台自我优待认定为拒绝交易行为。在这种情况下，可将平台自我优待认定为"其他滥用市场支配地位的行为"。从我国现行反垄断法来看，如果拒绝交易条款难以适用于自我优待行为，执法机构可以运用 2022 年新修正的《反垄断法》第二十二条第一款第（七）项的兜底条款，即"国务院反垄断执法机构认定的其他滥用市场支配地位的行为"。但是，对兜底条款中"其他滥用市场支配地位的行为"的扩张解释可能带来自由裁量权滥用的结果，因此，我国《反垄断法》虽然未将自我优待行为独立类型化，但在第二十二条第二款作了补充规定，[4]这在一定程度上消减了兜底条款的不确定性。

而且，从平台自我优待的司法认定实践来看，即使相关立法没有对自我优待行为作出直接规定，人民法院仍可以基于个案中的自我优待行为是

---

〔1〕　孟雁北、赵泽宇："反垄断法下超级平台自我优待行为的合理规制"，载《中南大学学报（社会科学版）》2022 年第 1 期。

〔2〕　殷继国："互联网平台封禁行为的反垄断法规制"，载《现代法学》2021 年第 4 期。

〔3〕　侯利阳："《反垄断法》语境中自我优待行为的分类规制方案"，载《社会科学辑刊》2023 年第 3 期。

〔4〕　《反垄断法》第二十二条第二款规定："具有市场支配地位的经营者不得利用数据和算法、技术以及平台规则等从事前款规定的滥用市场支配地位的行为。"

否具有排除、限制竞争影响，判定其是否构成滥用市场支配地位行为。[1] 2022 年发布的最高人民法院《关于审理垄断民事纠纷案件适用法律若干问题的规定（公开征求意见稿）》第四十三条也规定，互联网平台经营者"在互联网平台上提供与平台内经营者相竞争的商品并对自身给予优惠待遇"，平台内经营者主张该互联网平台经营者滥用市场支配地位的，依照《反垄断法》第二十二条第一款的规定审查认定。该条规定将自我优待与限定交易、附条件交易、差别待遇相并列，将平台自我优待视为"其他滥用市场支配地位的行为"。

三、平台经营者自我优待行为的规制思路

（一）"保守派"与"激进派"

对平台自我优待行为的法律规制，理论界还远未达成共识，目前存在着"保守派"与"激进派"之争，前者反对对自我优待行为严格适用反垄断法，后者则支持对自我优待行为进行反垄断法规制。"保守派"认为，除非平台经营者控制的优势资源构成反垄断法的"必需设施"（Essential Facility），否则经营者没有向竞争对手开放优势资源的义务。具有竞争优势的经营者利用这种优势优待自己或关联企业的产品，是经营者参与市场竞争的正常表现，通常不构成滥用市场支配地位行为，对自我优待行为进行反垄断法干预可能会传递经营者不能利用自身优势地位参与市场竞争的错误信号，不仅不会保护公平竞争，反而会使市场竞争受损。与"保守派"的观点相反，"激进派"认为，自我优待行为应认定为一种滥用市场支配地位行为，在欧盟竞争法下，自我优待行为涉嫌违反《欧盟运行条约》第一百零二条第（c）款的差别待遇条款，将竞争优势构成"必需设施"作为对自我优待行为进行反垄断法干预的条件，这种观点过于狭隘。[2]

---

〔1〕 参见詹昊、宋迎、朱丽博："反垄断法配套新规解读之《禁止滥用市场支配地位行为规定》"，载 https://www.anjielaw.com/view/article-info.html? id = 1870，最后访问日期：2023 年 6 月 10 日。

〔2〕 刘单单："国际视野下平台自我优待行为的反垄断规制"，载《价格理论与实践》2022 年第 1 期。

（二）秉持审慎的监管理念

尽管事前监管可能成为一种新趋势，欧盟包含"守门人"规则的《数字市场法》也已经生效实施，[1]但不可否认事前监管还存在明显争论，目前看来，加强事前监督管理的提议其实是不适当的，因为过多的干涉、约束可能会导致对创新的扼杀，而竞争规则才是解决相关数字市场中市场支配力问题的正确法则。[2]因此，数据驱动型经济的监管应实行反垄断法监管而非事前的行业监管，监管过程中依然要倚重竞争规则的作用。由于自我优待行为具有利弊互现的特点，对自我优待行为的反垄断法监管应秉持审慎理念，避免简单地将自我优待行为认定为一种滥用市场支配地位行为。这种审慎监管也被学者称为积极的包容审慎，积极的包容审慎监管与平台的动态发展相匹配，包容性监管强调为新业态发展创造宽松的创新环境，审慎监管保障新业态不突破法律底线。[3]审慎的监管理念要求反垄断执法机构在判断自我优待是否构成滥用市场支配地位行为时，应谨慎对待。[4]

概言之，对自我优待行为实施审慎监管，是由自我优待行为具有的正面效应和反垄断法保护竞争的立法宗旨决定的。首先，关于自我优待行为的正面效应。具有竞争优势的经营者对竞争对手的区别对待在市场上普遍存在，而且往往是垂直一体化的固有特征。[5]具有纵向整合功能的自我优待行为是企业正常的内部决策，通常情况下不仅不会妨碍市场竞争，反而会激励经营者通过商业模式创新、扩大研发投入等方式参与市场竞争，有助于提高经济效率和增加消费者福利。[6]即使是平台具有市场支配地位

---

〔1〕　尹冉冉、周子琪："欧盟两部重磅数字法案落地，线上平台迎强监管"，载 https://baiji-ahao. baidu. com/s？id＝17490793381810703803&wfr＝spider&for＝pc，最后访问日期：2023 年 5 月 10 日。

〔2〕　韩伟主编：《数字市场竞争政策研究》，法律出版社 2017 年版，第 271 页。

〔3〕　孙晋："数字平台的反垄断监管"，载《中国社会科学》2021 年第 5 期。

〔4〕　张文魁："数字经济领域的反垄断与反不正当竞争"，载《新视野》2022 年第 2 期。

〔5〕　Inge Graef, "Differentiated Treatment in Platform-to-Business Relations: EU Competition Law and Economic Dependence", *Yearbook of European law*, Vol. 38, No. 1, 2019, p. 450.

〔6〕　杨东、傅子悦："社交平台自我优待反垄断规制研究"，载《重庆邮电大学学报（社会科学版）》2021 年第 6 期。

的情况下，平台自我优待行为本身并不当然违反竞争法。只有当平台经营者利用其上游市场的力量，在其平台展示其下游产品或服务，从而产生排斥平台下游竞争者的负面效果时才具有违反竞争法的特点。[1]正是因为自我优待行为能够促进经济效率的提升，对自我优待行为不应采取"一刀切"禁止的态度，某些具有正当性的自我优待行为应免于《反垄断法》的负面评价。[2]其次，从反垄断法的立法宗旨来看，反垄断法并不反对企业做大做强，而反对排除、限制竞争的排斥行为、合谋行为和并购行为。在欧盟和美国的反垄断法中，市场力量或垄断并不违法，对市场力量的滥用才构成违法。即使是具有市场支配地位的企业，只要不损害竞争，也应允许其根据经营需要进行竞争，或者允许其通过提高效率来排除竞争对手或使竞争对手处于不利地位。[3]关于"谷歌比较购物案"，就有学者认为，目前对自我优待行为的反竞争性评估的法律标准远不够明确。欧盟委员会根据《欧盟运行条约》第一百零二条，将给予谷歌购物服务更优惠待遇定性为滥用支配地位行为的决定并非没有争议，特别是因为竞争损害理论具有不确定性。[4]

（三）设置平台抗辩条款

尽管《美国创新与在线选择法案》尚未生效，但其设计的抗辩规则对完善我国平台自我优待行为法律规制制度具有一定启发意义。《美国创新与在线选择法案》不仅规定了超级平台不可以从事的自我优待行为，而且基于利益平衡原则，设计了企业抗辩规则。该法案拟赋予平台三类抗辩理由，分别是联邦或州法律规定的抗辩、隐私及安全的抗辩以及维护和增强平台核心功能的抗辩。如果平台经营者实施自我优待行为的目的具有必要性，且无法通过"限制性更小手段"实现以上必要目的时，上述自我

〔1〕 Cento Veljanovski, "The Competition Economics of Online Platforms", *Singapore economic review*, 2021, p. 14.

〔2〕 孟雁北、赵泽宇："反垄断法下超级平台自我优待行为的合理规制"，载《中南大学学报（社会科学版）》2022年第1期。

〔3〕 Cento Veljanovski, "The Competition Economics of Online Platforms", *Singapore economic review*, 2021, p. 14.

〔4〕 Inge Graef, "Differentiated Treatment in Platform-to-Business Relations: EU Competition Law and Economic Dependence", *Yearbook of European law*, Vol. 38, No. 1, 2019, p. 450.

优待行为则不应认定为违法。这种抗辩也被称为"较小限制性替代措施测试"。[1]目前，我国数据驱动型平台自我优待行为的利弊比较尚未能得到准确的实证数据支撑，因而对这种行为的反垄断法规制还应采取审慎的态度。既要依法规制，引导平台合规经营，也要充分保障经营者陈述、申辩的权利，确保反垄断法实施的科学合理。[2]

从我国反垄断法的规定来看，自我优待行为可能构成反垄断法禁止滥用市场支配地位制度中的拒绝交易行为[3]或者兜底条款中的"其他滥用市场支配地位的行为"，[4]因此，在为自我优待行为制定专门条款之前，相应的抗辩规则依然应依循上述的拒绝交易条款和兜底条款的规定。其一，反垄断执法机构在适用反垄断法拒绝交易条款时，经营者可以进行"正当理由"的抗辩。我国《禁止滥用市场支配地位行为规定》第二十二条列举了反垄断执法机构认定"正当理由"应当考虑的因素，[5]平台经营者可以援引这一条款对其实施的自我优待行为进行抗辩。其二，反垄断执法机构在启用反垄断法兜底条款时，根据《禁止滥用市场支配地位行为规定》中的"其他滥用市场支配地位行为"的构成要件，[6]经营者同样有

---

〔1〕　孟雁北、赵泽宇："反垄断法下超级平台自我优待行为的合理规制"，载《中南大学学报（社会科学版）》2022 年第 1 期。

〔2〕　匡悦："超级平台自我优待的反垄断法规制——法理证成与方案构想"，载《中国物价》2023 年第 8 期。

〔3〕　《反垄断法》第二十二条第一款规定："禁止具有市场支配地位的经营者从事下列滥用市场支配地位的行为：……（三）没有正当理由，拒绝与交易相对人进行交易；……"

〔4〕　《反垄断法》第二十二条第一款："禁止具有市场支配地位的经营者从事下列滥用市场支配地位的行为：……（七）国务院反垄断执法机构认定的其他滥用市场支配地位的行为。"

〔5〕　《禁止滥用市场支配地位行为规定》第二十二条规定："反垄断执法机构认定本规定第十四条所称的'不公平'和第十五条至第二十条所称的'正当理由'，还应当考虑下列因素：（一）有关行为是否为法律、法规所规定；（二）有关行为对国家安全、网络安全等方面的影响；（三）有关行为对经济运行效率、经济发展的影响；（四）有关行为是否为经营者正常经营及实现正常效益所必需；（五）有关行为对经营者业务发展、未来投资、创新方面的影响；（六）有关行为是否能够使交易相对人或者消费者获益；（七）有关行为对社会公共利益的影响。"

〔6〕　《禁止滥用市场支配地位行为规定》第二十条规定："市场监管总局认定其他滥用市场支配地位行为，应当同时符合下列条件：（一）经营者具有市场支配地位；（二）经营者实施了排除、限制竞争行为；（三）经营者实施相关行为不具有正当理由；（四）经营者相关行为对市场竞争具有排除、限制影响。"

权进行"正当理由"的抗辩,具体抗辩理由可以参考《禁止滥用市场支配地位行为规定》第二十二条的规定。

四、平台自我优待行为的救济措施选择

(一)行为性救济:恢复公平的交易条件

在救济方法上,恢复公平的交易条件是规制平台自我优待行为时的重要救济措施。由于每个经营者的经营状况和竞争优势并不相同,绝对的交易条件的平等无论在理论上还是在实践中都难以实现。与其追求无法企及的交易条件绝对平等,倒不如促进特定相关市场上竞争对手的多元化,因为竞争对手的存在能够促进市场的竞争,给予具有市场支配地位的企业持续的竞争压力。[1]因此,执法部门应从动态竞争的角度尽可能地保障多元化的竞争对手活跃于市场中,即使某些企业的效率并不足以与平台企业的自营业务相抗衡。大型数字平台具有较强的创新能力,是经济发展的活力源泉,而多元化的竞争参与者也是推动创新和经济发展的重要力量。因此,在设计恢复公平交易条件的救济措施时,应该设置更为积极的恢复性条件,选择最有利于整体经济增长、社会进步和技术创新的平等性条件,而非单纯地将自营业务待遇降至第三方业务待遇水平。[2]

对平台自我优待的行为性救济还涉及必需设施原则的适用问题。关于平台自我优待行为能否适用必需设施原则存在着显而易见的争议,既有激进的观点,认为不应允许平台经营者基于促进竞争的理由进行抗辩;[3]也有温和的态度,主张必需设施的认定和必需设施原则的适用应从严把握。实施自我优待行为的平台仅存在构成必需设施的可能性,只有那些构成必需设施的平台经营者,才承担而且只承担最低限度的不偏袒自营业务的义务。商业竞争的本质目的就是为了获取利益,平台经营者基于自身拥有的

---

〔1〕 See Case C23/14 Post Danmark II, ECLI:EU:C:2015:651, para. 60.

〔2〕 周围:"规制平台封禁行为的反垄断法分析——基于自我优待的视角",载《法学》2022年第7期。

〔3〕 韩伟、高雅洁:"欧盟2019年《数字时代竞争政策报告》",载《竞争政策研究》2019年第4期。

资源设施和地位，获取不同于其他规模经营者的超额利益，本质上是并不违背商业竞争原理的，而强迫平台经营者开放其拥有的设施则可能背离市场竞争的本质。只有当自我优待的实现是超级平台通过拒绝竞争对手的平台接入、数据收集或者设置高价等方式达成时，这类平台才有可能构成"必需设施"。欧盟的"谷歌比较购物案"也表明，平台构成"必需设施"的认定应当"十分严谨"。[1]由于谷歌搜索引擎不具有"不可或缺"的特征，欧盟委员会作出决定时并未运用必需设施原则。在现行的判例下，"必需设施"的认定及随后的行为认定仍然较为困难，只有在极度严格的条件下（完全剥夺了竞争者的经营能力等），平台的自我优待行为才能被必需设施原则所规制。[2]

（二）结构性拆分：自我优待行为的终极救济

从纠正平台经营者自我优待行为的效果来看，结构性救济比行为性救济更为彻底。尤其是对建立了完善生态系统的平台经营者而言，网络效应、规模效应的不断强化以及跨平台市场力量的互相传导，会导致市场的整体失灵及竞争的显著失序。此时，单纯的行为性救济方法不仅难以实现保护和促进竞争过程及追求社会效益的目标，还可能会加剧特定的公共政策问题。在此情况下，执法机构还需考虑引入结构性补救措施，即对平台经营者的结构性拆分。[3]

一方面，结构性拆分是一把悬在平台经营者头上的达摩克利斯之剑。美国有一句俗话：谢尔曼老先生的灵魂始终坐在大公司董事会的桌旁。意思是要保持美国反托拉斯法威慑效果，而结构拆分正是反垄断法威慑力的鲜明体现。对平台企业进行结构性拆分是应对平台垄断行为的重要手段，包括要求平台企业业务与其所有权分离，或者是单个经营主体按照指定组

----

〔1〕　孟雁北、赵泽宇："反垄断法下超级平台自我优待行为的合理规制"，载《中南大学学报（社会科学版）》2022 年第 1 期。

〔2〕　P. S. Díaz, "EU Competition Law Needs to Install a Plug-in", *World Competition*, Vol. 40, No. 3, 2017, pp. 393-420.

〔3〕　周围："规制平台封禁行为的反垄断法分析——基于自我优待的视角"，《法学》2022 年第 7 期。

织形式从事其他业务，从而消除平台企业与使用其平台的竞争者之间可能形成的利益冲突。[1]美国众议院司法委员会《数字市场竞争状况调查报告》也建议，为了恢复数字经济市场的竞争态势，可以对企业进行结构性拆分，以限制具有支配力量的平台所经营的业务领域。[2]

另一方面，将结构性拆分作为对自我优待行为的最后救济手段。结构性拆分虽然威胁力最强，但是其破坏力也最大。一个拆分计划很可能牺牲宝贵的效率，甚至使企业运作失灵。[3]在我国互联网经济高速发展的背景下，以结构性拆分来处理自我优待行为，很可能会破坏现有的互联网生态，对互联网市场造成严重的负面影响。基于此，结构性拆分可作为规制平台企业的最终"杀手锏"，而非一般性举措。[4]在使用结构性拆分措施之前，应优先运用其他行为救济手段，如援引反垄断法拒绝交易条款，要求平台经营者对相同产品和服务提供同等交易条件（包括价格及接口条件等）；在数据构成必需设施时，对平台经营者施加数据互操作性、可迁移性和开放接口的义务；对实施自我优待行为的平台经营者课以罚款；等等。只有穷尽这些救济手段仍难恢复市场有效竞争时，才能祭出结构性拆分这一大杀器。

五、平台自我优待的典型案例

欧盟"谷歌比较购物案"是在数据驱动型经济中利用算法实施自我优待的典型案例。基于 19 家企业对谷歌公司的投诉举报信，欧盟委员会于2010 年 11 月对谷歌公司启动反垄断调查。这一调查的基础在于，人们越来越相信，平台的差异化对待（无论是自我优待、还是在向某些经营者提

---

[1] 孙秀蕾："从亚马逊发展模式看数字经济平台的'自我优待'行为及规制"，载《南方金融》2021 年第 6 期。

[2] 陈永伟："美国众议院《数字市场竞争状况调查报告》介评"，载《竞争政策研究》2020 年第 5 期。

[3] ［美］欧内斯特·盖尔霍恩、威廉姆·科瓦契奇、斯蒂芬·卡尔金斯：《反垄断法与经济学》，任勇、邓志松、尹建平译，法律出版社 2009 年版，第 130 页。

[4] 孙秀蕾："从亚马逊发展模式看数字经济平台的'自我优待'行为及规制"，载《南方金融》2021 年第 6 期。

供比其他经营者更优惠的商业条款）引发了竞争问题。[1]欧盟委员会在调查中发现，谷歌公司通过确保自己的比较购物搜索在其通用互联网搜索结果中处于比竞争对手更突出的位置，滥用了其支配地位。2017年6月，欧盟委员会认定谷歌公司违反欧盟竞争法，并作出24.2亿欧元的罚款决定。[2] 2021年11月，这一决定得到了欧盟普通法院的支持。[3]

（一）背景

谷歌搜索同时运行两套算法，通用搜索算法（Generic Search Algorithms）以及专业搜索算法（Specialised Search Algorithms）。通用搜索算法用于对包含任何内容的网页进行排序；专业搜索算法是经过特别优化设计的算法，以帮助用户搜索到特定类型的信息。谷歌的比较购物服务是谷歌的专业搜索服务之一。比较购物网站的功能在于消费者可以在线比较产品和价格，并从各种类型的在线零售商包括制造商的在线商店处获得交易。2004年，谷歌进入欧洲的比较购物服务市场，起初，谷歌的比较购物网站的竞争优势并不明显，因此，谷歌从2008年开始在德国、英国等多个欧洲市场实施一项根本性战略转变，以推动其比较购物服务。该策略凭借谷歌在通用搜索引擎市场的竞争优势，将其比较购物服务在通用搜索结果的突出位置进行显示，并在搜索结果中将竞争对手的比较购物服务降级。当消费者在谷歌通用搜索中输入与比较购物服务相关的查询时，谷歌的比较购物服务与竞争性比较购物服务，在谷歌通用搜索结果显示页面排位情况，存在两个主要差异：一是谷歌自己的比较购物服务不受其竞争对手所面临的排序机制（比如X算法与熊猫算法这类调节算法）的影响；二是一旦用户发出搜索请求，谷歌自己的比较购物网站就会出现于谷歌通用搜索结果首页的高度醒目位置，例如位于所有通用搜索结果的顶端，或处于通用搜索结果中为数不多的前几位。X算法和熊猫算法对于降低从谷歌通用搜索结果

---

[1]　Inge Graef, "Differentiated Treatment in Platform-to-Business Relations: EU Competition Law and Economic Dependence", *Yearbook of European law*, Vol. 38, No. 1, 2019, p. 450.

[2]　Commission Decision of June 27, 2017, AT. 39740- Google Search (Shopping).

[3]　Case T-612/17 Google and Alphabet v Commission (Google Shopping).

页面导向竞争性比较购物服务的通用搜索流量方面发挥了作用。相比之下，谷歌自己的比较购物服务却从未被算法降级。

（二）裁决

欧盟委员会认为，谷歌在整个欧洲经济区的通用搜索服务市场占据支配地位。谷歌通过给予自己的比较购物服务非法竞争优势，在 13 个欧洲经济区国家滥用了市场支配地位，谷歌的行为给谷歌自己的比较购物服务与竞争性比较购物服务之间的竞争，带来了重大不利影响。该行为以竞争性比较购物服务失去流量为代价，而使得谷歌自己的比较购物服务获取了大量流量，最终损害了欧盟境内消费者的权益。谷歌的行为扼杀了比较购物服务市场的公平竞争，限制了消费者的自由选择权。最终因谷歌滥用搜索引擎市场支配地位，损害比较购物服务的市场竞争，欧盟委员会裁决谷歌承担 24.2 亿欧元的巨额罚款，同时要求谷歌在 90 天内停止其非法行为，避免采取具有相同或等同目的或效果的任何措施。

（三）抗辩

目前欧盟有关滥用市场支配地位的规制依据主要是《欧盟运行条约》第一百零二条和 2009 年的欧盟委员会《滥用市场支配地位指南》。该案中，谷歌对法律适用进行了抗辩，谷歌认为，首先，只有满足"Bronner 案"所示要件才构成滥用。其次，并不存在将本案的限制行为认定为滥用的先例，即使第一百零二条并未穷尽列举滥用行为，新型滥用也必须要满足第一百零二条所示的法律框架，且规制应当事先为公众所知。最后，Product Universal 和 Shopping Unit 构成了产品设计改进，[1]这是企业追求业绩的一种竞争形式，因此，这类行为只有在特殊情况下才能被认定为"滥用"。欧盟委员会指出，首先，将下述行为认定为滥用不足为奇，即某

---

〔1〕 谷歌认为，第一，Product Universal（专门的谷歌产品搜索）的定位和展示没有优待谷歌的比较购物服务。"Product Universal"的功能是为用户查询提供相应结果，就像谷歌的通用搜索结果页面上的所有结果一样。谷歌还声称，产品搜索网站中的大多数链接都指向商家的网站，而不是谷歌自身的产品搜索页面。第二，谷歌声称 Shopping Unit（前身为 Product Universal）的定位和展示没有优待谷歌的比较购物服务。Shopping Unit 不是比较购物服务，而是 AdWords 结果的改进形式，因为 Shopping Unit 不具备比较购物服务的特征。

企业在一个市场占据支配地位，而其将该支配地位延伸至一个或者多个相邻市场，这种行为已经构成一种独立的滥用，而非竞争性行为。其次，限制行为并非表现为谷歌消极地拒绝将竞争性比较购物服务位列于其通用搜索结果页面，而是积极地在其通用搜索结果页面上把自己的比较购物服务排在更靠前的位置，并通过更吸引人的方式进行展示，但竞争性比较购物服务却无法享受这种待遇。再次，"Bronner 案"所示要件与本案情形无关，欧盟委员会要求谷歌停止的违法行为，并不包括要求其承担"转移资产或与某方强制性签订合同"的责任。欧盟委员会的处罚决定要求谷歌停止限制行为，但并不要求其转移资产，或强制性地与一个或多个竞争性比较购物服务签订协议。最后，判例法没有标明，对产品设计改进的评估，与对企业将某市场支配地位力量传导至一个或多个相邻市场的评估，应适用不同的法律标准。

（四）启示

尽管"反垄断规则十分灵活，同时从经济学理论获得了足够的依据，完全能够有效应对新经济行业产生的那些貌似特殊的反垄断问题"。[1]但是，诞生于工业时代的反垄断法，在面对自我优待等新型垄断行为时已经显得力不从心，为了克服现行反垄断法"捉襟见肘"的窘境，各司法辖区力求实现反垄断法对自我优待行为的创新性适用。这突出地体现在"谷歌比较购物案"中。"谷歌比较购物案"表明，欧盟对竞争法的创新性适用体现在：欧盟委员会扩大了《欧盟运行条约》第一百零二条的适用领域，将自我优待纳入滥用市场支配地位行为中。事实上，《欧盟运行条约》第一百零二条并未禁止具有市场支配地位的企业实施自我优待行为，其并不认同自我优待行为本身构成滥用支配地位这一观点。在"谷歌比较购物案"中，欧盟委员会认定谷歌公司的产品设计排斥了垂直搜索领域的竞争对手，违反了《欧盟运行条约》第一百零二条，该案不仅扩大了第一百零二条所禁止行为的范围，而且鼓励了欧洲最近采取的行动，即对强大的数字

---

〔1〕〔美〕理查德·A. 波斯纳：《反托拉斯法》，孙秋宁译，中国政法大学出版社 2003 年版，第 302 页。

平台实施事前监管。"欧盟委员会关于谷歌购物案的决定传递出了一个大胆的信息，《欧盟运行条约》第一百零二条可以用来干预具有市场支配地位企业的产品和服务设计，并对产品和服务设计施加一项平等对待的义务。"[1]

第四节　拒绝使用必需设施

我国对拒绝使用必需设施（Essential Facility）的规定主要体现在《禁止滥用市场支配地位行为规定》第十六条第一款第五项中，即拒绝交易相对人在生产经营活动中，以合理条件使用其必需设施。必需设施既包括有形的设施也包括无形的服务，经营者运营的超大型平台、开发的先进算法、积累的高价值数据资源都可能构成一种必需设施。例如，平台经营者为了获取或维持现有的竞争优势，限制竞争对手访问数据，阻碍他人分享数据，或者反对威胁其数据竞争优势的数据可迁移性政策，[2]这里的数据资源就可能被认定为必需设施，而平台经营者的行为则可能被认定为拒绝使用必需设施的滥用市场支配地位行为。一般而言，拒绝使用必需设施行为的认定需要满足以下几个条件：一是经营者提供的服务构成一种必需设施；二是经营者拒绝交易相对人以合理的条件使用其必需设施；三是经营者拒绝使用必需设施缺乏正当理由；四是经营者拒绝使用必需设施行为产生了排除、限制竞争影响。

一、必需设施的内涵界定

在反垄断法框架下，控制必需设施的经营者，如果拒绝对其他竞争者提供进入某种商品或服务的合理途径，并且这些商品或服务是这些竞争者要与之竞争所必需的，那么控制必需设施的企业的这种拒绝交易行为就可能违反反垄断法。必需设施有时也被称为"关键设施""核心设施"，实际

---

〔1〕　Elias Deutscher, "Google Shopping and the Quest for a Legal Test for Self-Preferencing under Article 102 TFEU", *European Papers*, Vol. 6, No. 3, 2021, p. 1346.

〔2〕　费方域等："数字经济时代数据性质、产权和竞争"，载《财经问题研究》2018年第2期。

上是一种进入或准入壁垒，是阻止竞争者进入市场的障碍。早期的必需设施主要指有形的设施，包括铁路、港口、桥梁等，但随着新技术的发展和革新，计算机和互联网等产业快速发展，必需设施的范围不再限于有形设施，还逐步扩展到无形资产领域，如技术标准、知识产权等。必需设施理论也从传统的自然垄断领域逐步扩展到无形资产领域。[1]

在数据驱动型经济中，平台、数据、算法等都可能被认定为必需设施。欧盟数据保护监督委员会（EDPS）于2014年发布了题为《大数据时代背景隐私与竞争力：数字经济环境下数据保护、竞争法和消费者保护之间的相互影响》的报告。该报告提及了必需设施的概念。根据该报告的界定，必需设施是指为了实现有效竞争客观上所必需的产品或服务，这种产品或服务要么没有替代品，要么替代品的开发因技术、法律或经济上的障碍是不可能的或存在难以想象的困难。[2]对数据而言，由于数据的商业价值日益显现，数据驱动型经济中的经营者为了获得数据竞争优势，争相加大数据收集、分析方面的投入，形成海量的数据集合。考虑到数据形成的成本，数据持有者的投入应当获得合理的回报，因此不能轻易强制数据的拥有者对竞争对手开放数据，但是，一旦平台经营者拥有的数据构成了必需设施，由于拒绝提供必需设施可能会导致排除有效竞争或对消费者造成损害，平台经营者无正当理由拒绝使用必需设施的合法性就会受到质疑。

二、拒绝使用必需设施行为的构成要件

（一）拒绝使用必需设施行为的传统构成要件

必需设施原则源自美国判例法，即1912年的"U. S. 诉 Terminal Railroad Association of St. Louis 案"，该原则至今并未得到美国联邦最高法院的认可，但欧盟对该原则的适用则更为积极。

---

〔1〕 张江莉：《反垄断法在互联网领域的实施》，中国法制出版社2020年版，第387页。

〔2〕 EDPS, Privacy and Competition in the Age of Big Data: The Interplay Between Data Protection, Competition Law and Consumer Protection in the Digital Economy, 2014, https://www.parlementairemonitor. nl/9353000/1/j9tvgajcor7dxyk_ j9vvij5epmj1ey0/vjieicyz1xwx? ctx = vh87km1jz6v2&v = 1&start_ tab0 = 100, last visited on May 21, 2022.

在美国，在 1983 年的"MCI Corp. 诉 AT&T Co. 案"中，美国联邦第七巡回法院根据此案确立了必需设施原则在反垄断案件中适用的四项基本条件：一个经营者控制着必需设施；竞争者不能复制该必需设施或者虽然可以复制但经济上十分不合理；控制必需设施的经营者拒绝竞争者使用该设施；控制必需设施的经营者提高该必要设施具有可行性。[1] 在后来的"Aspen 案"的判决意见中，法院又增加了第五个条件：没有正当的商业理由拒绝使用该必要设施。

在欧盟，到了 20 世纪 90 年代，竞争法上才确立了必要设施原则。尽管在美国，必需设施原则没有最终进入立法文本，但该理论在欧盟受到了青睐，为欧盟判例中禁止歧视和拒绝交易的竞争规则的发展提供了有力的依据。通常认为，1992 年"Sealink 案"是必需设施原则在欧洲得以确立的标志。欧洲法院在判决中指出，当满足以下条件时，拒绝交易就会受到规制：（1）阻碍了存在消费者需求的新产品进入市场；（2）不存在合理理由；（3）排除了"二级市场"上的竞争。[2] 在 1995 年"Magill 案"中，法院总结了电视台构成滥用的三个因素：第一，电视台的拒绝许可阻止了一种新产品（例如收视指南周刊）的出现，消费者对这种新产品存在潜在的需求而电视台本身并不提供；第二，电视台的拒绝许可不具有客观合理性；第三，电视台通过排除相关市场的竞争为自己保留每周收视指南的二级市场。[3]

综上，针对必需设施原则的适用要件，不同文献的归纳往往存在一定的差异，但整体来看，传统要件主要体现在三个方面：必需设施对市场竞争具有必要性；拒绝许可必需设施，将消除下游市场的竞争；拒绝许可没有正当理由。欧盟在"Magill 案"中，对必需设施原则的构成要件实现了一次重大演化，新增了一个要件，即"阻止新产品产生"，即拒绝许可必

---

〔1〕 ［美］欧内斯特·盖尔霍恩、威廉姆·科瓦契奇、斯蒂芬·卡尔金斯：《反垄断法与经济学》，任勇、邓志松、尹建平译，法律出版社 2009 年版，第 147 页。

〔2〕 彭景、陈萍萍："论美欧知识产权人拒绝交易的反垄断法规制"，载《知识产权》2012 年第 7 期。

〔3〕 Radio Telefis Eireann（RTE）v. Commission of the European Communities, 1995 ECR I-743.

需设施,将会阻止某种新产品被开发出来。

（二）拒绝使用必需设施行为的新型构成要件

在数据驱动型经济中,当数据构成必需设施的情况下,需要关注拒绝使用必需设施行为的认定需要满足的构成要件。对此,有学者认为,拒绝交易相对人使用数据类必需设施的构成要件有四个:（1）数据对于竞争不可或缺。数据是下游市场的关键投入,是交易相对人在下游市场开展竞争的基础。（2）数据具有不可复制性。依赖数据开展竞争的下游市场或其他相关市场的经营者无法从第三方渠道获得该等数据或获得该等数据的成本畸高,即下游市场或其他相关市场的经营者复制数据不具有可能性或可行性。（3）拒绝开放没有正当理由,正当理由包括服务品质保证、隐私安全保护、平台核心功能运行的保障等。（4）数据开放具有可行性,如数据开放可能面临无法克服的兼容性问题。[1]

上述四个构成要件没有考虑拒绝使用必需设施可能产生的排除、限制竞争影响。因此,除以上四个要件外,仍有必要重点把握"排除下游市场有效竞争"以及"阻止新产品的产生"这两项构成要件。[2]就"排除下游市场有效竞争"这一要件,基于欧盟拒绝使用必需设施行为的相关案例,只有控制必需设施的经营者已经在下游市场活动,在这种情况下拒绝使用必需设施才可能被视为滥用市场支配地位行为。这意味着,如果企业需要在下游某市场围绕特定数据集开展运营,但控制必需设施的经营者没有在该市场活动,则不能强迫他们开放数据。就"阻止新产品的产生"这一要件,数据访问请求者基于所请求数据而提供的产品,应该对必需设施的控制者已经提供的产品不具有可替代性或具有相对低程度的可替代性。即使新产品没有催生新的市场,它也必须具有更好的质量或具有这样的互补特征,从消费者角度看,它与必需设施控制者的现有产品不具有可比性。根据这种理解,新产品的要求最有可能在间接竞争情况下得到满足,

---

〔1〕 孙晋、钟原:"大数据时代下数据构成必要设施的反垄断法分析",载《电子知识产权》2018年第5期。

〔2〕 韩伟:《迈向智能时代的反垄断法演化》,法律出版社2019年版,第122–123页。

即拒绝提供数据访问，将阻止数据访问寻求者引入数据分析等增值服务。[1]

（三）拒绝使用必需设施行为的构成要件思考

拒绝使用必需设施行为属于滥用市场支配地位行为中的拒绝交易，是滥用市场支配地位行为的一种。但前述分析表明，滥用市场支配地位行为和拒绝使用必需设施需要满足不同的构成要件。因此，有必要明确滥用市场支配地位行为的构成要件与拒绝使用必需设施行为的构成要件之间的关系，拒绝使用必需设施行为的认定是遵循统一的滥用市场支配地位行为的构成要件，是另起炉灶设计新的构成要件，还是需要同时满足两种构成要件。

《禁止滥用市场支配地位行为规定》第十六条第一款规定，"禁止具有市场支配地位的经营者没有正当理由……拒绝交易相对人在生产经营活动中，以合理条件使用其必需设施"。第十六条第二款规定，"在依据前款第五项认定经营者滥用市场支配地位时，应当综合考虑以合理的投入另行投资建设或者另行开发建造该设施的可行性、交易相对人有效开展生产经营活动对该设施的依赖程度、该经营者提供该设施的可能性以及对自身生产经营活动造成的影响等因素"。从第十六条的规定来看，拒绝使用必需设施行为的认定既要满足滥用市场支配地位行为的构成要件，也要满足拒绝使用必需设施行为的构成要件，或者说在满足滥用市场支配地位行为构成要件的基础上，再考虑第十六条第二款的规定。

如前所述，首先，滥用市场支配地位行为的构成要件为：（1）经营者具有市场支配地位；（2）经营者实施了特定行为；（3）经营者实施相关行为不具有正当理由；（4）经营者相关行为对市场竞争具有排除、限制影响。其次，拒绝使用必需设施行为的构成要件：（1）经营者控制着必需设施；（2）经营者拒绝交易相对人以合理条件使用其必需设施；（3）经营者

---

[1] 就"阻止新产品的产生"这一要件而言，有专家认为，如果支配地位企业没有被外部市场失灵所保护，则新产品标准应严格适用，这是为了确保只有在以新产品（服务）形式为消费者带来实质性效用的情况下，才会进行反垄断干预。See Inge Graef, "EU Competition Law, Data Protection and Online Platform: Data as Essential Facility", *Wolters Kluwer*, 2016, pp. 249-280.

拒绝使用必需设施缺乏正当理由；（4）经营者拒绝使用必需设施具有排除、限制竞争影响。无论是数据必需设施、算法必需设施，还是平台必需设施，拒绝使用必需设施行为的认定都要遵循上述构成要件。如拒绝使用数据性必需设施行为中"数据对于竞争不可或缺""数据获取具有不可复制性"都属于要件（1）——经营者控制着必需设施。

因此，拒绝使用必需设施行为的构成要件与滥用市场支配地位行为的构成要件具有共通性，不同之处在于要件（1），前者是指经营者具有市场支配地位，后者是指经营者控制着必需设施。必需设施与市场支配地位既有联系也有区别，必需设施的控制者通常具有市场支配地位，但具有市场支配地位的经营者未必控制必需设施。拒绝使用必需设施行为的要件（1），要求经营者的市场力量超越市场支配地位而达到控制必需设施的程度。

三、拒绝使用必需设施行为的禁止规则适用于间接竞争的案件

在交易相对人向控制必需设施的经营者提出开放数据的请求时，交易相对人与控制必需设施的经营者之间的关系可以区分为直接竞争关系与间接竞争关系。从数据驱动型经济中拒绝使用必需设施的有限案例来看，拒绝使用必需设施行为的禁止主要适用于潜在竞争者或新进入者与控制必需设施的经营者存在间接竞争关系的案件，而一般不适用于两者之间存在直接竞争关系的情形。

第一，拒绝使用必需设施行为的禁止适用于交易相对人与控制必需设施的经营者存在间接竞争的情形。控制必需设施的经营者在其平台向客户或广告商提供的产品或服务，第三方则在衍生品市场或下游市场开展经营活动，在交易相对人需要获得必需设施控制人的数据并将数据作为其产品或服务的投入品时，由于交易相对人与控制必需设施的经营者不直接竞争，这种情形下就可以对经营者拒绝使用必需设施的行为予以禁止。因为控制必需设施的经营者可以通过拒绝交易相对人使用其必需设施，将市场支配地位从某一主市场或上游市场传导至衍生品市场或下游市场，进而妨碍下游市场的竞争。

"PeopleBrowsr 诉 Twitter 案"就是间接竞争的相关案件，该案中的 PeopleBrowsr 诉 Twitter 在下游的数据统计或分析服务市场存在间接竞争关系。案件原告 PeopleBrowsr 的主要业务是分析 Twitter 的用户数据，通过对 Twitter 用户在平台上发布的信息进行比对和分析，总结出不同产品或服务在消费者群体中的口碑和影响，进而将这种经过分析得出的结果予以出售。为了获得 Twitter 用户数据的访问权限，PeopleBrowsr 每年向 Twitter 支付 100 万美元作为报酬，但 Twitter 之后限制其访问全部数据。由于 Twitter 也正在开发类似的数据分析工具，并展开了一系列并购活动，PeopleBrowsr 认为此刻 Twitter 拒绝其访问数据的目的，是将其排挤出相关市场，如果 PeopleBrowsr 不能提供此类服务，只会导致客户的选择减少，Twitter 便可乘机提高价格，此举违背了加利福尼亚州的竞争法律，最终该案使 People-Browsr 获得了八个月数据使用权。该案的双方当事人不处于同一行业，Twitter 公司更多属于数据收集市场，而 PeopleBrowsr 则是数据分析市场，前者处于上游市场，而后者则位于下游市场，但位于下游市场的数据分析以上游市场的数据收集为前提和基础。[1]在该案中，Twitter 不仅妨碍了下游数据分析市场的有效竞争，也可能阻止一种新产品（数据分析服务）的产生，因此被法院施加了开放数据的义务。

第二，拒绝使用必需设施行为的禁止不适用于第三方与数据持有人存在直接竞争的情形。涉及一个潜在竞争对手或一个新市场进入者试图获得某在线平台的数据，为了展开某种形式的直接竞争，提供一种针对用户或广告商的竞争性平台。美国发生的"Facebook 诉 Power Ventures 案"可以作为直接竞争关系的相关案例。Power Ventures 旗下的 Power.com 是一家社交网络公司，它的主要业务是提供数据信息整合服务，即将用户全部社交网络信息整合到一处，使所有的社交网站都通过一个渠道开放。为达到此目的，Power Ventures 需要从 Facebook 的用户信息中复制相关数据，Facebook 认为 Power Ventures 未经许可复制用户信息的行为违法，进而提

---

〔1〕 孙晋、钟原："大数据时代下数据构成必要设施的反垄断法分析"，载《电子知识产权》2018 年第 5 期。

出了诉讼，而后者则提出了反托拉斯的反诉，诉称 Facebook 的拒绝开放数据为垄断行为，最终该案以 Power Ventures 败诉告终。在本案中，两个当事人都为社交网络平台公司，其中一方向另一方申请数据开放，而此类数据开放可以使 Power Ventures 获得更多用户和广告商，与 Facebook 在该相关市场进行直接竞争，由于 Facebook 没有与直接竞争对手进行交易的义务，其拒绝交易行为便具有一定正当性。[1]该案涉及拒绝使用必需设施行为的关键问题，即经营者没有与直接竞争对手合作的义务，除非必需设施控制人有意放弃本来可以获得的交易机会。也就是说，经营者拒绝与直接竞争对手进行交易是其经营自由权的体现，这一行为与反垄断法保护竞争自由的初衷并不冲突。

因此，对于拒绝使用必需设施行为的禁止，考虑到竞争对手通过其他渠道或基于高级算法可能获得与类似的数据，以及对拒绝使用必需设施行为的禁止可能抑制数据持有主体围绕数据方面展开的创新，建议在我国现阶段反垄断法实施过程中，仅在间接竞争环境下才可对拒绝使用必需设施行为予以禁止。但也有必要讨论一种特殊情形，即潜在竞争者或新进入者与数据持有者即使存在直接竞争关系，如果数据持有人明显放弃了本可以获得收益的交易，是否会触发美国"阿斯彭案"中禁止拒绝使用必需设施行为的条件。在"阿斯彭案"中，阿斯彭滑雪公司停止发行四山滑雪通票并不是出于效率的考虑，其做法缺乏合理的商业理由。该公司明显放弃了本来可以获得的短期收入，其目的是通过打击小规模竞争对手的手段削弱市场竞争。最终法院认为，阿斯彭滑雪公司的拒绝交易是一种意在维持垄断的反竞争行为。[2]但在数据驱动型经济中，出于促进创新的目的，对拒绝使用必需设施行为的禁止与"阿斯彭案"有所不同。没有理由认为曾经有利可图的行为应持续存在，市场情况发生变化时，若维持原来的交易可能会产生恶性的激励效应。如果一个创新者终止了与竞争者的交易就要承

---

〔1〕　孙晋、钟原："大数据时代下数据构成必要设施的反垄断法分析"，载《电子知识产权》2018 年第 5 期。

〔2〕　Aspen Skiing Co. v. Aspen Highlands Skiing Corp., 472 U. S. 585 (1985).

担反垄断法责任和支付惩罚性赔偿,这显然会减少创新的动力。终止先前的交易不应成为评估反垄断法应否对企业施加交易义务的重要因素。[1]

四、拒绝使用必需设施行为的禁止规则的适用标准选择

拒绝使用必需设施行为的禁止规则发端于美国反托拉斯实践,经过多年的发展和检验,该规则已经呈现式微趋势。由于拒绝使用必需设施行为的禁止规则关涉经营者经营自主权保护与公平竞争秩序的平衡,各反垄断司法辖区在适用该规则时都十分谨慎,作为该规则起源国的美国现在几乎不再运用这一规则,欧盟尽管在为数不多的案件中援引该规则,但其竞争法实施机构更加强调拒绝使用必需设施行为的竞争效果分析。在数据驱动型经济中,需要关注数据能否被认定为必需设施,拒绝使用数据型必需设施行为是否具有正当性,尤其是对拒绝使用必需设施行为的禁止须遵循的标准。一般而言,对拒绝使用必需设施行为的禁止规则,以从严适用为原则,以宽松适用为例外。

(一)严格适用拒绝使用必需设施行为的禁止规则

严格适用拒绝使用必需设施行为的禁止规则,是该规则适用的一般原则。正如荷兰经济事务部2017年发布的《大数据与竞争》报告强调,对拒绝使用必需设施行为的禁止应遵循严格的标准。拒绝使用必需设施行为的禁止规则的适用标准非常高,如果要求特定企业承担与竞争对手进行交易且共享其所掌握的数据的义务,则至少需要满足以下几项条件:第一,数据对于下游商品而言不可或缺;第二,上游与下游市场均不存在有效竞争;第三,拒绝共享数据会阻碍某种副产品的产生;第四,不存在拒绝共享数据的客观原因。[2]对拒绝使用必需设施行为的禁止,也会引起一种担忧,即竞争执法机构或法院强制共享"必需设施"可能不利于创新发展。尽管在认定拒绝使用必需设施行为时会依据严格的条件,但是,为了维持

---

〔1〕 Competition and Monopoly: Single-Firm Conduct under Section 2 of the Sherman Act, http://www.usdoj.gov/atr/public/reports/236681.pdf, p.59, last visited on December 20, 2022.

〔2〕 Commission Staff Working Document-On the Flow of Data and Emerging Issues of the European Data Economy, Brussels, 10, 1.2017 SWD (2017) 2 final.

有效竞争而要求拥有市场支配地位的企业承担必须交易的义务，有违合同自由原则，包括选择交易对象的自由以及处置自有财产的自由。因此，为保护有效竞争，竞争法实施机构在处理涉嫌滥用市场支配地位行为的案件时，应当综合衡量各方利益。报告指出，正如欧洲法院在"Bronner 案"中所澄清的，对企业强加进行交易的义务可以在短期之内促进竞争，但从长期来看，可能会减损竞争对手开发竞争性设施的积极性。另外，如果竞争对手很容易就可以使用所谓必需设施，则具有市场支配地位的企业投资必需设施的积极性也会受挫，因此，从长远来看，允许拥有市场支配地位的企业独自保有其研发的设施，有利于市场竞争。

（二）宽松适用拒绝使用必需设施行为的禁止规则

宽松适用拒绝使用必需设施行为的禁止规则，是该规则适用的例外情形。荷兰经济事务部发布的《大数据与竞争》报告在强调严格适用拒绝使用必需设施行为的禁止规则的同时，也指出了可以宽松适用禁止规则的例外情形。如果数据仅仅是副产品，而且拥有或控制数据的企业可以通过机器以较低成本进行处理，则较之其他市场中非数据资产的开放带来的负面影响，数据驱动型市场中的数据开放或者数据共享的负面影响可能相对较低，即便要求数据共享，企业仍可能具有充分的投资积极性。这一例外可能为一种主张提供支持，即相对于欧洲法院确立的必需设施认定标准，数据驱动型市场中认定数据作为必需设施的标准，不需要那么严苛。[1]

五、拒绝使用必需设施行为的典型案例[2]

美国"hiQ 诉领英案"[3]涉及拒绝使用必需设施行为的认定问题。尽管该案并不是一个反垄断诉讼，但 hiQ 在要求法院对领英颁发临时禁令时提出了一些反垄断方面的问题。

---

〔1〕　韩伟："数字经济时代中国《反垄断法》的修订与完善"，载《竞争政策研究》2018 年第 4 期。

〔2〕　参见韩伟：《迈向智能时代的反垄断法演化》，法律出版社 2019 年版，第 123-125 页。

〔3〕　HiQ Labs, Inc. v. LinkedIn Corp., Case No. 17-cv-03301-EMC, 273 F. Supp. 3d 1099 (2017)；HIQ LABS, INC. v. LINKEDIN CORP., No. 17-16783, 938 F. 3d 985 (2019)。

（一）案件背景

hiQ 是一家为客户提供雇员评估服务的公司，其服务基础是对市场上公开获取的数据进行统计分析。hiQ 的数据分析业务主要依托微软旗下的职业社交网站领英的公开数据，过去数年，其一直都在获取与使用领英网站上的公开用户数据。为了阻止 hiQ 从领英批量抓取公开的用户信息进行数据加工，2017 年 5 月，领英向 hiQ 发出了《终止通知函》，声称 hiQ 违反了领英的用户协议，并要求 hiQ 停止访问和复制来自领英服务器的数据。领英认为，hiQ 未获授权进入领英的计算机系统并抓取相关信息的行为，违反了《计算机欺诈与滥用法》等联邦和州法。领英还同时还通过一个检测、监视和防止抓取活动的系统来阻止 hiQ 访问领英网站。作为回应，hiQ 对领英提起了普通法下的侵权与合同之诉。hiQ 认为领英的行为构成不当商业行为，此外，领英的行为还违反了美国《加利福尼亚州宪法》有关保护言论自由的规定。hiQ 提出动议请求法院对领英的行为颁发临时禁令（preliminary injunction）。

（二）临时禁令

美国加州北区地方法院在考虑是否颁发临时禁令时，从领英的决定对 hiQ 的损害、《加利福尼亚州反不正当竞争法》等法律、公共利益的角度进行了分析。2017 年 8 月 14 日，法院批准了 hiQ 申请临时禁令的动议，命令领英撤回其《终止通知函》，消除对 hiQ 访问公开数据的任何技术障碍，并避免采取任何法律或技术措施，以阻止 hiQ 访问公开资料。领英提出上诉，2019 年，上诉法院支持了初审法院的裁决。

（三）反垄断法问题

在"hiQ 诉领英案"中，hiQ 要求法院对领英颁发临时禁令，没有提出联邦反托拉斯法（《谢尔曼法》）下的主张，而仅仅提出了《加利福尼亚州反不正当竞争法》下的主张，因此案件并不是一个反垄断诉讼。但是，hiQ 提出了一些涉及垄断的问题，而且法官也援引了联邦反托拉斯法中的理论，对领英的行为可能对竞争所产生的效果进行了初步分析。

hiQ 认为，领英的行为从两个方面违反了美国反垄断法的精神：一是领英不正当地将其在"职业社交网络服务市场"（professional networking market）的市场力量，"传导"（leveraging）到"数据分析市场"（data analytics market），使得领英滥用其在职业社交网络服务市场的支配地位，以获得在其他市场上不正当的竞争优势。二是领英的行为违反了必要设施原则，该原则禁止垄断或试图垄断的企业拒绝将其控制的必要设施向竞争对手开放。法院指出，《谢尔曼法》禁止企业传导其垄断力量去"排除封锁竞争或获得竞争优势，或者摧毁竞争对手"。领英只要能够证明其行为并非基于排除竞争目的，其行为就不存在违反反托拉斯法的威胁。本案中，尽管领英认为其终止 hiQ 获得其用户数据仅仅是为了保护用户隐私，但是由于领英的用户数据仍向第三方开放，hiQ 也指出在其他案件[1]中，领英认为其收集的信息仅仅是用户选择公开的信息，因此领英这一主张的真实性存疑。

---

〔1〕　Perkins v. LinkedIn, No. 13-cv-4303-LHK（N. D. Cal.）.

第六章
数据驱动型经营者集中

　　经营者集中也被称为企业并购，是指经营者通过合并及购买股权或资产等方式实施的组织调整行为，其直接的后果可能导致相关市场竞争者数量减少，竞争者数量的减少会提高相关市场集中度，产生和加强市场支配地位，也增加了竞争者之间协调的风险。经营者集中可以从不同角度进行分类，从控制权转移的方式看，经营者集中可以分为经营者合并和经营者控制，经营者合并包括吸收合并和新设合并，其中吸收合并是指合并一方主体资格存续而另一方主体资格消灭，新设合并则是指合并方主体资格消灭并创设新的主体；经营者控制是指经营者通过收购资产、股权或通过协议等方式取得对其他经营者的控制权。为便于反垄断分析，通常将经营者集中分为横向集中、纵向集中和混合集中。经营者集中是一种既有正面效果又有负面影响的行为，数据驱动型经营者集中也不例外。在数据驱动型经济领域，数据驱动型集中常常不能归入反垄断法的传统经营者集中类别，即横向集中、纵向集中和混合集中。但并不意味着这种集中是无害的，数据驱动型经营者集中同样可能损害竞争和消费者福利。

第一节　数据驱动型经营者集中的一般原理

　　数据驱动型企业实施集中行为，除了追求传统经营者集中所能实现的目的外，还存在特殊的目标，如对不同经营者所拥有的数据资源进行整合，对潜在竞争者或即将对自身构成威胁的竞争者进行"先发制人"的收购。面对数据驱动型经营者集中带来的挑战，各反垄断司法辖区纷纷强化对数据驱动型经营者集中行为的控制，欧盟甚至引入以"守门人"为代表的行业规制政策，作为反垄断审查制度的补充，我国则对数字经济领域未依法申报的经营者集中行为进行查处。对数据驱动型经营者集中的审查依然遵循传统的分析框架，但在审查标准上更加注重集中对数据竞争优势、用户隐私保护的影响。

一、数据驱动型经营者集中的特殊性

经营者集中是指经营者通过合并、购买股权或者资产、订立协议等方式取得对其他经营者控制权或者能够对其他经营者施加决定性影响的商业行为。经营者集中是市场经济条件下市场主体的自主商业活动，经营者集中宏观上有助于优化资源配置、促进产业结构调整，微观上能够扩大经济规模、提高经营效率、增强市场竞争力。与此同时，经营者集中也往往会导致经济力量的集中，对市场竞争具有或可能具有负面影响。具体而言，经营者集中可能使相关经营者产生或者加强市场支配力量，从而排除、限制市场竞争；也可能使市场中的竞争者数量减少，经营者更容易协调一致，便于达成垄断协议。[1]数据驱动型经营者集中与一般意义上的经营者集中一样，具有利弊互现的特点，同时也呈现出一定特殊性，面临着新的监管难题。

（一）数据驱动型经营者集中追求数据整合目标

数据驱动型经营者集中是指经营者以实现数据整合为主要目的而进行的集中。在数据驱动型经济中，数据成为平台竞争的一种宝贵资源，数据的获取和使用成为企业竞争的关键。平台企业商业模式的本质是基于"大数据"的中介组织，[2]数据驱动型企业为了获得大数据优势，围绕数据资源和算法技术进行日趋激烈的竞争。由于数据（特别是个人数据）在商业

中的地位日益重要，现今许多并购交易的目的就是数据整合。2016 年发生的"微软收购领英（LinkedIn）案"，便是全球高度关注的数据驱动型并购交易，从欧盟对微软收购领英的处理情况来看，在数据驱动型并购交易中，数据相关的原料封锁（Input Foreclosure）将是今后反垄断执法部门关注的焦点。[1]

诚然，数据竞争具有两面性，一方面，有利于促进平台间竞争，因为数据优势与企业规模发展存在良性循环，数据也可以传导企业优势，促进跨界竞争；另一方面，可能阻碍平台竞争，因为经营者可能利用数据制造或抬高市场进入壁垒，经营者还可能利用数据限制创新竞争，损害竞争秩序。数据驱动型经营者集中作为数据竞争的一种类型，同样呈现利弊互现的特点。数据驱动型经营者集中带来市场力量的强化，为经营者实施滥用市场支配地位行为创造了条件；而集中造成了竞争者数量的减少，亦会增加经营者之间达成共谋的风险。为了兴利除弊，各反垄断司法开始反思数据驱动型经营者集中带来的竞争问题。如日本公正交易委员会（JFTC）于2017 年发布了《数据与竞争政策》调研报告，对数据驱动型经营者集中予以关注。按照该调研报告，对于一项企业并购申报，如果合并企业一方拥有大量的数据或者控制收集数据的渠道，那么反垄断执法机构在分析数据的稀缺性和可替代性的基础上，还需要重点考虑的一点是，通过提供免费服务等方式收集的大量数据，可以助力企业在短期内基于算法去改进产品功能。在这种情形下，应当确保网络效应作用下的基于原始数据收集与机器学习所带来的产品功能改进的良性循环，不会导致在数据作为投入品的相关产品市场中产生市场支配地位。[2]

（二）数据驱动型经营者实施防御性集中

作为经营者集中行为的一种特殊表现形式，防御性集中（亦称"先发制人"式集中）是指在位企业为了减少市场中的潜在竞争，对初创企业进

---

[1] 韩伟："数据驱动型并购的反垄断审查——以欧盟微软收购领英案为例"，载《竞争法律与政策评论》2017 年第 3 期。

[2] 参见韩伟、李正："日本《数据与竞争政策调研报告》要点与启示"，载《经济法论丛》2018 年第 1 期。

行并购的行为。大数据时代到来之前，主导性科技企业对客户和竞争对手的举动（或行动计划）知之甚少。但在数据驱动型经济中，平台经营者通过获取和分析数据可以远早于其他人识别消费趋势、监测和预测竞争威胁，即获得了"即时预报"的能力。即时预报构成了垄断者先前不曾拥有的一种强大的数据武器，企业利用它可以实时监测新商业模式。数据垄断者利用自己在访问和处理个人数据方面的相对优势，能够迅速识别（并压制）方兴未艾的竞争威胁。在这些羽翼未丰的企业构成显著竞争威胁之前，支配性企业就能将其收购或者通过其他手段阻碍其发展。因此，这种局面就像垄断者发明了一种雷达系统，实时监测竞争门户。它能够在竞争威胁起飞之时就对其飞行路线进行远距离追踪，并能够在监管者及其他人士远没有注意到这些威胁之时，就将其拦截或击落。[1]

数据驱动型企业的"即时预报"雷达，使得其能够利用自身的数据优势及预测能力，准确地监测到市场中的变化，预判初创企业的发展轨迹，并将具有竞争威胁或发展潜力的竞争者予以并购，以巩固自身的市场力量。[2]在"即时预报"雷达的作用下，大数据背景下的防御性集中具有更强的针对性，但对市场竞争也具有更强的破坏性。一方面，通过实时取得消费者及其他市场数据，某些数据驱动型企业能够迅速发现并压制竞争威胁，关闭竞争门户；另一方面，竞争威胁的减少或消失将抑制数据驱动型企业的创新动力，企业创新投入的消减将进一步损害创新竞争。从保护创新的角度审视，在初创企业可能通过一系列研发创新而"蚕食"大企业的市场时，大企业可能有动机通过并购初创企业来推迟或取消这项创新，使

---

〔1〕　［美］莫里斯·E. 斯图克、艾伦·P. 格鲁内斯：《大数据与竞争政策》，兰磊译，法律出版社 2019 年版，第 327-328 页。

〔2〕　近年来，防御性集中愈发多见，大型的在线服务或科技公司的并购中，约 60% 的目标公司年龄介于四岁及其以下。例如，亚马逊收购的目标公司年龄中位数为 6.5 岁，Facebook 收购目标中位数为 2.5 岁，谷歌收购目标年龄中位数为 4 岁。See Lear, Ex-post Assessment of Merger Control Decisions in Digital Markets（Final Report, May 9, 2019），https://www.gov.uk/government/publications/assessment-of-merger-control-decisions-in-digital-markets, last visited on July 26, 2023.

创新中断。[1]当然，也存在经营者将初创企业的创新项目纳入自身商业模式中使之继续发展的可能。

二、数据驱动型经营者集中控制规则的强化

由于平台的复杂性，世界各国对平台经营者的规制均存在阶段性转变的特征。数据驱动型经营者集中控制规制从宽容到强化的分水岭大致为2020年。我国以2020年为界可以分为两个阶段：前一阶段的"包容审慎"与目前的"强化反垄断与防止资本无序扩张"。无独有偶，欧美也存在类似的变化：2017年之前的自由放任，2017年至2020年的强化反垄断，2020年至今的行业规制。[2]事实上，欧美在尝试的同时，并没有放弃反垄断监管的角色。对反垄断监管而言，行业规制发挥着补充作用，只有在反垄断监管失灵的情形下，行业规制才需要介入数字经济领域。

2020年之前，平台经济领域的并购行为基本没有被世界各国的反垄断执法机构否决的案例，甚至大部分的并购案件不需要进行反垄断申报。出现这种执法态势的主要原因有两个：第一，当前全世界绝大部分反垄断执法机构所采取的都是营业额或者资产额标准，但是大多数并购案件中被收购的数字企业都是小企业，其营业额很低甚至为零，因此，整个并购案件涉及的营业额或资产额达不到申报门槛，无须申报；第二，数字经济领域的并购往往属于混合合并（Conglomerate Merger），也就是收购方和被收购企业的核心产品不具有竞争关系，双方所在的核心相关市场不重叠甚至不具有上下游关系，如"Google/DoubleClick案""Facebook/WhatsApp案"等，混合合并通常被认为不会导致反竞争的效果，因此，即便那些申报的案件，也都通过了反垄断机构的审查。

对过去20年间反垄断机构对数字经济领域并购行为的控制规则，质疑的声音越来越大，但即便是奉行更严厉监管政策的欧盟及其成员国，在审

---

〔1〕　EC, *Competition Policy for the Digital Era*: *Final Report*, http://ec. europa. eu/competition/information/digitisation_ 2018/report_ en. html, last visited on July 16, 2022.

〔2〕　侯利阳："论互联网平台的法律主体地位"，载《中外法学》2022年第2期。

查并购方面也未见有所动作，其主要原因在于从传统的反垄断并购控制规则出发，执法机构确实很难对并购交易作出应当附加限制性条件甚至禁止的审查结论。但是，自 2020 年以来，针对数字经济领域的并购控制明显收紧，具体表现在：（1）美国：2020 年 9 月，美国联邦贸易委员会公布了一份关于谷歌、亚马逊、脸书、苹果、微软等五家大公司自 2010 年至 2019 年的未申报的并购交易的报告。在审视了五大公司交易额超过 100 万美元的 616 项交易后，报告指出有 94 项交易达到了美国《哈特—斯科特—罗迪诺反托拉斯改进法》的申报门槛，并要求各公司补充提交相关材料。2020 年 12 月，美国联邦贸易委员会于哥伦比亚特区联邦地区法院起诉脸书，并向联邦法院寻求永久禁令，其中包括：要求剥离资产，包括 Instagram 和 WhatsApp；禁止脸书对软件开发商施加反竞争条件；要求脸书为未来的并购寻求事先通知和批准。2021 年 6 月，联邦法院驳回了联邦贸易委员会对脸书的诉讼，2021 年 8 月，美国联邦贸易委员会重新提交了起诉书。[1]（2）欧洲：2020 年 12 月，欧盟委员会附条件批准了"Google/Fitbit 案"，该案是数字经济领域第一例附条件批准的并购案；2021 年，英国竞争与市场监管局否决了"Facebook/Giphy 案"，该案则成为数字经济领域第一例被否决的并购案。（3）中国：自 2020 年，反垄断执法机构开始针对数字经济领域的违法未申报经营集中行为进行查处，截至目前，已经对多起违法实施经营者集中的案件作出行政处罚。[2]

三、数据驱动型经营者集中审查的框架和标准

（一）经营者集中审查的分析框架

为提高反垄断审查的可操作性和增加反垄断执法的透明度，许多国家或地区规定了经营者集中审查的分析步骤，以欧盟和美国为例，尽管两个

---

［1］　2022 年 1 月 11 日，Facebook 要求撤销美国联邦贸易委员会对其反垄断诉讼的动议遭到法院的驳回，法院裁定指控 Facebook 实施垄断行为的诉讼可以继续进行。可见，已经被反垄断执法机构审查许可的数据驱动型经营者集中中，再次引起了反垄断执法机构的关注。

［2］　参见万江：《数字经济与反垄断法：基于理论、实践与国际比较的视角》，法律出版社 2022 年版，第 168-169 页。

司法辖区的合并控制制度有所差异，但其审查框架基本相同，包括相关市场界定与市场力量评估、反竞争效果分析、效率抗辩和救济措施。[1]我国《反垄断法》第三十三条规定了经营者集中审查应当考虑的因素，[2]并未明确经营者集中审查的分析框架，但从《经营者集中审查规定》的相关条款来看，我国经营者集中审查的分析框架与其他司法辖区基本一致，即使在数据驱动型经济中，这种分析框架也并未发生动摇。[3]

（二）经营者集中审查的实质标准

经营者集中审查的实质标准，也称为实质性标准、实质审查标准，是指反垄断执法机构对依法申报的经营者集中进行审查，并制定是否允许该集中进行的标准。在反垄断实践中，美国实行的是"实质性减少竞争"标准，1914 年《克莱顿法》规定，禁止实质性减少竞争或旨在形成垄断的合并。欧盟的实质审查标准经历了从"市场支配地位"标准到"严重妨碍有效竞争"标准的演变。[4]按照"严重妨碍有效竞争"标准，如果一项集中因产生或增强经营者的市场支配地位而严重妨碍共同市场或其重要组成部分的有效竞争，则应宣布该集中与共同市场不相容，并予以阻止，反之，则不应阻止。可见，欧盟经营者集中审查的实质标准逐渐向美国的"实质减少竞争"标准靠拢，两者都表现出对竞争秩序的关怀，都注重市场效果的考察。

---

〔1〕 吴振国、刘新宇：《企业并购反垄断审查制度之理论与实践》，法律出版社 2012 年版，第 57 页。

〔2〕《反垄断法》第三十三条规定："审查经营者集中，应当考虑下列因素：（一）参与集中的经营者在相关市场的市场份额及其对市场的控制力；（二）相关市场的市场集中度；（三）经营者集中对市场进入、技术进步的影响；（四）经营者集中对消费者和其他有关经营者的影响；（五）经营者集中对国民经济发展的影响；（六）国务院反垄断执法机构认为应当考虑的影响市场竞争的其他因素。"

〔3〕 具体而言，第一，对相关市场进行界定。第二，分析经营者对市场控制力及相关市场的市场集中度。第三，评估经营者集中对市场进入、技术进步、消费者、其他经营者及国民经济发展的影响。第四，考察经营者的抗辩理由是否成立，即集中对竞争产生的有利影响是否明显大于不利影响（如创新抗辩），集中是否符合社会公共利益。第五，作出禁止集中、许可集中或附条件许可集中的决定，并对后者设计相关的救济措施。

〔4〕［希］扬尼斯·科克雷斯、［美］霍华德·谢兰斯基：《欧盟并购控制：法律与经济学分析》，戴健民、邓志松译，法律出版社 2018 年版，第 120 页。

我国《反垄断法》第三十四条规定的实质标准为"排除、限制竞争"标准，由基本原则和例外规定构成，[1]即反垄断执法机关据以某一经营者集中行为应予禁止的标准是经营者集中"具有或者可能具有排除、限制竞争效果"，同时，经营者集中还存在通过两种抗辩（有利影响明显大于不利影响的抗辩和有关公共利益的抗辩）而避免被禁止的可能。在数据驱动型经济中，无论是反垄断执法机构的认定，还是参与集中经营者的抗辩，都要重点关注集中对创新、数据竞争优势的影响。在《德国反限制竞争法》第十次修订时，为应对平台经济和数据经济的挑战，已将"获取竞争相关数据的能力"加入市场力量的认定因素中。[2]我国反垄断执法机构在对数据驱动型经营者集中行为进行审查时，应重点关注集中是否会显著增强数据竞争优势、是否会降低隐私保护水平、是否会损害创新。

第二节　数据驱动型经营者集中申报

经营者集中的事前申报属于预防措施，其优点是便于反垄断审查机构及时掌握市场信息，提高经营者集中的可预见性，避免因集中被审查机构事后判定为限制竞争而导致的社会成本的浪费。[3]我国《反垄断法》关于经营者集中申报的主要规定为：达到申报标准应事先申报；未达到申报标准可能被要求申报；未事先申报的，反垄断执法机构应当依法进行调查。可见，在经营者集中申报方面，我国采用的是设立强制申报标准与执法机构自由裁量相结合的模式，将经营者营业额作为判断是否符合申报标准的

---

〔1〕《反垄断法》第三十四条规定："经营者集中具有或者可能具有排除、限制竞争效果的，国务院反垄断执法机构应当作出禁止经营者集中的决定。但是，经营者能够证明该集中对竞争产生的有利影响明显大于不利影响，或者符合社会公共利益的，国务院反垄断执法机构可以作出对经营者集中不予禁止的决定。"

〔2〕袁嘉："数字背景下德国滥用市场力量行为反垄断规制的现代化——评《德国反限制竞争法》第十次修订"，载《德国研究》2021年第2期。

〔3〕时建中主编：《反垄断法——法典析评与学理探源》，中国人民大学出版社2008年版，第263页。

指标。[1]对于未达到申报标准但具有或者可能存在排除、限制竞争效果的集中，反垄断执法机构可以要求经营者申报。在我国《反垄断法》修改之前，诸如优酷与土豆合并、美团和大众点评合并、滴滴收购优步中国等经营者集中行为，经营者均以营业额未达到申报门槛为由，未事先申报。但并没有确切的理由说明这些集中行为不会排除、限制相关市场的自由竞争。2022年《反垄断法》修正时新增"未达申报标准的事先申报制度"，是为了弥补单一营业额标准的不足而设置的规则，这一规则能够有效控制大型数字平台企业滥用资本优势而实施的"先发制人式"并购。

一、营业额申报的控制模式失灵

（一）经营者集中申报标准

关于经营者集中，目前大多数国家或地区的反垄断法都设定了申报标准，规定符合一定规模的经营者集中要向反垄断执法机构申报。这种规模主要以当事人本身的规模和交易的规模来确定。所谓当事人本身的规模，主要是以当事人的资产总额和年度的销售总额作为基准，择一或合并适用；交易规模则主要是以当事人准备实施的企业集中计划中作为最终结果所核定的金额数作为基准。在实践中，各国确定规模的做法不同。如美国兼采当事人规模和交易规模双重标准，欧盟通常仅采用当事人规模标准。在确定当事人规模或交易规模时，依据的指标一般是资产额、销售额和市场份额。销售额和资产额相对明确、确定，集中当事人很容易计算出自己

---

[1] 《反垄断法》第二十六条规定："经营者集中达到国务院规定的申报标准的，经营者应当事先向国务院反垄断执法机构申报，未申报的不得实施集中。经营者集中未达到国务院规定的申报标准，但有证据证明该经营者集中具有或者可能具有排除、限制竞争效果的，国务院反垄断执法机构可以要求经营者申报。经营者未依照前两款规定进行申报的，国务院反垄断执法机构应当依法进行调查。"《国务院关于经营者集中申报标准的规定》第三条规定："经营者集中达到下列标准之一的，经营者应当事先向国务院反垄断执法机构申报，未申报的不得实施集中：（一）参与集中的所有经营者上一会计年度在全球范围内的营业额合计超过100亿元人民币，并且其中至少两个经营者上一会计年度在中国境内的营业额均超过4亿元人民币；（二）参与集中的所有经营者上一会计年度在中国境内的营业额合计超过20亿元人民币，并且其中至少两个经营者上一会计年度在中国境内的营业额均超过4亿元人民币。营业额的计算，应当考虑银行、保险、证券、期货等特殊行业、领域的实际情况，具体办法由国务院商务主管部门会同国务院有关部门制定。"

是否符合申报标准，是否具有申报义务。而采用市场份额的标准首先要确定相关市场，这在实践中表现出很大的不确定性，应用起来比较困难。[1] 我国反垄断法经营者集中审查制度规定的营业额标准便属于当事人规模中的销售额。

（二）营业额申报标准的不足

数据驱动型经营者集中多为具有一定市场力量的经营者对初创企业的并购。传统的经营者集中审查制度对于需要申报的并购案件设置了门槛，申报标准基本都以并购企业的营业额为基准，而大多数的初创企业的营业额都达不到法定的申报标准，从而轻易逃脱了反垄断审查。对于被并购方而言，作为初创企业，它们的首要目标是开发非常具有潜力或广受用户欢迎的产品或服务，形成庞大的用户安装基础，然后才能在网络效应的作用下，通过增值服务向用户收费或者在双边市场的收费侧向广告商或商户等经营者收费，但是在初创企业将庞大的用户积累和相关数据最终转化为收益之前，其营业额将在一定时期内维持在低位，无法达到经营者集中的申报门槛。对于收购方而言，初创企业的产品竞争力并不反映在营业额上，而是体现在初创企业的数据价值和潜在的竞争威胁上。例如，脸书在开发一款图片分享软件 Facebook Camera 时，发现刚成立一年半的 Instagram 具有类似功能和潜在竞争威胁，进而并购了 Instagram，巩固了脸书在社交软件市场的地位；[2] 再如，脸书斥巨资并购营收水平乏善可陈的企业 WhatsApp，除了希望获得 WhatsApp 的庞大用户群和优质数据，还存有扼杀潜在竞争者的目的。[3]

因此，如果仅以营业额标准作为经营者集中的申报标准，很多并购初创企业的案件都可能逃脱反垄断审查，但是这类集中很可能产生扼杀潜在竞争、窒息创新的限制竞争效果。事实上，反垄断执法机构获取竞争关切

〔1〕 时建中主编：《反垄断法——法典析评与学理探源》，中国人民大学出版社 2008 年版，第 264 页。

〔2〕 Gautier, A. and Lamesch, J. （2021）Mergers in the Digital Economy. Information Economics and Policy, 54, Article ID：100890. https://doi. org/10. 1016/j. infoecopol. 2020. 100890.

〔3〕 陈永伟："扼杀式并购：争议和对策"，载《东北财经大学学报》2022 年第 1 期。

的信息非常多元，可能来自集中参与方的竞争者、交易对象、投资方、消费者甚至无利害关系人，经营者集中即使未达到申报标准，也应当考虑集中后的竞争影响，这正是我国反垄断法修正时增设条款来弥补单一营业额标准不足的原因。

二、数据驱动型集中申报标准的改革

（一）引入交易规模标准

关于数据驱动型经营者集中申报标准，首先要明确是否放弃以并购企业营业额为申报门槛的唯一计算标准。在欧盟层面，尽管有诸多讨论，目前的规则仍维持营业额标准。在欧盟成员国中，德国和奥地利是最早在营业额标准之外增加交易规模标准的国家，其目标就是针对数字企业的并购，但是这并没有导致那些低于原油营业额标准的申报案件显著增加。[1]西班牙、英国和葡萄牙在营业额标准之外还设置了市场份额标准，西班牙就因为采取了市场份额的申报标准审查了"Apple/Shazam 案"和"Facebook/WhatsApp 案"，而在欧盟层面免于申报的"Facebook/Instagram 案"和"Google/Waze 案"，由于英国采用"供应商份额标准"，也通过了英国公平贸易局（现为竞争与市场管理局）的审查。[2]

关于申报门槛的改革，最典型的是增加交易额标准。交易规模标准起源于美国的《哈特-斯科特-罗迪诺反托拉斯改进法》，该法规定了混合式申报标准，将企业规模与交易规模结合，综合采用了交易额标准、总资产或净销售额标准，在并购实践中，交易额体现为收购方持有被收购方的表决权证券和资产的总额。在数据驱动型经济中，由于经营者集中达不到以营业额为标准的申报门槛，一些经营者集中尤其是"先发制人式"的集中"逃逸"了反垄断审查，为了应对这一挑战，德国借鉴了美国的规制思路，引入了交易额标准。虽然德国与美国都采用混合的申报标准，但在适用交

---

〔1〕 OECD, Start-ups, Killer-Acquisition and Merger Control, 2020, P. 44.

〔2〕 J. Crémer, Y. de Montjoye & H. Schweitzer, *Competition Policy for the Digital Era*, DG Comp of EC final report, 2019, p. 115.

易额标准的具体操作方面存在不同。在适用标准的顺序方面，德国将营业额作为基础的标准，只有在基础标准有缺陷时，才会适用交易额标准；美国则是以交易规模为基础，只有当交易规模较小时，才会考察企业的总资产或年净销售额，这种主次顺序的不同暗合了申报标准形成的历史路径差异。在对交易规模的理解方面，美国考察的是收购者通过并购获得的被收购者的资产、表决权或企业份额，立足于被收购者的价值，而德国则通过被收购企业从收购企业处获得的交易价格来确定交易规模。在并购实践中，交易价格比交易价值更容易确定。

（二）增设执法机构主动审查的规定

在经营者集中的申报标准方面，我国目前还未引入交易额申报标准，但是通过增设反垄断执法机构主动审查的规定，可在一定程度上弥补单一营业额标准的不足。从其他反垄断司法辖区的立法来看，美国《哈特－斯科特－罗迪诺反托拉斯改进法》确定了强制申报的交易额门槛标准，但是根据克莱顿法、谢尔曼法和联邦贸易委员会法，美国反垄断执法机构有权主动调查那些可能存在反竞争效果但未触及强制申报义务的并购行为。2021 年《德国反限制竞争法》第十次修正增加的 39 条，规定德国联邦卡特尔局有权要求那些收购未达到申报门槛的小型企业但符合一定条件的交易进行申报。

我国 2021 年发布的《平台经济领域的反垄断指南》第十九条明确指出，当"参与集中的一方经营者为初创企业或者新兴平台"，即便未达到申报标准但其具有或者可能具有排除、限制竞争效果的，反垄断执法机构可以主动调查。2022 年修正的《反垄断法》第二十六条第二款也作了类似规定。[1]这说明对于未达申报标准的经营者集中，反垄断执法机构具有灵活判断是否需要进行申报的权力。未达申报标准的事先申报制度是为了弥补单一营业额标准的不足而设置的兜底性规定，这尤其对超级互联网平台

---

〔1〕《反垄断法》第二十六条第二款规定："经营者集中未达到国务院规定的申报标准，但有证据证明该经营者集中具有或者可能具有排除、限制竞争效果的，国务院反垄断执法机构可以要求经营者申报。"

通过频繁收购中小初创科技公司而形成的"扼杀式"并购具有较强的控制效果。[1]

（三）规定特殊经营者的并购申报义务

这种方案是要求一些特殊的经营者报告其所有的并购行为，在Vestager 报告、Furman 报告和 Stigler 报告中均提出了类似的建议。法国集体，"系统性企业"除外，需要向法国竞争管理局报告所有并购案的新立法建议，挪威、意大利和荷兰也有类似的动作，实际上就是要求具有市场支配地位或优势地位的企业承担主动报告的特殊义务。欧盟《数字市场法》的生效意味着监管机构已经开始实施经营者集中强制申报的措施。

1. 欧盟《数字市场法》

2022 年 7 月 18 日，欧盟理事会最终通过备受关注的《数字市场法》。2022 年 10 月 12 日，《数字市场法》在《欧盟官方公报》正式公布，并于同年 11 月 1 日正式生效。《数字市场法》最大的特点，是针对大型线上平台提出了守门人（Gatekeepers）的概念。被欧盟委员会认定为守门人的线上平台公司，必须遵守法案第五条至第七条规定的一系列义务以及几项附属要求。违反相关义务，将导致该公司年度全球营业额 20% 的罚款等。其中，《数字市场法》对守门人规定的若干附属要求，就包括需要向欧盟委员会通报涉及核心平台服务、资料收集或其他数字领域服务的并购交易。

2. 我国"征求意见稿"

2021 年 10 月 29 日，国家市场监督管理总局发布《互联网平台分类分级指南（征求意见稿）》《互联网平台落实主体责任指南（征求意见稿）》，两份征求意见稿初步明确了平台分类分级的标准以及相对应的平台责任，被认为是中国版的"数字守门人"制度。[2]《互联网平台落实主体责任指南（征求意见稿）》规定平台经营者不得从事各类垄断行为，尤其是不得"滥用数据""搭售服务""自我优待"，并按照有关法律法规履行集中申

---

〔1〕 王先林：《最新反垄断法条文对照与重点解读》，法律出版社 2022 年版，第 93 页。

〔2〕 王俊、黄婉仪、吴立洋："中国'数字守门人'制度呼之欲出超级互联网平台被委以更重责任"，载《21 世纪经济报道》2021 年 11 月 1 日，第 1 版。

报义务。[1]

三、我国应对申报标准漏洞的方案

总体而言，我国经营者集中申报的营业额标准存在一定不足，但目前的反垄断执法机构主动审查规定可以在一定程度上填补营业额标准的漏洞。

（一）引入交易额申报标准的合理性

申报标准是经营者集中审查制度的前置环节，符合申报标准的经营者集中，应当申报；不符合申报标准的经营者集中，国务院反垄断执法机构可以要求其申报。由于大部分集中案件需要由经营者自己对照标准决定是否需要申报，因此申报标准应当具有客观量化性，简单清晰且易理解，可作为衡量经营者市场势力的量化指标，一般分为企业规模和交易规模两大类。我国的营业额标准就属于衡量企业规模的指标，除此以外，衡量企业规模的指标还包括市场份额、总资产、销售额、用户数量等。其中市场份额需要复杂的分析计算，不适宜作为申报标准，而总资产、销售额指标与营业额指标的指向相似，并无明显的优劣之分。至于用户数量指标，由于大数据平台具有外部性、交叉补贴等特征，用户数量指标在反映大数据平台的企业规模方面具有一定的优势，可利用用户数量将平台所具有的用户关注度带来的商业价值量化，但受制于平台用户的多归属性，无法准确计算平台的用户数量，并且不同类型平台的目标用户群不同，无法确定统一适用的用户数量标准。

我国目前实行的是以单一营业额定量申报标准为主、执法机构裁量控制为辅的申报标准，在面对大数据产业的网络效应、特殊的盈利模式以及防御性并购提出的挑战时，显得愈发力不从心，尤其是在定量申报标准方

---

[1]　《互联网平台落实主体责任指南（征求意见稿）》第十六条规定："互联网平台经营者应当遵守反垄断领域的法律、法规、规章等规定，不得从事垄断协议、滥用市场支配地位等垄断行为。互联网平台经营者在实施经营者集中前，应根据有关法律法规履行申报义务，在获得有关部门批准之前，不得实施集中。"

面，仅依靠营业额，无法衡量大数据产业中颠覆性创新、优质数据所能创造的竞争潜力，不能反映参与集中的经营者的市场势力，会使许多集中"逃逸"反垄断审查。因此，相比较而言，选择交易规模标准更为适宜。交易额可以在一定程度上反映出经营者集中的真实价值和目的，以及该集中所产生的潜在市场影响力。在今后的数据驱动型经营者集中审查中，国务院反垄断执法机构可以根据实际情况，考虑将交易额申报标准纳入申报制度，以更好地对数据驱动型集中进行审查。

在修订申报标准时，应谨慎斟酌确定交易额申报的门槛，明确交易规模的计量方法。交易规模标准中交易额申报数额的确定应结合大数据产业集中的现状，关注交易额与网络效应、用户锁定等大数据竞争中非量化因素的关联程度，并结合经营者的申报效率、执法机构审查效率等因素。此外，鉴于经营者集中交易结构的复杂性，在确定交易额的计算方法时，可借鉴企业法、税法、会计准则、经济学中的相关经验。[1]需要注意的是，对于经营者集中申报标准的选择，应以营业额标准为一般申报标准，以交易额标准为补充标准。作为营业额标准的补充，交易额标准并非优先选择的申报标准，其主要适用于参与集中经营者的营业额达不到申报门槛但集中又很可能排除、限制竞争的情形，如数据驱动型经营者实施的"先发制人式"并购。

（二）执法机构主动审查的思路

在数据驱动经营者集中的申报审查上，存在两种方向：第一种是降低申报门槛标准但未改变竞争分析思路，符合申报门槛标准的企业被无条件批准。也就是说，即使降低经营者集中的申报门槛，将数据驱动型经营者集中纳入审查范围，但如果仍然遵循传统的并购审查分析框架，也可能会出现具有反竞争效果的经营者集中被无条件批准。

从数据驱动型经营者集中的审查实践来看，交易额标准的引入并未导致需要审查案件的大量增加，申报门槛降低的实施效果并不理想。关于交

---

〔1〕 张广亚：《论网络平台经济下我国经营者集中申报标准之完善》，载 https://mp. weixin. qq. com/s/WNy_ TWgcnQLvvjmmUCAMQw，最后访问日期：2020 年 1 月 10 日。

易额门槛标准，有观点认为，如果降低并购申报的门槛，意味着会有更多的交易需要经历并购审查过程，这必然会对并购交易市场造成遏制，影响并购市场的活力，可能给社会经济带来更大的负担。另外，那些因为并购申报门槛改革而新增进入审查范围的并购案件，真正被确定存在反竞争效果且需要实施干预的案件极为罕见，以德国为例，2017 年《德国反限制竞争法》修订后，2017—2018 年两年间总共因新的申报门槛标准而纳入审查的并购案件合计不超过 18 起，在申报案件总数中的占比几乎可以忽略不计，而且其中有 7 起案件德国联邦卡特尔局主动放弃了审查，另外 11 起案件都在第一阶段就无条件批准了。因此，从效果上看，通过修改申报门槛标准来加强猎杀式并购控制并不是最优解。[1]

另一种是维持申报门槛不变并增加执法机关主动审查的规定，在转变竞争分析思路的基础上，避免具有反竞争效果的集中被无条件放行。近年来，反垄断主要司法辖区进行的经营者集中事后评估发现，2020 年以前那些进入申报审查范围的数据驱动型并购案件，即使并购产生了反竞争的效果，但也基本上都被无条件批准了，这促使人们反思既有的并购审查竞争分析框架是否能够对数字企业并购作出准确的评估。无论是欧盟 "Google/Fitbit 案" 被无条件批准，英国 "Facebook/Giphy 案" 被否决，还是美国 "联邦贸易委员会诉 Facebook 案" 和 "司法部诉 Google 案"，都表明欧盟和美国反垄断界对数字经济的竞争问题的反思和纠偏。2019 年，英国竞争与市场监管局委托 Lear 公司对数字市场中已经发生的猎杀式并购案做了系统性事后分析，报告认为其中一半的案件并没有带来竞争问题，但另一半的案件可能没有保护能够给既存企业带来竞争压力的挑战者，尽管这些并购案件也可能提高经济效率。[2]猎杀式并购（扼杀式并购或掐尖式并购）的竞争损害理论与普通并购损害竞争理论的不同之处在于，猎杀式并购不

---

〔1〕　万江：《数字经济与反垄断法：基于理论、实践与国际比较的视角》，法律出版社 2022 年版，第 181 页。

〔2〕　Lear, Ex-post Assessment of Merger Control Decision in Digital Market, 2019, p. 12, https://www.gov.uk/government/publications/assessment-of-merger-control-decisions-in-digital-markets, last visited on June 10, 2022.

仅仅是消灭了一个潜在的竞争对手，而且是抑制了一个替代性产品的出现，这类并购在损害竞争的同时也会损害产品的多样性，损害消费者的选择。基于既有的并购控制分析框架，对猎杀式并购进行竞争分析需要在各个环节作出一些调整。例如，在并购方的产品替代性分析方面，由于新兴企业的产品仍在初创阶段，对新兴企业产品与收购方产品的重叠性或可替代性分析上，不能基于目前的市场竞争状况，而要有面向未来的分析，这些分析可以依据行业内的相关报告、收购方的内部文件等证据。在"联邦贸易委员会诉 Facebook 案"的起诉书中，美国联邦贸易委员会在指责脸书收购 WhatsApp 等潜在竞争对手时，就大量列举了脸书内部文件以及扎克伯格的言论作为证据。

在竞争损害分析方面，需要考虑的是产品复制的效率以及是否构成紧密竞争对手，如果产品复制成本不高，那么即便因为并购而导致初创企业的产品被搁置或"猎杀"，还是很容易出现类似的新产品，这种猎杀不会对市场竞争以及消费者利益造成实质性损害。另外，如果被收购企业的产品属于潜在的紧密竞争对手且用户具有显著的产品忠诚度，那么收购企业大概率不会轻易下线新产品，例如脸书收购 WhatsApp 和 Instagram 后仍然维持了这两个产品，就是因为这两个产品有其固定的用户基础，复制同样的产品是不经济的。[1]

（三）特殊经营者的事前申报规定

由于作为我国守门人规则的《互联网平台落实主体责任指南》还未正式出台，超大型平台经营者的事前监管问题还处于理论论证阶段。关于事前监管和反垄断的关系，前者是行业监管、事前干预，属于行业监管法的范畴，后者是专业监管、事后规制，属于反垄断法的范畴。对超大型平台经营者是否有必要实行反垄断和事前监管并行的二元模式，理论界还存在明显分歧。一种观点认为，应对守门人在基础平台服务范围内的活动进行监管，明确其相应的数据监管法律义务。对守门人不在基础平台服务范围

---

〔1〕 万江：《数字经济与反垄断法：基于理论、实践与国际比较的视角》，法律出版社 2022年版，第 181-182 页。

内以及虽然在基础平台服务范围内但没有达到标准的平台企业，对守门人的所有经营者集中行为，均应通过反垄断机制加以规范，明确监管与反垄断二元分治的边界。[1]另一种观点则认为，我国没有必要借鉴欧盟的做法，实行反垄断与监管的"二元分治"。首先，我国平台经济领域是否需要新的"监管"模式尚不确定，国内外学界尚未就平台垄断的应对形成统一观点，在此情况下，不应直接将欧盟的制度移植至我国。其次，国家鼓励超大型平台企业探索创新，强调数字经济要在发展中规范、在规范中发展，对于平台经济领域应秉持"法无禁止皆可为"的监管原则。再次，我国《反垄断法》修正后加大了处罚力度，对超大型平台企业具有较强威慑效力，再加上实践中执法机构执法能力和执法效率的提升，在《反垄断法》框架下，我国反垄断执法机构完全有能力对数字大企业进行规范。最后，德国作为推动数字市场法的重要力量，并未把数字企业监管从联邦卡特尔局分离，因此未实行反垄断与监管的"二元分治"。[2]因此，由于欧盟《数字市场法》的实施效果还有待观察以及我国《反垄断法》具有较强威慑效力，我国不宜引入特殊经营者的事前申报制度，经营者集中的申报审查制度仍应遵循强制申报和主动审查相结合的模式。

第三节　数据驱动型经营者集中竞争效果评估

在审查经营者集中的反竞争效果时，主要从单边效应与协同效应方面进行分析。单边效应是指集中后的经营者自身能够控制市场上产品的价格或产量，协同效应是指集中后竞争者减少，增加了企业共谋的风险。根据《反垄断法》第三十三条的规定，经营者集中审查需要考虑的因素主要有：交易方在相关市场的市场份额及其对市场的控制力，相关市场的市场集中度，交易对市场进入、技术进步的影响，交易对消费者和其他相关竞争者

[1]　周汉华："论平台经济反垄断与监管的二元分治"，载《中国法学》2023年第1期。
[2]　王晓晔："我国反垄断和监督需要'二元分治'吗？"，https://law.ucass.edu.cn/info/1052/4645.htm，最后访问日期：2023年10月10日。

的影响，交易对国民经济发展的影响，等等。

传统的反竞争效果分析将重点置于价格因素上，但在数据驱动型竞争中，平台竞争、零价竞争、数据竞争等因素的影响，价格指标的重要性降低，过于倚重价格影响的评估办法已不合时宜，数据、隐私、创新等非价格竞争因素对竞争影响越来越大。经营者集中的反竞争效果评估面临挑战，数据驱动型经营者集中反竞争效果评估的特殊性体现在对非价格因素更为重视，静态的、以价格为中心的视角难以考察数据市场真实的竞争状态，应当关注其他反竞争效果评估的因素。在数据驱动型集中的反竞争效果审查中，非价格竞争维度主要包括集中可能导致市场进入壁垒增大、隐私保护度降低、创新损害方面。

一、经营者集中对市场进入的影响

（一）数据整合对市场进入的冲击

由于数据（特别是用户个人数据）的商业价值日益显现，经营者之间涉及数据资源的竞争日趋激烈，涉及数据整合的经营者集中案件频繁发生，甚至一些并购交易启动的目的就是数据整合。可以预期，数字经济领域的数据驱动型并购将会成为全球并购的新趋势，交易导致的数据聚集以及交易后企业可能实施的数据封锁行为，将会成为数据驱动型交易的主要关注点。诚然，在数据逐渐成为企业重要战略资产的背景下，经营者集中造成的数据聚集可构成企业的数据竞争优势，数据驱动型企业的用户规模越大，其拥有的高附加值数据就越多，也越有利于其在相关市场上开展竞争。由于网络效应以及数据的规模效应，数据聚集会增强经营者的市场力量，甚至形成市场支配地位，提高了相关市场的进入壁垒，阻碍现有竞争者的业务扩张和潜在竞争者的市场进入，从而产生排除、限制竞争的效果。尤其是因集中引起的差异化数据之间的交互作用，为数据提供了更多应用场景的可能，使企业获得显著的数据竞争优势，增强了企业在相邻市场扩张的能力，且给执法机构的审查增加了难度。例如，社交网络领域的脸书斥巨资收购即时通信领域的 WhatsApp，就是青睐于 WhatsApp 庞大的用户资源，借助并购来增强其全球通信市场的竞争优势，但该集中引起了人们对经营者集中审查标准的争论。

（二）数据整合的反竞争效果评估

在考察经营者集中是否妨碍市场进入时，应当进行个案分析，在考虑企业数据力量的基础上，根据相关市场的竞争情况，分析企业是否具有封锁数据的能力与动机，应当审慎地分析数据获得的难易程度、运营所需的数据规模与范围以及数据的可替代性。进行竞争效果评估时，要注意以下几点：（1）经营者通过集中所获得的差异化数据，如果难以被竞争对手复制、获取，将使合并后经营者增强数据竞争优势，阻碍市场进入，排除、限制市场竞争。数据整合的反竞争效果分析重点考察集中是否会产生或增强市场进入障碍。两个在不同市场已经拥有强大市场地位的经营者的集中，将会阻碍新的竞争者进入这些市场。在脸书和 WhatsApp 的合并案中，欧盟委员会就分析了 Facebook 社交网络平台和 WhatsApp 用户通信应用的合并，是否会让 Facebook 获得 WhatsApp 用户的数据，这是否会影响到市场竞争。[1]在"Telefonica UK/Vodafone/Everything Everywher/JV. 案"的合并决定中，执法部门指出，通过整合个人信息、定位数据、反应数据、社会行为数据和浏览数据，以及建立独一无二的数据库来作为定向移动广告的重要投入，且其他竞争对手无法复制这样的数据集，合并后的企业将可以排除数据分析和广告服务提供商的竞争。[2]（2）经营者通过集中获取的数据不具有独占性，此类数据的整合不会阻碍其他竞争者的市场进入。在审理"Facebook/WhatsApp 案"时，通过分析 Facebook 和 WhatsApp 的数据收集行为和用户覆盖情况，欧盟委员会认为，虽然 Facebook 可以从WhatsApp 的用户处收集数据并获取定位广告目的的有价值的用户数据，Facebook 的竞争者在其排他性控制的数据之外仍可以获得充足的有价值数据，因此本案的数据集中不构成市场进入障碍。同样，欧盟委员会在审理"Microsoft/LinkedIn 案"时也指出，市场上有大量的有关社交网络服务的

---

〔1〕　COMP/M. 7217-Facebook/WhatsApp.

〔2〕　COMP/M. 6314-Telefonica UK/Vodafone/Everything Everywher/JV.

替代数据来源可以获得（包括垂直社交网络），例如 Xing、Viadeo、Gold-enline、Academia 等，因此合并导致的数据集中不会对市场上的竞争者与潜在竞争者产生限制市场进入的效果。[1]（3）合并当事方的效率抗辩。与数据相关的合并或收购也可能会提高效率。在一些合并案例中，当事方就提出了效率抗辩，比如在"Microsoft/Yahoo! Search Business 案"[2]"TomTom/TeleAtlas 案"[3]中，当事方均提出了效率抗辩，声称合并会使企业因为数据而更快地开发出更好的产品。

（三）我国数据整合反垄断审查与市场进入

对于数据驱动型经营者集中，如果数据被认定为竞争者参与市场竞争所必需的"原料"，就需要进一步评估数据封锁反竞争效果并设计相应的救济措施，甚至可能要求当事方向第三方开放数据集。我国《经营者集中审查规定》第三十四规定，在评估经营者集中对市场进入的影响时，可以考虑经营者通过控制数据的方式影响市场进入的情况。[4]首先，在确定交易是否导致数据封锁效果时，反垄断执法机构需要基于合并后企业的能力、动机方面分析集中后的经营者是否会排除竞争者获取市场竞争所必需的数据，且评估该封锁是否足以阻碍竞争。我们既要考虑数据整合可能在纵向合并中产生的对相关市场竞争者的封锁损害，也要注意混合合并中大数据分析能力的增强以及多样化的数据集中可能产生的不相关市场和未来市场的进入壁垒。[5]

其次，反垄断执法机构在并购反垄断审查中可以适度考虑其他法律带来的影响。在分析经营者集中对市场进入壁垒的影响时，如果涉及个人信息，执法部门就需要重视我国《消费者权益保护法》《网络安全法》《个

---

〔1〕 Case M. 8124-Microsoft/LinkedIn，paras. 246-250.

〔2〕 COMP/M. 5727-Microsoft/Yahoo! Search Business.

〔3〕 COMP/M. 4854, TomTom/TeleAtlas.

〔4〕《经营者集中审查规定》第三十四条第一款规定："评估经营者集中对市场进入的影响，可以考虑经营者通过控制生产要素、销售和采购渠道、关键技术、关键设施、数据等方式影响市场进入的情况，并考虑进入的可能性、及时性和充分性。"

〔5〕 袁嘉：《互联网平台竞争的反垄断规制》，中国政法大学出版社 2021 年版，第 173-174 页。

人信息保护法》等强化个人信息保护的法律，是否会对合并后的企业实施数据原料封锁的能力产生约束或限制，这一考量可能会影响执法部门对交易导致的潜在反竞争效果的判断。也就是说，通过在合并审查过程中充分考虑强化个人信息保护的其他法律对交易方造成的影响，从而避免反垄断执法与其他法律实施之间出现潜在冲突。

最后，充分重视交易方提出的抗辩理由。不能排除个案中并购交易方基于公共利益的理由，对因数据整合而产生的市场进入壁垒进行抗辩，即交易方可能结合我国个人信息保护强化的趋势，将个案中可能出现的数据封锁，从个人信息保护角度进行公共利益视角的解读。如果出现这类情况，反垄断执法机构需要谨慎地评估，特定的数据非公开是否符合我国反垄断法意义上的公共利益，以及是否足以构成反垄断执法机构认可的抗辩理由。[1]

二、经营者集中对隐私保护程度的影响

企业通过并购实现数据集的整合，数据规模的扩大可使企业获得更强的市场力量，从而有动机降低隐私保护标准，法国和德国联合发布的《竞争法与数据》研究报告指出，在并购案中，如果企业拥有很强的市场力量，那么数据隐私就可能与竞争相关。如果横向的竞争者之间将隐私作为产品质量的一个维度展开竞争，它们的合并就可能降低产品的质量。[2]在隐私保护力度的问题上，应在个案中分析是否将隐私纳入集中的反垄断审查，若集中后企业具有动机与能力减弱隐私保护，降低隐私保护不会受到其他竞争者的挑战或是导致用户转移时，经营者会将隐私保护作为竞争的手段，这时隐私保护属于质量维度的非价格竞争因素，应当受到反垄断法的规制，这样也与反垄断法提高消费者福利的价值目标相契合。

（一）隐私纳入反竞争效果评估的争议

在数字经济时代，数据驱动型企业利用数据为不同用户画像，对用户

---

〔1〕　Wei Han & Yajie Gao, "Promote Openness or Strengthen Protection? Application of Law to Data Competition in China", *CPI Antitrust Chronicle*, May 15, 2018.

〔2〕　韩伟主编：《数字市场竞争政策研究》，法律出版社 2017 年版，第 184 页。

群体进行细分，以提高自己服务的个性化，并进一步扩大用户基础。由于数据在企业发展过程中的地位日益凸显，企业更加注重广泛收集、深入分析用户的数据。而用户数据与隐私密切相关，数据利用过程中的隐私问题越来越受到关注。但隐私保护与自由竞争交叉，隐私能否纳入反垄断审查的范围中，存在争议。

支持者认为，隐私保护属于衡量服务质量的因素之一，涉及消费者福利问题，是重要的非价格竞争维度，经营者有排除或限制隐私保护的动机。支持者的观点有如下理由作支撑：第一，其他部门法对隐私保护不充分。对于线上交易，在企业处于强势地位时，消费者不得不接受对自己隐私不利的条款，此时《消费者权益保护法》可能束手无策。《网络安全法》《个人信息保护法》《数据安全法》虽规定了收集、使用用户信息应当经用户同意等规则，但这些规则对隐私保护是一般保护，忽视了经营者在市场力量增强甚至产生市场支配地位时对隐私保护的影响。第二，反垄断法可以应对隐私问题，保障消费者的隐私与反垄断法保护消费者利益的目标相契合，隐私等非经济目标也应成为反垄断法的考量因素。第三，隐私保护是产品质量的体现，是非价格竞争的重要维度。用户以个人数据为对价享受免费服务，企业若要求用户提供更多数据，则相当于降低了产品的质量。

反对者认为，反垄断法是用来保护竞争的，隐私不应落入反垄断审查的范围，若将隐私当作非价格竞争的方式，则存在以下问题：第一，隐私难以评估和量化，无法测量隐私降低幅度，没有衡量产品质量的有信服力的方法。第二，隐私对每个用户来说有不同的表现，个人数据的价值具有类型方面的差异，执法机构无法准确地确定隐私保护最优水平与最低界限。并且企业收集数据可提供更好的服务，部分消费者较之隐私保护，更乐意接受有用、体验感高的服务。第三，为实现某一程度的隐私保护，有时可能会超越监管之度，反而限制了市场竞争者、损害了竞争。

（二）并购交易可能导致的隐私问题[1]

世界主要反垄断司法辖区的合并控制机制，主要采用价格为中心的分

---

[1] 韩伟：《迈向智能时代的反垄断法演化》，法律出版社 2019 年版，第 193-195 页。

析框架，关注诸如短期价格影响和生产效率等可量化的因素。而在数据驱动型市场中，价格为中心的方法可能不是最优的，在合并案件中应当考虑消费者隐私，虽然这些潜在损害难以量化，但不代表其不重要。如果企业合并后有动机减少对隐私保护的投资，或者合并排除了"搅局者"（（Maverick）的竞争，而搅局者恰恰已经开发了创新性的数据保护与控制系统，就会引发竞争关注。[1] 从现有的各国竞争执法框架看，其并没有将反垄断分析局限于价格效应，已经为并购控制中考虑隐私问题预留了空间。比如，《欧盟横向合并指南》就提到了质量方面的内容，"有效的竞争会给消费者带来福利，比如较低的价格、高质量的产品、多样化的选择，以及创新。通过并购控制，欧盟委员会可以防止合并企业减损这些福利"。2010年《美国横向合并指南》对非价格方面也给予了更多的关注，认为非价格方面竞争的不足也会损害消费者，其包括质量降低、产品种类减少、服务减少和创新的不足。[2]

经合组织在 2018 年举办的"企业合并控制中的非价格效应"论坛的背景报告（以下简称《合并控制报告》）中指出，合并交易对竞争的影响是多方面的，价格和非价格方面的影响都可能损害竞争。一般而言，由于价格影响具有可量化的属性，所以受到重点关注，而非价格影响在竞争评估中一般处于辅助地位，或者在进行效率的评估中才会进行考虑。在某些特殊市场中，基于以下三方面的原因，应当考虑非价格因素：（1）在免费产品市场中，质量和创新发挥更重要的作用；（2）在消费者需求的价格弹性很高的市场中，合并带来的单边价格效应可能更为有限，而对质量或创新的影响更加凸显；（3）在产品更新速度快的市场中，产品变化、功能增加或者新产品的投放频率增加，都涉及实质性的创新的竞争，这直接表明了创新对于市场的重要性。

就如何确定非价格因素的影响，经合组织的《合并控制报告》明确了

---

〔1〕　Richard Pepper, Paul Gilbert, "Privacy Considerations in European Merger Control: A Square Peg for a Round Hole", *CPI Antitrust Chronicle*, June 1, 2015.

〔2〕　韩伟、李正："反垄断法框架下的数据隐私保护"，载《中国物价》2017 年第 7 期。

以下两点：首先，在市场界定环节考虑非价格影响，需要革新传统的 SSNIP 方法，消费者的需求是根据质量而非价格发生变化。《合并控制报告》关注了 SSNDQ 测试法和 SSNDI（小而显著的非暂时性创新努力下降）测试法，但这两类方法因为缺乏数据，没有具体的操作方法，而在实践中很少被使用。《合并控制报告》认为，市场界定方法的欠缺，并不意味着在市场界定中不能考虑非价格因素，而且越来越多的合并案例也都提到了非价格因素。其次，在竞争效果分析环节考虑非价格竞争维度，存在两大挑战：分析动态效应和效率问题。在并购分析中考虑非价格影响，不能仅仅限于价格提升、质量和产品多样性的减少等短期影响，而要着眼于合并后企业潜在的创新研发、质量和多样性的定位、隐私保护方面的竞争等的动态分析。虽然企业未来的竞争策略难以评估，但是一些核心的指导原则并未变化，即分析合并所产生的企业协同效应和实施单边行为的能力，着重考虑有关合并会带来的清晰、可能的损害的证据。

此外，也有学者提出 SSNDPP 小而显著的非暂时性隐私保护度下降测试法，比如 2012 年 12 月，Instagram 称，其会向广告商出售用户照片，消息发布后一个月内，其日活跃用户减少了一半。因此有学者认为，可以运用 SSNDPP 测试法，通过考察某一较短时期内，市场多变的日活跃用户是否有显著减少，来客观地认定隐私保护水平是否降低。[1]日本 2017 年发布的《数据与竞争政策》调研报告，还讨论了 SSNIC 小而显著的非临时性成本增加测试法，这一方法考察的是用户所需支出成本的变化，这些成本可以包括消费者牺牲的隐私范围。[2]

（三）我国并购执法中对隐私的考量

首先，在整体上应注意把握以下几个方面：（1）价格不是商业竞争的唯一维度，尤其是在多边市场，企业在市场一边向消费者提供免费服务，价格因素的影响在线上服务提供方面被弱化，企业主要是通过质量、创新等

---

[1] Günter Knieps, "Internet of Things, big data and the economics of networked vehicles", *Telecommunications Policy*, Vol. 43, 2019, pp. 171-181.

[2] 参见韩伟、李正："日本《数据与竞争政策调研报告》要点与启示"，载《经济法论丛》2018 年第 1 期。

非价格方面展开竞争，消费者主要基于用户体验来选择产品或服务。（2）隐私保护水平是产品或服务质量的体现，是非价格竞争的重要方面，尤其是在发展迅速、竞争激烈的数字市场中，消费者实际上是通过提供个人数据来换取免费服务，企业则是通过对个人数据的处理和使用来开发新的产品或改善现有产品和服务的质量。（3）在并购控制中，企业可能通过并购损害隐私方面的竞争，损害消费者福利。

其次，并购控制应谨慎考量隐私问题。当前理论界和实务界，对于竞争执法是否应当介入隐私保护、如何解决隐私竞争的讨论，还处于起步阶段，尚缺乏充分实证研究的支撑。对我国而言，一方面，近年我国数字经济领域的并购非常活跃，很多并购交易都属于涉及个人信息的数据驱动型并购，这类交易导致的隐私方面的问题引起了广泛关注；另一方面，在评估集中对隐私保护的影响时，我国反垄断执法的经验仍然不足，对于隐私这类新问题的认识和处理，仍然需要谨慎的态度和更为深入的研究。

最后，加强与其他监管部门的合作与协调。隐私保护可作为非价格竞争的一个方面，但纯粹的隐私保护问题应当由其他个人信息保护的法律进行规制，因此应注意协调反垄断法与其他相关部门法在隐私保护方面的关系。我国《消费者权益保护法》《网络安全法》《电子商务法》《个人信息保护》《数据安全法》等都表现出了强化个人信息保护的特点，借助这些不同的法律规定，实现对个人信息的多种路径保护。在实践中应避免多部门交叉执法的情形，只有当隐私保护涉及市场主体的竞争时，如数据驱动型经营者集中降低或可能降低用户隐私保护程度等情形，反垄断法才有必要介入。[1]

三、经营者集中对创新的影响

（一）创新在反垄断法中的定位

1. 作为立法宗旨的创新[2]

将创新作为反垄断法的立法宗旨，是近年竞争法理论界与实务界关注

---

〔1〕 参见韩伟：《迈向智能时代的反垄断法演化》，法律出版社 2019 年版，第 184-199 页。

〔2〕 韩伟："创新在反垄断法中的定位分析"，载《中国物价》2019 年第 8 期。

的一种思路。就美国而言，以消费者福利为代表的反垄断宗旨日益受到质疑，特别是近年兴起的"新布兰代斯"运动在对现行美国反垄断法进行批判的基础上，非常关注美国反垄断法对市场创新的影响。比如，莉娜·可汗（Lina Khan）便指出，"技术的进步可能以促进市场力量整合的方式去颠覆现有平衡，但正如政府可以构建政治经济结构以鼓励创新，它也可以确保创新的成果不被用来实现对市场的私人控制"。[1]就欧盟而言，欧盟竞争执法曾存在向美国单一反垄断宗旨靠拢的趋势，但从近年来针对数字经济领域的反垄断执法来看，欧盟反垄断执法存在回归多元宗旨的趋势。比如，阿里尔·扎拉奇（Ariel Ezrachi）梳理了欧盟竞争执法的多项宗旨，即消费者福利、有效竞争性结构、效率与创新、公平、经济自由、多元与民主。[2]就我国而言，2022年修正的《反垄断法》在立法宗旨中，新增了"鼓励创新"的内容。[3]

2. 作为抗辩理由的创新[4]

创新在反垄断法中还可以被定位为一种抗辩理由。就并购反垄断审查而言，在特定案件中，创新也可能成为一种重要的抗辩理由，比如《欧盟横向合并指南》特别强调了合并可能带来积极的创新效应，这通常可以在合并方提出的效率抗辩主张背景下进行评估。《欧盟横向合并指南》指出，源于研发及创新领域的效率提升所带来的新的改进的产品或服务，可能让消费者受益。至于其他类型的效率，交易方必须证明创新相关的效率：（1）将传递给消费者；（2）可被证实；（3）合并特有。即它们只能通过合并来实现（而无法通过合作协议等其他方式实现），这种效率可能超过合

---

[1] Lina Khan, "The New Brandeis Movement: America's Antimonopoly Debate, *Journal of European*", *Competition Law & Practice*, Vol. 9, No. 3, 2018, pp. 131-132.

[2] Ariel Ezrachi, "EU Competition Law Goals and the Digital Economy", *Oxford Legal Studies Research Paper*, No. 17, 2018, pp. 169-187.

[3] 《反垄断法》第一条规定："为了预防和制止垄断行为，保护市场公平竞争，鼓励创新，提高经济运行效率，维护消费者利益和社会公共利益，促进社会主义市场经济健康发展，制定本法。"

[4] 韩伟、高雅洁："《欧盟合并控制与创新》竞争政策简报"，载《竞争政策研究》2019年第2期。

并的反竞争效果。[1]欧盟委员会 2008 年无条件批准的"TomTom/TeleAtlas
案",[2]可以作为合并方借助创新进行效率抗辩的少数案例之一,该案中
创新相关效率得到了部分认可。该纵向合并将一家领先的导航系统生产商
与数字地图开发商结合在一起。欧盟委员会首先认识到,某些双重加价的
消除,符合针对效率的法律测试。其次,交易双方声称合并将带来显著的
创新效率,从 TomTom 的用户那里获得的信息,可用于改善 TeleAtlas 地图创
建的质量和时效性。欧盟委员会承认,这些与创新相关的效率至少部分是
合并特有的,且将给消费者带来利益。[3]

(二) 并购对创新的影响

经营者集中对创新的影响具有两面性,评估经营者集中对创新的影响
时应当持谨慎态度,并结合具体的案例进行分析。经合组织竞争委员会从
六个方面分析了并购对创新可能产生的影响:利润侵蚀效应、产品市场竞
争效应、创新竞争效应、工艺改进效应、合理化效应、专有效应。[4]关于
创新损害的评估,谢兰斯基提出了"创新压力下降测试"(Downward Inno-
vation Pressure,DIP),通过这种方法去分析交易后创新的情况。[5]这一分
析与创新的吞噬效应 (Cannibalisation Effects)[6]对收购方的产品或服务的
影响有关,该分析应尽量建立在可量化的经济数据上,如果数据无法获得
则基于书面证据进行。夏皮罗则提出反垄断执法机关应当从三个方面分析
合并对创新的影响:(1) 可竞争性 (Contestablity),即分析交易后产品市

---

〔1〕　Guidelines on the Assessment of Horizontal Mergers under the Council Regulation on the Control
of Concentrations between Undertakings, Official Journal C 31, 5. 2. 2004.

〔2〕　COMP/M. 4854, TomTom/TeleAtlas.

〔3〕　COMP/M. 4854, TomTom/TeleAtlas.

〔4〕　See OECD, Considering Non-price Effects in Merger Control-Background Note by the Secretari-
at, 2018, https://www. researchgate. net/publication/352515643_ Considering_ Non-Price_ Effects_ in_
Merger_ Control_ OECD_ Background_ Note, last visited on May 20, 2022.

〔5〕　H. A. Shelanski, "Information, Innovation and Competition Policy for the Internet", University
of Pennsylvania Law Review, Vol. 161, 2013, pp. 1703-1704.

〔6〕　市场中引入的创新性产品,可以分流市场中现有产品的销售额 (或利润),当一家创新
型公司与竞争对手合并时,交易可能会将这种销售额 (或利润) 的分流影响予以内化,即合并后
的企业将会考虑,其创新在多大程度上会侵蚀自己的现有产品销售额。

场竞争的特点；（2）专属性（Appropriability），即分析成功的创新者获得创新带来的社会效益的可能性；（3）协同性（Synergies），即分析通过合并获得互补性资产提升创新的能力。反垄断执法部门应该判断：首先，合并是否明显降低了可竞争性。其次，合并是否能够通过增加可占用性或协同性去提升创新。[1]

在执法司法实践中，美国和欧盟均形成了各自的合并影响创新的评估方法。美国竞争机构在评价合并对创新的损害时，往往采用的是"创新市场"的视角，或者是 2017 年更新的美国司法部与联邦贸易委员会出台的《知识产权许可的反托拉斯指南》的"研发市场"的视角。根据这个方法，只有当参与相关研发的能力与特定企业的特殊资产或特征有关时，执法机构才会划出研发市场的边界，并寻求证明三个关键效果：合并后的企业减少整个研发市场投资的能力；合并后的实体减少创新努力的动机；合并对研发支出利用效率的影响。这是从证据角度相对严格的框架来看的，但是在实践中美国当局采用了更宽泛的框架以评估那些对小型的但是正在开发有前景产品的竞争者的并购，发展出"真实潜在进入者理论"，使对创新损害的评估不仅仅局限于现有的创新巨头之间的合并案件中。

欧盟则在其《非横向合并指南》[2]中指出，合并对创新损害的评估与市场份额不具有充分的关联性，那些涉及在较近未来将显著发展的创新企业的合并以及并不处于同一相关市场的企业的合并，都会引发对竞争损害的关注。横向合并方面，企业可能通过消灭正在开发的产品（可能进入现存市场或创造崭新价值链）来损害竞争，并因此减少消费者选择对象的数量和种类；纵向以及混合合并方面，可能损害竞争对手的创新能力。支配性企业能够利用数据的速度大大早于他人发现趋势。通过评估这些趋势，支配性企业能够迅速识别（并压制）方兴未艾的竞争威胁。在这些羽翼未

---

〔1〕 Carl Shapiro, "Competition and Innovation: Did Arrow Hit the Bull's Eye?" in Josh Lerner and Scott Stern, The Rate and Direction of Inventive Activity Revisited, 2012, pp. 361-410.

〔2〕 European Commission: Guidelines on the Assessment of Non-horizontal Mergers under the Council Regulation on the Control of Concentrations between Undertakings, 2008.

丰的企业构成重大竞争威胁之前，支配性企业就能将其收购或通过其他手段阻碍其发展。[1]在处理了多个相关案件之后，欧盟发展出了一个新的损害理论——"显著阻碍工业创新理论"（SIII）。[2]

（三）我国并购控制中的创新考量

由于数据驱动型经济与创新联系紧密，全球反垄断执法部门对创新问题的关注将重点聚焦于数据驱动型经济领域。我国2022年《反垄断法》第一条已将"鼓励创新"纳入反垄断法的立法宗旨中；第三十三条将"经营者集中对市场进入、技术进步的影响"作为审查经营者集中应予考虑的因素之一。这些规定为我国反垄断执法机构在经营者集中审查中考察创新损害奠定了基础。此外，《经营者集中审查规定》第三十四条第二款专门规定了评估经营者集中对技术进步的影响可以考虑的具体因素。[3]

值得注意的是，在《反垄断法》2022年修正之前，我国已经在一些并购案件中加入对创新的考虑，典型的案例有："希捷科技收购三星电子案""西部数据收购日立存储案""陶氏化学与杜邦合并案""拜耳收购孟山都案"，等等。在2017年国务院反垄断执法机构附条件批准的Dow化学公司与DuPont公司合并案中，国务院反垄断执法机构认为，该案集中在水稻选择性除草剂市场和水稻杀虫剂市场可能具有排除、限制竞争效果，且在这两个子市场的竞争分析中都考虑到创新问题，比如针对选择性水稻除草剂市场，国务院反垄断执法机构指出，交易可能对水稻选择性除草剂市场技术进步产生负面影响。具体而言，交易前，Dow和DuPont分别为水稻选择性除草剂市场重要的创新力量，各自在研发领域展开竞争，研发投入较大、创新能力较强、产品储备丰富，而交易将消除双方展开竞争的基础；交易后，交易双方可能会减少进行技术研发的动力，减少目前平行创新领域（具有相同靶产品）的投入，延缓新产品上市速度，可能对该商品市

---

〔1〕　［美］莫里斯·E. 斯图克、艾伦·P. 格鲁内斯：《大数据与竞争政策》，兰磊译，法律出版社2019年版，第8-9页。

〔2〕　袁嘉：《互联网平台竞争的反垄断规制》，中国政法大学出版社2021年版，第167-168页。

〔3〕　《经营者集中审查规定》第三十四条第二款规定："评估经营者集中对技术进步的影响，可以考虑经营者集中对技术创新动力和能力、技术研发投入和利用、技术资源整合等方面的影响。"

场技术进步产生不利影响。[1] 在 2018 年附条件批准的 "拜耳收购孟山都案" 中，国务院反垄断执法机构认为，此项集中在全球数字农业市场可能具有排除、限制竞争效果，其中也涉及对创新的评估。国务院反垄断执法机构认为，该交易可能对数字农业创新带来不利影响。集中前，孟山都和拜耳分别为数字农业市场重要的创新力量，研发投入大、创新能力强，集中完成后，拜耳可能减少创新投入，从而对技术进步产生不利影响。同时，集中也可能增加拜耳通过提高技术门槛阻碍市场创新的风险。[2]

如何在反垄断执法中考虑创新这一因素，包括如何评价创新的可能性、创新的动机以及创新的成本和收益，这些问题仍是各国反垄断执法部门面临的重大挑战，还需要理论研究以及执法实践的探索。[3] 在反垄断法实施过程中，须对反垄断分析范式进行革新，实现从 "以价格为中心" 到 "以创新为中心" 的转向，并将创新损害分析引入竞争损害理论之中。[4]

第四节　数据驱动型经营者集中的救济措施

反垄断执法机构对经营者集中进行审查后，基于各种因素的考量，做出批准集中、禁止集中、附加限制性条件批准的决定。根据《反垄断法》第三十五条的规定，经营者集中救济，就是指反垄断执法机构对那些可能产生损害竞争效果的集中，附加限制性条件以减少或消除由此导致的竞争损害。[5] 附条件批准集中这一救济条款的适用，要注意以下要点：附条件批准集中的前提是存在竞争问题，附条件批准集中的对象是应予禁止的经

---

〔1〕　商务部公告 2017 年第 25 号《关于附加限制性条件批准陶氏化学公司与杜邦公司合并案经营者集中反垄断审查决定的公告》。

〔2〕　商务部公告 2018 年第 31 号《关于附加限制性条件批准拜耳股份公司收购孟山都公司股权案经营者集中反垄断审查决定的公告》。

〔3〕　参见韩伟：《迈向智能时代的反垄断法演化》，法律出版社 2019 年版，第 223 页。

〔4〕　袁嘉："《反垄断法》中的鼓励创新目标与反垄断分析范式革新"，载《南开学报（哲学社会科学版）》2023 年第 5 期。

〔5〕　《反垄断法》第三十五条规定："对不予禁止的经营者集中，国务院反垄断执法机构可以决定附加减少集中对竞争产生不利影响的限制性条件。"

营者集中，附条件批准的内容是各方均接受的方案。[1]也就是说，对于具有或者可能具有排除、限制竞争效果的经营者集中，反垄断执法机构可以在特定情形下批准集中，并附加减少集中对竞争产生不利影响的救济措施。作为一种事前的、预防性的救济方式，它既能促使市场集中交易的实现，保障企业的自主经营，又能保持相关市场的竞争强度，具有双重效果。

一、救济措施的界定和类型

（一）救济措施的界定

经营者集中救济措施，是对违反经营者集中造成的竞争损害进行救济的结构性方法和行为性方法。反垄断执法机构依据集中方式和竞争损害的性质、范围，决定单独或混合使用特定的救济措施。[2]结构性救济，也称结构性条件，是一种旨在恢复竞争性市场结构的一种救济措施，主要形式为资产剥离。资产剥离要求集中后的经营者将特定有形资产出售给非竞争者，增加竞争者的数量；或者出售给相关市场内的竞争者，增强其与自己竞争的能力，减少经营者集中对竞争产生的不利影响。作为结构性救济的补充，行为性救济也称行为性条件，是指反垄断执法机构通过限制集中相关方的竞争行为，以弱化经营者集中对竞争产生的负面影响的救济措施。在经营者集中的反垄断审查中，如果反垄断执法机构判定结构性救济不可适用或适用结构性救济的风险过大，则可以选择行为性救济措施。[3]除了结构性救济和行为性救济，反垄断执法机构附加的限制性条件还包括结构性条件和行为性条件相结合的综合性条件。

（二）结构性救济和行为性救济比较

救济方式的选择对附条件批准集中的案件至关重要，反垄断执法机构需要根据不同救济措施的具体特点做出谨慎的判断。结构性救济更具高效

---

〔1〕　王先林：《最新反垄断法条文对照与重点解读》，法律出版社 2022 年版，第 123-124 页。

〔2〕　王晓晔主编：《反垄断法实施中的重大问题》，社会科学文献出版社 2010 年版，第 282-283 页。

〔3〕　胡东："经营者集中反垄断评估中的救济措施"，载《价格理论与实践》2008 年第 7 期。

性，执行过程中只要确定好购买方，就不需要执法机构后续的监督，且实施时间较短、内容确定，便于执行；行为性救济则更为灵活，具有形式多样性和广泛适应性。可用于解决各种竞争问题，但实施时间长，监督成本高。结构性救济通过剥离经营者的相关资产或权益，增加市场中竞争者的份额或产生新的竞争者，影响市场结构，具有永久性、不可逆转性，剥离业务应该满足存续性、可售性、竞争性的特点，而这也正是设计结构性救济措施的风险所在；而行为性救济不会造成直接性的市场力量转移，是可逆转的，对集中方的损害程度更低，其实施期限和救济措施可根据实际情况进行灵活调整，但在实施的过程中，行为性救济的周期长，监督成本高，且在执法机构与经营者之间存在信息不对称的问题，增加了监督的难度。

因此，结构性救济具有确定性、效率高、监督成本低的优势，但结构性救济的影响具有长期性、后果具有不可逆转性；行为性救济具有更强的灵活性和适应性，但行为性条件表述模糊、实施期限长、监督成本高。结构性救济与行为性救济各有优缺点，简单对救济措施进行孰优孰劣的价值判断并无意义，关键是在个案中选择最能减少集中的反竞争影响的限制性条件。

二、数据驱动型经营者集中救济措施的选择

（一）救济措施选择的基本原则

经营者集中救济措施选择的基本原则是设计以及实施经营者集中救济措施的准绳，对经营者集中救济具有指导作用。许多反垄断司法辖区都提出了救济措施选择的基本原则，虽不尽相同，但主要包括确定性、有效性、比例性。[1]

其一，确定性原则要求经营者集中救济的救济目标与救济方案应当清晰明确。为确保救济措施能够充分有效实施，经营者集中救济的救济目标要清晰、救济方案要明确。在设计数据驱动型集中的救济措施时，由于救

---

[1] 袁日新：《经营者集中救济法律制度研究》，法律出版社 2017 年版，第 33 页。

济措施涉及数据开放等技术性问题，救济方案更要在相关方权利、实施期限、监督措施等方面规定得明确具体，若集中方提供的救济方案不能达到确信的程度，则反垄断执法机构不应作出不予禁止的决定。

其二，有效性原则要求救济措施应当合理、可执行，并足以抵消集中所造成的反竞争影响。判断经营者集中救济措施是否符合有效性原则，可以从以下几个方面把握：全面性，即救济措施的设计应以全面评估集中导致的反竞争效果为前提，避免出现救济措施过重或过轻的情形；可行性，救济措施在客观上应能够得到切实的实施和监督；及时性，救济措施应能够及时执行。鉴于数据驱动型经济具有动态竞争特征，相关交易的救济措施的选择必须做到及时有效。

其三，比例性原则要求反垄断执法机构在目的和手段之间进行谨慎衡量，力求选择强度适中、侵害最小的救济方案。对于数据驱动型经营者集中，剥离数据集合的结构性救济措施具有不可逆转性，这类救济措施的力度过强，可能导致整个集中目标的失败；开放数据等行为性救济措施的设计，则要考察集中后经营者是否会丧失隐私保护的动力、救济措施是否会抑制经营者对数据驱动型经济的投资、救济措施能否平衡交易方与竞争者之间的关系，等等。

因此，反垄断执法机构应统筹分析不同救济的影响，选择负担最小、伤害最小的方案，并确保救济措施不会造成新的竞争损害。对数据驱动型集中而言，救济措施的设计，既要抵消集中产生的反竞争效果，又不能造成新的竞争损害，还应当考虑到集中后经营者的成本负担。

（二）结构性救济和行为性救济的选择

对数据驱动型经营者集中进行救济时，应当考虑数据驱动型经济所具有的动态竞争的特点和数据驱动型集中所追求的数据整合的目标。一方面，数据驱动型竞争是跨界竞争、零价竞争、创新竞争，竞争呈现动态变动的特征，颠覆性创新往往会导致市场结构的巨大波动，为此，在设计数据驱动型集中的救济措施时，一般不应优先选择具有一次性、不可逆转性特点的结构性救济。另一方面，从数据驱动型经营者集中所追求的目标看，尽管数据集中可能引发竞争关注，但如果采用剥离数据集合的措施，实质上会使经营者集中目标失败，无异于禁止集中，同时，将数据集合剥离给其他竞争者，可能会增强其市场力量，无法实现消除竞争损害的目的。另外，即使反垄断执法机构在批准集中时附加了剥离数据集合的限制性条件，在数据驱动型企业后续运营过程中，基于数据驱动型企业本身的用户基础，还是会再次形成数据竞争优势。

相比较而言，注重灵活性的行为性救济更适合于数据驱动型经营者集中，常见的行为性救济包括开放网络、平台等基础设施，许可知识产权等关键技术，如控制数据的经营者开放 API 接口、实现不同平台互操作性便属于行为性救济。行为性救济具有更大的灵活性，可根据实际情况作出调整，因而更能适用于不断变动的数字市场。在具体救济措施的设计上，开放类的救济更具有针对性，采取开放数据的救济措施，能够降低限制集中导致的数据封锁效应，消减集中引发的竞争损害。当然，数据驱动型经营者集中救济措施的选择并不存在普适性规则，上述结构性救济和行为性救济的选择只是理论上可行的优先次序，尤其是当数据驱动型经营者集中既涉及数据本身的整合也涉及数据作为投入品的服务的集中时，救济措施的选择就更为复杂。

三、数据驱动型经营者集中的结构性救济

结构救济主要是剥离参与集中的经营者的部分业务、部分资产或者要求转让股权等。[1]横向集中通常是具有竞争关系的经营者之间的集中，这种集中更容易形成或加强市场支配地位，也增加了经营者之间进行协调的风险，进而对市场竞争产生较为不利的影响，对横向集中的救济措施一般是结构性条件，或者结构性条件和行为性条件相结合的综合性条件。

然而数字经济时代的到来，使市场的竞争态势从过去长期稳定的静态竞争转变为快速创新中的动态竞争，市场结构已经不能充分代表特定相关市场的市场集中度和竞争状况，结构性救济在数据驱动型经营者并购中的运

---

〔1〕 王晓晔：《反垄断法》，法律出版社 2011 年版，第 248 页。

用应当更加谨慎。这在哈佛学派代表的结构主义到芝加哥学派代表的行为主义的演变中可见一斑。2019 年 7 月，澳大利亚竞争和消费者委员会（ACCC）发布了一份《数字平台调查》的报告，并在该报告中指出，一方面在并购后的企业拥有巨大市场力量的情况下，结构性救济可以推动价格、质量或服务方面的竞争，消解因企业滥用其市场力量而引起的竞争问题，促进动态竞争；但另一方面，剥离这一结构性救济措施也存在重大风险，主要表现为以下三个方面。[1]

（一）市场结构最好由市场竞争来调整

作为一般原则，澳大利亚竞争和消费者委员会主张，市场结构最好留给市场竞争来调整，以便维护和提升消费者福利。相反，剥离业务不仅会减少投资和努力提高生产力的积极性，还可能导致规模经济或范围经济的损失。受剥离业务负面效应的影响，企业所提供服务的价格可能上升而质量可能降低，这会减少消费者整体的福利和损害个案中的消费者权益。此外，澳大利亚竞争和消费者委员会还认为，剥离业务作为一种监管解决方案也不像市场竞争那样具有活力。

（二）无法解决特定竞争和消费者福利问题

对企业并购交易实施的剥离可能无法解决特定的竞争和消费者福利问题。报告中讨论的社交网络平台和搜索引擎平台具有显著的网络效应，网络效应使相关市场上的小规模竞争者面临扩张困境、潜在竞争者面临进入壁垒。除此之外，品牌效应和规模经济也是影响现实竞争者扩张和潜在竞争者进入的实质障碍，而剥离不太可能显著减少这些障碍。因此，对于弱化脸书或谷歌在社交网络服务市场或搜索引擎服务市场中的市场力量而言，剥离似乎并不是长期解决方案。

（三）剥离业务的设计和实施存在一定风险

实施结构性解决方案必然涉及设计和实施剥离的风险。这种风险在数字市场尤为严重。成功的剥离救济措施需要时间和规划，在非数字市场

---

〔1〕　参见网址：https://www.accc.gov.au/system/files/Digital platforms inquiry-final report.pdf。

中，实物资产和业务在任何过渡期内都可以被剥离，但在数字市场中，鉴于企业或部分业务之间的数据流，剥离可能更加困难。

四、数据驱动型经营者集中的行为性救济

（一）适用范围

救济措施的设计应遵循确定性、有效性、比例性的原则，在个案分析的基础上，针对经营者集中可能产生的反竞争效果，选择合适的救济方式。行为性救济是为了防止集中后的经营者形成或强化市场支配地位而设计的救济措施，如开放网络、平台等基础设施，许可知识产权等关键技术，终止独占性协议，修改平台规则或者算法，承诺不降低互操作性水平，等等。行为性救济主要适用于非横向并购，以避免当事人之间纵向一体化的联合对上下游市场造成严重封锁。但在横向并购中，如果结构性救济难以实施、实施成本过高或者可能降低并购本应带来的经济效率，也可以运用行为性救济措施。[1]

（二）进入救济

数据驱动型经营者集中的救济，主要在于消除集中导致的数据封锁效果，数据的聚集能够增强企业的市场力量，获得竞争对手难以得到的数据集，提高潜在竞争者的进入壁垒。在设计救济措施时，应考虑到数据市场的动态性，设计更为灵活的救济措施，相比较而言，行为性条件更适宜于对数据驱动型经营者集中进行救济。以剥离数据集合的结构性救济为例，这种结构性救济是一次性且不可逆的，而集中后的企业在运营中仍然能够获取到差异化的数据，数据力量也会不断增强，结构性救济的作用无法充

---

[1]《经营者集中审查规定》第四十条规定："根据经营者集中交易具体情况，限制性条件可以包括如下种类：（一）剥离有形资产，知识产权、数据等无形资产或者相关权益（以下简称剥离业务）等结构性条件；（二）开放其网络或者平台等基础设施、许可关键技术（包括专利、专有技术或者其他知识产权）、终止排他性或者独占性协议、保持独立运营、修改平台规则或者算法、承诺兼容或者不降低互操作性水平等行为性条件；（三）结构性条件和行为性条件相结合的综合性条件。剥离业务一般应当具有在相关市场开展有效竞争所需要的所有要素，包括有形资产、无形资产、股权、关键人员以及客户协议或者供应协议等权益。剥离对象可以是参与集中经营者的子公司、分支机构或者业务部门等。"

分发挥。而开放数据的行为性救济更为符合有效性原则和比例性原则，在用户等相关方同意的前提下，将经营者掌握的海量数据资源向第三方开放，有助于化解集中导致的数据封锁问题。特别是在某些与网络、平台等基础设施或者知识产权有密切关系的行业，改善市场竞争最有效的方式是让在位垄断企业或者占市场支配地位的企业向竞争者开放其网络等基础设施，或者许可竞争对手使用其关键技术。这种救济措施在欧盟竞争法中被称为"进入救济"（Access Remedies）或"开放救济"，即通过救济使具有较强市场力量的经营者开放基础设施、许可关键技术，或者为竞争者进入市场创造条件。根据欧盟委员会《可接受的经营者集中救济措施通告》，仅当竞争者通过这样的救济可能进入市场的情况下，委员会才能接受当事人提出的救济方案。如果当事人表示要开放其网络或者基础设施，或者许可使用其知识产权，但在许可费过高和竞争者事实上不可能进入市场的情况下，这样的救济是不可接受的。同时，由于开放救济的执行时间长，应当注重对经营者的监督，确保救济措施能够有效发挥作用。

在数据驱动型经济中，数据要素已经成为平台企业之间开展竞争的新赛道，数据驱动型集中也为行为性救济方式拓展了新的思路。由于数据优势地位通常基于某种形式的动态规模经济，有利于供应商或平台之间的互操作性的救济措施以及设计某种形式的数据共享或允许访问的救济措施，很可能是解决经营者集中相关问题的主要工具。例如，在社交网络服务市场，可以通过特定措施使用户更加便利地直接与其他平台上的用户进行交互，或者使用户能以较低成本从一个平台转换到另一个平台，来救济合并后实体所强化的市场优势地位。对于搜索服务市场而言，当搜索引擎服务提供商进行集中时，集中后的实体可能被要求开放其搜索数据，以便竞争对手可以跟上其算法改进的步伐。如果两家控制专有的"训练"数据的人工智能公司实施合并，数据共享也是一种可供选择的救济措施。

五、数据驱动型经营者集中的开放救济案例

(一)"微软收购领英案"中的开放救济[1]

2016 年发生的"微软收购领英案",是一起受到广泛关注的数据驱动型并购交易。考虑到经营者集中可能引起的数据原料封锁问题,欧盟委员会附条件批准了微软收购领英的交易。该案的救济措施具有一定借鉴意义。

为了处理该交易可能对职业社交网络服务市场产生的封锁效应,交易方于 2016 年 11 月 15 日提交了初步承诺方案。2016 年 11 月 17 日,欧盟委员会对承诺草案进行了市场测试,重点征求了社交网络服务供应商和原始设备制造商的意见。2016 年 11 月 24 日,欧盟委员会将市场测试结果告知交易方,基于市场测试的反馈信息,交易方于 2016 年 11 月 29 日提交了修订版承诺方案,并于 2016 年 11 月 30 日进一步修改了承诺方案,确定了承诺终稿。[2] 交易方提出的承诺由两大部分构成:一部分承诺处理领英的产品功能与 Office 整合以及拒绝开放微软应用程序接口的相关竞争问题(整合承诺,integration commitments);另一部分承诺则用于处理将领英应用程序预装与使用 Windows 操作系统的个人电脑的相关竞争问题(预装承诺,pre-installation commitments)。其中的整合承诺涉及数据问题,本部分仅分析经营者集中的整合承诺。

根据市场测试的反馈结果,交易方对最初承诺进行了两次修改,确定了最终的整合承诺。首先,微软开放的应用程序编程接口范围不限于 Outlook 应用程序编程接口(以及 Outlook 加载项程序),而是拓展为所有的 Office 应用程序编程接口,即针对 Office 核心产品(包括 Outlook、Word、PowerPoint 以及 Excel 和所有 Office 加载程序)的应用程序接口全部开放。其次,为确保 Office 应用程序编程接口开放承诺的有效实施,配套了一项

---

[1] 韩伟:"数据驱动型并购的反垄断审查——以欧盟微软收购领英案为例",载《竞争法律与政策评论》2017 年第 3 期。

[2] Case M. 8124-Microsoft/LinkedIn, paras. 407-408.

承诺，即确保第三方社交网络服务供应商可以获得 Microsoft Graph。Microsoft Graph 是一个统一标准的软件开发入口，在用户授权后，开发者能够获得存储在微软云计算服务平台中的用户数据（联系方式、日历信息、电子邮件等），进而开发新的应用与服务。再次，确保用户可以卸载领英产品功能的承诺，也不再限于 Outlook 中的领英产品功能，而是扩展到整个 Office 产品（包括 Outlook、Word、PowerPoint 以及 Excel）中的领英产品功能。最后，为确保用户卸载 Office 产品中的领英功能，微软承诺这类功能的卸载与 Office 其他相关服务的卸载一样简单便捷。[1]这些承诺的持续期限是从交易完成之日起 5 年之内，且具体实施受到监督受托人的监督。

可见，"微软收购领英案"的数据问题是在市场测试过程中被提出的。在市场测试过程中，一些拜访对象担心，微软产品用户（如 Outlook 联系人）所产生的数据，将给合并后的企业较之其他职业社交网络服务供应商更为显著的竞争优势，因为这些数据可以帮助领英向客户推荐新的联系人，从而有助于扩大领英的职业社交网络用户数量。[2]对于这一竞争关注，除确保 Office 应用程序编程接口的开放这一承诺的有效实施外，交易方进一步承诺，确保第三方职业社交网络服务供应商可以获得微软的 Microsoft Graph。欧盟委员会经过评估后认为，交易方的最终整合承诺可以消除市场测试中提出的数据相关竞争关注，确保了当用户同意第三方职业社交网络服务供应商获得他们的信息时，微软不能封锁第三方职业社交网络服务供应商获得 Microsoft Graph。相应地，第三方职业社交网络服务供应商可以基于用户同意，获得 Office365 或其他微软云计算服务中的数据，并利用这些数据推荐新的用户关联，从而通过与合并后企业类似的方式，提升他们的用户数量。[3]

（二）开放数据的救济措施

我国在对数据驱动型经营者集中进行救济时，可以借鉴其他反垄断司

---

〔1〕　Case M. 8124-Microsoft/LinkedIn, para. 430.

〔2〕　Case M. 8124-Microsoft/LinkedIn, paras. 407-408.

〔3〕　Case M. 8124-Microsoft/LinkedIn, para. 449.

法辖区的实践，选择行为性救济措施中的开放救济。参与集中的经营者在取得用户等数据权益主体同意的前提下，作出开放数据的承诺，一方面能够实现经营者集中的数据整合目标，促进经济效率的提升；另一方面又能防止集中后的经营者对竞争者构筑数据"围墙花园"，进而消减集中所导致的数据封锁损害。作为一种行为性救济措施，开放救济比结构性救济有着更突出的优势。以剥离数据库的结构性救济为例，剥离数据库只是一次性救济，其对经营者在后续经营活动中形成的数据竞争优势往往无能为力，无法实现减少集中对竞争产生不利影响的目的。

从"微软收购领英案"来看，采取开放救济的行为性救济措施需要权衡多种因素。数据驱动型经营者为了实现数据资源的整合或者防止潜在竞争者的发展，往往选择收购具有一定数据资源的经营者，甚至在潜在竞争者构成威胁之前对其发起"先发制人式"合并（Pre-Emptive Mergers）。由于数据已经成为经营者开展非价格竞争的一个重要维度，数据集中可能阻碍潜在竞争者的市场进入、降低用户隐私保护水平，从而引发竞争关注。对数据驱动型经营者集中实施开放救济，既要避免侵犯集中后企业的经营自主权，又要防止数据封锁产生排除、限制竞争效果。如果存在干预更少的替代救济措施，则不宜采用开放救济措施。反垄断执法机构在决定采取开放救济措施前，应当基于个案去分析竞争者对集中后企业所控制数据的依赖程度，并重点考察以下问题：在相关市场上，数据是否可被复制？数据收集是否存在其他渠道？不同数据集之间的替代性程度大小？经过多长时间数据价值会降低甚至消灭？潜在进入者展开有效竞争所需的数据规模？[1]

作为行为性救济的一种，开放救济也涉及执行和监督问题。在传统经济领域，由于开放救济的执行时间长、监督困难，在经营者集中案件中较少采用。但是，在数据驱动型经营者集中案件中，开放救济具有结构性救济所不具备的灵活性，能够适应经营者不断变化的数据竞争优势。当然，

---

〔1〕 OECD, *Big Data: Bringing Competition Policy To The Digital Era*, 2016, https://one.oecd.org/document/DAF/COMP/M（2016）2/ANN4/FINAL/en/pdf, last visited on December 20, 2022.

开放救济措施也并非尽善尽美，在开放救济的实施过程中，要注意以下问题：一是经营者数据竞争优势的形成往往是其商业模式创新和前期大量投资的结果，开放救济措施的适用可能抑制企业投资和创新的积极性，反垄断执法机构对开放救济应持谨慎态度。二是由于数据驱动型竞争具有高度动态性，当市场环境发生变化而使救济措施不再适当时，反垄断执法机构及时调整或终止救济措施，因此，反垄断执法机构应重视对开放救济的复审。[1]三是开放救济还可能涉及其他主体的合法权益，如在数据确权规则尚未建立的情况下，开放数据可能会侵犯其他数据主体的权益；在个人信息保护法视角下，开放数据还要取得用户的同意。因此，开放数据救济的实施还面临一些问题，需要反垄断执法机构在具体个案中权衡利弊、综合考虑。[2]

---

[1] 参见韩伟："数据驱动型并购的反垄断审查——以欧盟微软收购领英案为例"，载《竞争法律与政策评论》2017年第3期。

[2] 参见曾雄："数据垄断相关问题的反垄断法分析思路"，载《竞争政策研究》2017年第6期。

结　论

　　首先，数据具有明显的竞争法属性，数据驱动型竞争需要反垄断法介入。尽管有学者认为，数据作为一种新型生产要素，具有非排他性、非竞争性、非稀缺性、非耗竭性。但是，考虑到经营者自己获得数据的成本、向数据代理商购买数据的质量、在位企业限制竞争者获取数据的动机，经营者获得高附加值数据的难度较大；数据依据质量和价值的高低可以区分为关键数据与一般数据，关键数据具有稀缺性，能够为企业带来相当大的竞争优势。经营者获得数据的难度和关键数据的稀缺性，说明数据已经成为一种竞争力要素，具有竞争法属性。在数据驱动型竞争中，具有数据竞争优势的经营者可能阻碍现实竞争者的扩张和潜在竞争者的进入，排除、限制非价格维度的市场竞争。数据对反垄断法的意义在于数据驱动型竞争可能造成市场进入壁垒、妨碍隐私保护的竞争，这正是反垄断法介入数据驱动型竞争的基本界限。

　　其次，数据驱动型垄断行为的法律规制依然遵循相关市场界定、市场力量认定和行为反竞争效果评估的分析框架。第一，在相关市场界定方面，除了少数适用"本身违法原则"的横向垄断协议外，相关市场界定仍是进行反垄断分析的起点。对于数据驱动型垄断案件，不仅要明确相关市场界定的可行性，而且要考察相关市场界定的必要性，在定性分析方面，需求替代法的运用需要考虑网络效应的影响；在定量分析方面，除运用以价格分析为基础的 SSNIP 测试法外，还可以引入以质量为基准的测试法等。第二，在数据驱动型经营者市场力量认定方面，计算市场份额的指标更加多元，除了市场份额，还需要考虑网络效应、用户多栖性、数据资源和算法能力、创新潜力等因素。第三，行为反竞争效果分析方面，对数据驱动型垄断行为的排除、限制竞争效果分析，需要考量相关行为在数据作为一种投入品时是否提高了市场进入壁垒、是否会降低或可能降低隐私保护程度、是否对创新造成了损害。

再次，对数据驱动型垄断协议的法律规制要基于垄断协议的特殊性并关注垄断协议的新型样态。在数据驱动型竞争中，企业越来越多地利用数据和算法来达成和实施垄断协议，或者凭借新型垄断协议来维持、强化自己的数据竞争优势。由于数据、算法、技术等因素的引入，数据驱动型垄断协议呈现出更加隐蔽化和智能化的新特点，其典型形式有算法合谋和平台最惠待遇条款。需要强调的是，算法合谋法律规制的重点在于构成默示共谋的预测类和自主类合谋，算法合谋不同于无意识的平行行为，其法律责任的配置宜结合机器自主学习技术运用的深度。而平台最惠待遇条款则可能构成横向垄断协议、独立的纵向垄断协议以及组织帮助型垄断协议，甚至可能构成滥用市场支配地位行为。

复次，数据驱动型滥用市场支配地位行为的法律规制需要遵循合理原则，对新型滥用行为进行个案分析。数据驱动型滥用市场支配地位行为的分析框架为"经营者具有市场支配地位-经营者实施了滥用行为-缺乏正当理由-排除、限制了市场竞争"，但每一个步骤都要在个案中满足特定的条件。数据驱动型滥用市场支配地位行为的典型样态为算法价格歧视、平台自我优待、拒绝数据开放。对数据驱动型滥用市场支配地位行为的反垄断分析，一是要坚持合理原则，审慎判断经营者的抗辩理由是否成立，在利弊权衡的基础上作出认定结论；二是要结合特定的市场结构，在集中度较高的市场结构下，算法价格歧视、平台自我优待、拒绝使用必需设施更可能构成滥用市场支配地位行为；三是必要时，可启用我国《反垄断法》的兜底条款，如果无法将经营者行为归类于反垄断法中的特定滥用行为，则可能被认定为兜底条款中的"其他滥用市场支配地位的行为"。

最后，数据驱动型经营者集中的法律控制需要对申报标准、审查指标和救济措施进行优化。数据驱动型经营者集中多以数据整合为目标，以

"先发制人"的并购为主要形式。关于经营者集中申报，我国经营者集中申报的营业额标准存在一定不足，但《反垄断法》关于反垄断执法机构主动审查规定可以在一定程度上填补营业额标准的漏洞；关于数据驱动型经营者集中的审查，价格指标的重要性降低，数据、隐私、创新等非价格竞争因素对竞争影响越来越大，经营者集中的反竞争效果评估的重点包括集中是否导致市场进入壁垒增大、集中是否引起隐私保护度降低、集中是否造成创新损害；关于数据驱动型经营者集中的救济措施，行为性救济中的开放救济更为妥当，采取开放数据的救济措施，能够限制集中导致的数据封锁效应，消减集中引发的竞争损害。

除上述主要结论外，本研究还存在一些不足：其一，数据可以分为数据资源和数据产品，本书主要对利用资源实施的垄断行为进行研究，对数据产品引发的垄断问题关注相对较少。目前，域内外关于数据产品的垄断案件还不多见，我国的"淘宝生意参谋案"则属于不正当竞争案件，但随着数据产品交易规则的建立和健全，数据产品垄断案件将逐步增加，对数据产品垄断问题的研究将变得更为迫切。其二，对数据驱动型垄断问题的研究立足于行业竞争实践，但在一定程度上也滞后于行业发展。数据驱动型经济的发展日新月异，相关市场的竞争也呈现出高度动态化。如即时通信服务与社交网络服务的界限变得模糊，垂直电商平台向综合电商平台转化，平台竞争的生态化格局更加突出，等等。在数据驱动型竞争中出现的新商业模式、新服务类型、新行为样态等都对研究成果的时效性提出了挑战。其三，对照反垄断法的三大基石制度，即禁止垄断协议制度、禁止滥用市场支配地位制度、经营者集中审查制度，本书对新型垄断行为的归类还存在可商榷之处。例如，将平台最惠待遇条款放到禁止垄断协议制度下，但平台最惠待遇条款也可能被认定为滥用市场支配地位行为；再如，平台自我优待与拒绝使用必需设施行为存在一定交叉关系，两者都可能被认定为反垄断法中的拒绝交易行为。

参考文献

一、著作类

1. ［美］理查德·A. 波斯纳：《反托拉斯法》，孙秋宁译，中国政法大学出版社 2003 年。

2. ［美］莫里斯·E. 斯图克、艾伦·P. 格鲁内斯：《大数据与竞争政策》，兰磊译，法律出版社 2019 年。

3. ［美］欧内斯特·盖尔霍恩、威廉姆·科瓦契奇、斯蒂芬·卡尔金斯：《反垄断法与经济学》，任勇、邓志松、尹建平译，法律出版社 2009 年。

4. ［英］维克托·迈尔-舍恩伯格、肯尼思·库克耶：《大数据时代：生活、工作与思维的大变革》，盛杨燕、周涛译，浙江人民出版社 2014 年。

5. ［希］扬尼斯·科克雷斯、［美］霍华德·谢兰斯基：《欧盟并购控制：法律与经济学分析》，戴健民、邓志松译，法律出版社 2018 年。

6. 时建中主编：《反垄断法——法典释评与学理探源》，中国人民大学出版社 2008 年。

7. 孟雁北：《反垄断法》，北京大学出版社 2017 年。

8. 王晓晔：《反垄断法》，法律出版社 2011 年。

9. 王晓晔：《王晓晔论反垄断法（2011—2018）》，社会科学文献出版社 2019 年。

10. 张平文、邱泽奇：《数据要素五论：信息、权属、价值、安全、交易》，北京大学出版社 2022 年。

11. 王先林主编：《最新反垄断法条文对照与重点解读》，法律出版社 2022 年。

12. 王翔主编：《中华人民共和国反垄断法解读》，中国法制出版社 2022 年。

13. 韩伟：《迈向智能时代的反垄断法演化》，法律出版社 2019 年。

14. 韩伟主编：《数字市场竞争政策研究》，法律出版社 2017 年。

15. 韩伟主编：《美欧反垄断新规选编》，法律出版社 2016 年。

16. 韩伟主编：《OECD 竞争政策圆桌论坛报告选译》，法律出版社 2015 年。

17. 仲春：《创新与反垄断：互联网企业滥用行为之法律规制研究》，法律出版社 2016 年。

18. 时建中、张艳华主编：《互联网产业的反垄断法与经济学》，法律出版社 2018 年。

19. 吕明瑜：《竞争法》，法律出版社 2004 年。

20. 张素伦：《互联网行业限制竞争的法律问题研究》，河南人民出版社 2014 年。

21. 万江：《数字经济与反垄断法：基于理论、实践与国际比较的视角》，法律出版社 2022 年。

22. 袁嘉：《互联网平台竞争的反垄断规制》，中国政法大学出版社 2021 年。

23. 张静敏：《互联网络的经济学分析》，中国金融出版社 2010 年。

24. 王晓晔主编：《反垄断法的相关市场界定及其技术方法》，法律出版社 2019 年。

25. 王晓晔主编：《反垄断法实施中的重大问题》，社会科学文献出版社 2010 年。

26. 王晓晔主编：《反垄断法中的相关市场界定》，社会科学文献出版社 2014 年。

27. 时建中主编：《三十一国竞争法典》，中国政法大学出版社 2009 年。

28. 张江莉：《反垄断法在互联网领域的实施》，中国法制出版社 2020 年。

29. 吴振国、刘新宇：《企业并购反垄断审查制度之理论与实践》，法律出版社 2012 年。

30. 袁日新：《经营者集中救济法律制度研究》，法律出版社 2017 年。

31. W. Kip Viscusi, Joseph E. Harrington Jr. and John M. Vernon, *Economics of Regulation and Antitrust*, 4th ed., The MIT Press, 2005.

32. Ariel Ezrachi and Maurice E. Stucke, *Virtual Competition: The Promise and Perils of the Algorithm-Driven Economy*, Harvard University Press, 2016.

33. Stucke M. E., GrunesA. P., *Big Data and Competition Policy*, Oxford University Press, 2016.

二、论文类

1. 陈兵："大数据的竞争法属性及规制意义"，载《法学》2018 年第 8 期。

2. 武腾："数据资源的合理利用与财产构造"，载《清华法学》2023 年第 1 期。

3. 梅夏英："数据的法律属性及其民法定位"，载《中国社会科学》2016 年第 9 期。

4. 牛喜堃："数据垄断的反垄断法规制"，载《经济法论丛》2018 年第 2 期。

5. 殷继国："大数据市场反垄断规制的理论逻辑与基本路径"，载《政治与法律》2019

年第 10 期。

6. 韩伟："数据驱动型并购的反垄断审查——以欧盟微软收购领英案为例"，载《竞争法律与政策评论》2017 年第 3 期。

7. 傅晓："警惕数据垄断：数据驱动型经营者集中研究"，载《中国软科学》2021 年第 1 期。

8. 韩伟："算法合谋反垄断初探——OECD《算法与合谋》报告介评（上）"，载《竞争政策研究》2017 年第 5 期。

9. 李青、韩伟："反垄断执法中相关市场界定的若干基础性问题"，载《价格理论与实践》2013 年第 7 期。

10. 张玉洁："互联网行业相关市场界定的司法困境与对策——以双边市场为视角"，载《价格理论与实践》2018 年第 1 期。

11. 宁立志、王少南："双边市场条件下相关市场界定的困境和出路"，载《政法论丛》2016 年第 6 期。

12. 兰磊："反《反垄断法》上的'不相关'市场界定"，载《中外法学》2017 年第 6 期。

13. 王晓晔："论相关市场界定在滥用行为案件中的地位和作用"，载《现代法学》2018 年第 3 期。

14. 黄勇、蒋潇君："互联网产业中'相关市场'之界定"，载《法学》2014 年第 6 期。

15. 吴绪亮："反垄断法中的相关市场界定问题研究"，载《中国物价》2013 年第 6 期。

16. 侯利阳："垄断行为类型化中的跨界行为——以联合抵制为视角"，载《中外法学》2016 年第 4 期。

17. 杨文明："论互联网企业市场支配地位认定的非结构因素"，载《河北法学》2014 年第 12 期。

18. 曾雄："数据垄断相关问题的反垄断法分析思路"，载《竞争政策研究》2017 年第 6 期。

19. 孙晋、蓝澜："数字垄断协议的反垄断法甄别及其规制"，载《科技与法律》2023 年第 1 期。

21. 叶卫平："价格垄断协议的认定及其疑难问题"，载《价格理论与实践》2011 年第 4 期。

22. 黄勇、田辰："网络分销模式中最惠国待遇条款的反垄断法分析"，载《法律适用》2014 年第 9 期。

23. 谭书卿："算法共谋法律规制的理论证成和路径探索"，载《中国价格监管与反垄断》2020 年第 3 期。

24. 丁国峰："大数据时代下算法共谋行为的法律规制"，载《社会学辑刊》2021 年第 3 期。

25. 周围："算法共谋的反垄断法规制"，载《法学》2020 年第 1 期。

26. 王健、吴宗泽："自主学习型算法共谋的事前预防与监管"，载《深圳社会科学》2020 年第 2 期。

27. 谭晨："互联网平台经济下最惠国条款的反垄断法规制"，载《上海财经大学学报》2020 年第 2 期。

28. 焦海涛："互联网平台最惠国条款的反垄断法适用"，载《商业经济与管理》2021 年第 5 期。

29. 焦海涛："反垄断法上轴辐协议的法律性质"，载《中国社会科学院研究生院学报》2020 年第 1 期。

30. 吴韬、何晴："美国'苹果电子书价格垄断案'的争点释疑"，载《法学》2017 年第 2 期。

31. 郜庆："垄断协议视角下的最惠国待遇条款"，载《人民论坛》2020 年第 15 期。

32. 周丽霞："在线酒店预订平台运营模式引发的限制竞争问题研究——基于欧盟各国对酒店预订行业最惠待遇条款（MFN）存在争议的分析"，载《价格理论与实践》2016 年第 7 期。

33. 詹馥静、王先林："反垄断视角的大数据问题初探"，载《价格理论与实践》2018 年第 9 期。

34. 焦海涛："论互联网行业反垄断执法的谦抑性——以市场支配地位滥用行为规制为中心"，载《交大法学》2013 年第 2 期。

35. 汪改丽："论反垄断法的谦抑性"，载《经济法论丛》2015 年第 1 期。

36. 雷希："论算法个性化定价的解构与规制——祛魅大数据杀熟"，载《财经法学》2022 年第 2 期。

37. 邹开亮、刘佳明："大数据'杀熟'的法律规制困境与出路——仅从《消费者权益保护法》的角度考量"，载《价格理论与实践》2018 年第 8 期。

38. 黄伟川："大数据杀熟的定性及违法性分析"，载《中国价格监管与反垄断》2022 年第 8 期。

39. 喻玲："算法消费者价格歧视反垄断法属性的误读及辨明"，载《法学》2020 年第

9 期。

40. 曾雄："'大数据杀熟'的竞争法规制——以个性化定价的概念展开"，载《互联网天地》2019 年第 9 期。

41. Oxera Economics Council："当算法设定价格：谁输谁赢"，喻玲等译，载《竞争政策研究》2019 年第 5 期。

42. 施耀恬、翟巍："平台经济领域'大数据杀熟'行为的反垄断规制路径"，载《竞争政策研究》2022 年第 1 期。

43. 刘单单："国际视野下平台自我优待行为的反垄断规制"，载《价格理论与实践》2022 年第 1 期。

44. 陈永伟："美国众议院《数字市场竞争状况调查报告》介评"，载《竞争政策研究》2020 年第 5 期。

45. 孟雁北、赵泽宇："反垄断法下超级平台自我优待行为的合理规制"，载《中南大学学报（社会科学版）》2022 年第 1 期。

46. 孙秀蕾："从亚马逊发展模式看数字经济平台的'自我优待'行为及规制"，载《南方金融》2021 年第 6 期。

47. 韩伟、高雅洁："欧盟 2019 年《数字时代竞争政策报告》"，载《竞争政策研究》2019 年第 4 期。

48. 李强治、刘志鹏："平台经济反垄断的德国经验：'数字竞争法'的创新与借鉴"，载《新经济导刊》2021 年第 2 期。

49. 杨东、傅子悦："社交平台自我优待反垄断规制研究"，载《重庆邮电大学学报（社会科学版）》2021 年第 6 期。

50. 张文魁："数字经济领域的反垄断与反不正当竞争"，载《新视野》2022 年第 2 期。

51. 时建中、马栋："双重身份视角下平台自治与反垄断监管的界限"，载《竞争政策研究》2020 年第 4 期。

52. 黄尹旭、杨东："超越传统市场力量：超级平台何以垄断？——社交平台的垄断源泉"，载《社会科学》2021 年第 9 期。

53. 陈兵、马贤茹："全球视阈下数字平台经济反垄断监管动态与中国方案"，载《统一战线学研究》2022 年第 2 期。

54. 袁嘉："数字背景下德国滥用市场力量行为反垄断规制的现代化——评《德国反限制竞争法》第十次修订"，载《德国研究》2021 年第 2 期。

55. 侯利阳："《反垄断法》语境中自我优待的分类规制方案"，载《社会科学辑刊》

2023 年第 3 期。

56. 王先林、方翔："平台经济领域反垄断的趋势、挑战与应对"，载《山东大学学报（哲学社会科学版）》2021 年第 2 期。

57. 刘晓春："数字平台自我优待的法律规制"，载《法律科学（西北政法大学学报）》2023 年第 1 期。

58. 邓辉："数字广告平台的自我优待：场景、行为与反垄断执法的约束性条件"，载《政法论坛》2022 年第 3 期。

59. 殷继国："互联网平台封禁行为的反垄断法规制"，载《现代法学》2021 年第 4 期。

60. 侯利阳："《反垄断法》语境中自我优待行为的分类规制方案"，载《社会科学辑刊》2023 年第 3 期。

61. 孙晋："数字平台的反垄断监管"，载《中国社会科学》2021 年第 5 期。

62. 周围："规制平台封禁行为的反垄断法分析——基于自我优待的视角"，载《法学》2022 年第 7 期。

63. 孙晋、钟原："大数据时代下数据构成必要设施的反垄断法分析"，载《电子知识产权》2018 年第 5 期，第 38-49 页。

64. 孙晋、钟瑛嫦："互联网平台型产业相关市场界定新解"，载《现代法学》2015 年第 6 期。

65. 韩伟："数据驱动型并购的反垄断审查——以欧盟微软收购领英案为例"，载《竞争法律与政策评论》2017 年第 3 卷。

66. 韩伟、李正："日本《数据与竞争政策调研报告》要点与启示"，载《经济法论丛》2018 年第 1 期。

67. 侯利阳："论互联网平台的法律主体地位"，载《中外法学》2022 年第 2 期。

68. 陈永伟："扼杀式并购：争议和对策"，载《东北财经大学学报》，2022 年第 1 期。

69. 周汉华："论平台经济反垄断与监管的二元分治"，载《中国法学》2023 年第 1 期。

70. Kock N F, Mcqueen R J, Corner J L., The Nature of Data, Information and Knowledge Exchanges in Business Processes: Implications for Process Improvement and Organizational Learning. *The Learning Organization: An International Journal*, Vol. 4, No. 2, 1997.

71. Bruno Lasserre, Andreas Mundt, Competition Law and Big Data: The Enforcers' View. *Italian Antitrust Review*, Vol. 4, No. 1, 2017.

72. Allen P. Grunes, Another Look at Privacy, *Geo. Mason L. Rev.*, Vol. 20, No. 4, 2013.

73. Eleonora Ocello, Cristina Sjodin & Anatoly Subocs, What's up with Merger Control in the

Digital Sector? Lessons from the Facebook/WhatsApp EU Merger Case, *Competition Merger Brief*, February 2015.

74. B. Guérin and Anna Wolf-Posch, Special Report of the German Monopolies Commission: Can Competition Law Address Challenges Raised by Digital Markets? *Journal of European Competition Law & Practice*, Vol. 7, 2016.

75. D. Daniel Sokol and Roisin E. Comerford, *Does Antitrust Have A Role to Play in Regulating Big Data? Cambridge Handbook of Antitrust*, *Intellectual Property and High Tech*, Cambridge University Press, 2016.

76. Salili K. Mehra, Robo-Seller Prosecutions and Antitrust's Error-Cost Framework, *Antitrust Chronicle*, Vol. 2, Spring 2017.

77. Nathan Newman, The Costs of Lost Privacy: Consumer Harm and Rising Economic Inequality in the Age of Google, *William Mitchell Law Review*, Vol. 40, 2014.

78. Daniel A. Crane, Market Power Without Market Definition, *Notre Dame Law Review*, Vol. 90, No. 1, 2014.

79. David S. Evens & Michael Noel, The Analysis of Merger That Involve Multisided Platform Businesses, *Journal of Law and Economics*, Vol. 4, No. 3, 2008.

80. Herbert Hovenkamp, Digitail Cluster Markets, *Columbia Business Law Review*, No. 1, 2022.

81. David S. Evens, The Antitrust Economics of Free, *Competition Policy International*, Vol. 7, No. 1, 2011.

82. Eric Van Damme, Lapo Filistrucchi, Damien Geradin, et al. , Merger in Two-sided Markets-A Report to the NMa, Netherlands Competition Authority, 2010.

83. Daniel A. Crane, Market Power Without Market Definition, *Notre Dame Law Review*, No. 1, 2014.

84. Eric Emch & T. Scott Thompson, Market Definition and Market Power in Payment Card Networks, *The Review of Network Economics*, Vol. 5, No. 1, 2006.

85. Inge Graef, Market Definition and Market Power in Data: The Case of Online Platform, *World Competition: Law and Economics Review*, Vol. 38, No. 4, 2015.

86. George N. Bauer, Note, Monopoly: Why Internet-Based Monopolies Have an Inherent "Get-Out-of-Jail-Free-Card", *Brookiyn Law Review*, Vol. 76, 2013.

87. David S. Evans and Richard Schmalensee, The Industrial Organization of Market with Two-Sided Platform, *Competition Policy International*, Vol. 3, No. 1, 2007.

88. Gregory Sidak & David J. Teece, Dynamic Competition in Antitrust Law, *Journal of Competition Law & Economics*, Vol. 5, Issue 4, 2009.

89. llen P. Grunes and F. Stuke, No Mistake About It: The Important Role of Antitrust in the Era of Big Data, *The Antitrust Source*, Vol. 14, No. 4, 2015.

90. Geoffrey A. Manne and R. Ben Sperry, The Problems and Perils of Bootstrapping Privacy and Data into an Antitrust Framework, *CPI Antitrust Chronicle*, May 2015.

91. D. D. Sokol and R. Comerford, Antitrust and Regulating Big Data. *George Mason Law Review*, Vol. 119, No. 23, 2016.

92. Harrington J. , Developing Competition Law for Collusion by Autonomous Artificial Agents, *Journal of Competition Law & Economics*, Vol. 14, No. 3, 2018.

93. Ariel Ezrachi and Maurice E. Stucke, Artificial Intelligence & Collusion: When Computers Inhibit Competition, *University of Illinois Law Review*, Vol. 1, No. 5, 2017.

94. Smith W. , When Most-Favored Is Disfavored: A Counselor's Guide to MFNs, *Antitrust*, Vol. 27, No. 2, 2013.

95. JJustin P. Johnson, The Agency Model and MFN Clauses, *Review of Economic Studies*, Vol. 84, Issue 3, 2017.

96. AKMAN P. A Competition Law Assessment of Platform Most-Favored-CustomerC clauses, *Journal of Competition Law and Economics*, Vol. 12, No. 4, 2016.

97. Justina Sim, Lip Hang Poh, Calvin Tay, Do Retail MFN Clauses Lead to Softening of Competition? *Asian Journal of Law and Economics*, Vol. 7, Issue 1, 2016.

98. Howard A. Shelanski. Information, Innovation, and Competition Policy for the Internet. *University of Pennsylvania Law Review*, Vol. 161, 2013.

99. Nils-Peter Scheppand and Achim Wambach, On Big Data and Its Relevance for Market Power Assessment, *Journal of European Competition Law & Practice*, Vol. 7, 2016.

100. Inge Graef, Differentiated Treatment in Platform-to-Business Relations: EU Competition Law and Economic Dependence, *Yearbook of European law*, Vol. 38, No. 1, 2019.

101. P. S. Díaz, EU Competition Law Needs to Install a Plug-in, *World Competition*, Vol. 40, No. 3, 2017.

三、报告类

1. French Competition Authority and German Federal Cartel Office. Competition Law and

Data, 2016.

2. OECD. Data-Driven Innovation for Growth and Well-Being: Interim Synthesis Report.

3. OECD. Exploring the Economics of Personal Data: A Survey of Methodologies for Measuring Monetary Value.

4. OECD. Rethinking Antitrust Tools for Multi-sided Platforms, 2018.

5. OECD. Algorithms and Collusion: Competition Policy in the Digital Age, 2017.

6. OECD. Big Data: Bringing Competition Policy To The Digital Era, 2016.

7. OCED. Abuse of Dominance in Digital Markets, 2020.

8. President's Council of Advisors on Science and Technology (PCAST). Big Data and Privacy: A Technological Perspective.

9. Bundeskartellant. The Market Power of Platforms and Networks, B6-113/15, 2016.

10. Monopolkommission. Competition Policy: The Challenge of Digital Markets, 2015.

11. Competition and Markets Authority. The Commercial Use of Consumer Data, 2015.

12. Autoritéde la Concurrence. Competition and E-commerce, 2020.

13. ICN, Recommended Practices For Merger Analysis, 2018.

14. European Commission. Online Platform and the EU Digital Single Market, 2016.

15. Australian Competition and Commission. Digital Platforms Inquiry, 2019.

16. BRICK Competition Law and Policy Centre. Digital Era Competition: A BRICKS View, 2019.

17. Office of Fair Trading (OFT). The Economics of Online Personalised Pricing, 2013.

18. OFT. Personalised Pricing: Increasing Transparency to Improve Trust, 2013.

19. EDPS. Privacy and Competition in the Age of Big Data: The Interplay Between Data Protection, Competition Law and Consumer Protection in the Digital Economy, 2014.